- 湖南省社科评审委员会课题"语言资源保护视野下的湖南俗语多维度研究"成果（XSP18YBC030）

- 湖南省普通高校教学改革研究项目"应用型本科院校汉语言文学师范专业实践教学体系改革研究"成果（湘教通〔2019〕291号-864）

- 湖南省普通高校省级一流本科课程"现代汉语"成果（湘教通〔2020〕9号-335）

- 湘南学院学术著作出版资助

俗语的多维度研究

——以湖南郴州为例

邓红华 著

湖南大学出版社·长沙

内 容 简 介

本书对郴州俗语的来源、语音、语法、修辞、文化、使用以及现代价值、发展危机等方面展开了较全面的考察。根据语言形式的不同，以定量和定性分析的手段，进行数据统计、分类对比、归纳总结，认为：郴州俗语来源广泛，结构灵活，修辞多样，充分反映了地域文化特征，并对文学作品及道德教化产生了积极作用；但目前面临发展危机，须积极整理研究，并广泛吸收时代文化营养，使其焕发新的活力。

图书在版编目（CIP）数据

俗语的多维度研究：以湖南郴州为例 / 邓红华著.—长沙：湖南大学出版社，2020.9
ISBN 978-7-5667-2020-7

Ⅰ.①俗… Ⅱ.①邓… Ⅲ.①湘语—俗语—研究—郴州 Ⅳ.①H74

中国版本图书馆CIP数据核字（2020）第160769号

俗语的多维度研究——以湖南郴州为例
SUYU DE DUOWEIDU YANJIU——YI HUNAN CHENZHOU WEI LI

著　者：	邓红华		
责任编辑：	仝　健		
印　装：	广东虎彩云印刷有限公司		
开　本：	710 mm×1000 mm　1/16	印张：13.5	字数：238千
版　次：	2020年9月第1版	印次：2020年9月第1次印刷	
书　号：	ISBN 978-7-5667-2020-7		
定　价：	39.00元		

出版人：	李文邦		
出版发行：	湖南大学出版社		
社　址：	湖南·长沙·岳麓山	邮编：410082	
电　话：	0731-88821691（营销部）	88820008（编辑部）	88821006（出版部）
传　真：	0731-88822264（总编室）		
网　址：	http://www.hnupress.com		

序言

　　俗语的历史，几乎与成熟的汉语一样长久。江蓝生先生在《俗语研究与探索·序》中说："俗语是历代群众创造的口头语汇，它题材广泛，思想活泼，风格幽默，形式凝练，是亿万人民群众世世代代集体经验和智慧的结晶，是中华民族先进文化的组成部分，值得我们学习继承。"俗语作为汉语语汇的一个重要组成部分，蕴含了丰富的语言知识，揭示了深刻的人生哲理，折射了内在的民族风范，与文化的传承、社会的和谐有着密不可分的关系。因此，研究俗语尤其是地方俗语，除对俗语发展具有建设性意义外，对了解其所反映出来的民俗风情、民间文学、民族文化的变迁演绎等也具有深远意义。

　　红华事业心强，在学术上能执着追求。她选择了俗语这一研究方向以后，从 2006 年开始就着手俗语的调查研究。她将研究对象确定为自己熟悉程度较高且具有一定地域特色的郴州俗语。最开始，她主要是从语言本体方面研究俗语的来源、俗语的语音、俗语的语义、俗语的语法和修辞。慢慢地，她认识到对俗语的研究不能仅仅局限在语言本体研究，因为语言是现实社会的一面镜子，它反映社会，反映生活，而俗语具有较强的生命力，俗语的产生、发展与社会的发展、时代的变迁是密不可分的。正如斯大林在《马克思主义和语言学问题》一文中所说，"要了解语言及其发展的规律，就必须把语言同社会的历史，同创造这种语言、使用这种语言的人民的历史密切联系起来研究"。于是，她逐渐将研究视野、研究范围扩大，尝试着从文学、伦理学、民俗学等角度去探究俗语的更多功能和更大价值，以推动俗语的研究以及对优秀文化遗产的传承和保护。这些都是本书的研究价值所在。

红华是一个脚踏实地、扎实肯干的人，她下了大功夫去调查发掘，在郴州境内搜集了 6708 条俗语。这是一个非常可观的数据，也是非常有价值的语料。有了如此多的翔实的第一手材料，既保证了本书在材料上的创新性，也为本书对俗语进行多维度的研究创造了条件。

多维度研究是本书的一大特色。本书从语音、语义、语法、修辞、文化、使用情况、运用价值等多个维度对所搜集的俗语进行研究，研究全面、系统。作者一方面广泛吸收各种有益的营养去探究俗语的语音、语义、语法和修辞等方面的艺术特色、动态变化和语用效果；另一方面不断发掘俗语所蕴涵的丰富的文化信息，着重论述具有地方特色的农耕文化、山水文化、移民文化和礼仪文化。除此之外，作者还开展了大量的实地调查和专家访谈，立足于现实生活去了解俗语的使用现状和发展趋势。书中的调查数据显示，随着社会的发展，郴州俗语的使用频率、使用范围和人们对它的认知程度都出现了不太乐观的局面，也就是说出现了濒危现象。郴州俗语的濒危现象是全国地方俗语濒危现象的一个缩影，作者采用数据和事实说话，结论具有较高的可信度。

当然，本书的研究也存在某些不足之处。这本书是针对郴州区域通行的俗语进行搜集和研究，语料虽具有较强的本土特色，但不可避免地包含了一些流传范围较广的俗语，这在一定程度上削弱了本书的地域特色。

我作为作者的导师，对她十余年来一直未曾间断对俗语的研究表示赞赏。她有语言工作者的坚守，也有教育工作者的情怀。这本书是她研究历程中的一个阶段性成果，希望她能在此基础之上更全面、更充分、更深入地开展相关研究，收获更多成果！

罗昕如

2020 年 7 月于长沙

目 录

第一章 **俗语概说**

　　著名学者季羡林先生曾说：语（包括俗语）"是中华民族智慧的结晶，它们涉及人们如何处理人与大自然（天人）的关系，人与人的关系（社会关系），以及每个人的个人修养等问题，并且都有精辟的意见，对指导我们的人生有重要意义。这些'语'，在全世界所有的民族和国家中，都罕有其匹，是我们中华民族的珍贵的文化遗产"①。江蓝生先生也说："俗语是历代群众创造的口头语汇，它题材广泛，思想活泼，风格幽默，形式凝练，是亿万人民群众世世代代集体经验和智慧的结晶，是中华民族先进文化的组成部分，值得我们学习继承。"②俗语作为汉语语汇的一个重要组成部分，取自民间，流传于民间。它涉及了社会生活的方方面面，是亿万劳动人民世世代代集体经验和智慧的结晶，蕴涵了丰富的语言知识，揭示了深刻的人生哲理，折射了内在的民族风范。俗语作为民族语言、地方民俗以及传统文化的高度浓缩和集中体现，与语言的发展、文化的传承以及社会的和谐有着密不可分的关系。

---

① 《语海》编委会．语海［Z］．上海：上海文艺出版社，2000：出版说明7.
② 温端政．俗语研究与探索［M］．上海：上海辞书出版社，2005：序2.

第一节　俗语的定义

一、俗语的称谓

　　"俗语作为具有民间风格、为广大人民群众所喜闻乐见的一种语言形式，早在先秦文献里就有大量记载。"[①]在上古汉语中，"俗语"一词虽未出现，但是这种语言现象是早已存在的。先秦文献中该语言现象的称谓颇多，既有单音节的称谓形式，如"语""谚"等，也有双音节的称谓形式，如"里语""俚语""里谚""鄙语""野语""民语""鄙谚""周谚"等。例如：

　　（1）《韩非子·备内》：夫妻者，非有骨肉之恩也，爱则亲，不爱则疏，语曰："其母好者其子抱。"

　　（2）《左传·僖公五年》：谚所谓"辅车相依，唇亡齿寒"者，其虞、虢之谓也。

　　（3）《毛诗草木鸟兽虫鱼疏》卷上：故里语曰："斫檀不谛，得系迷；系迷尚可，得驳马。"

　　（4）《新五代史·王彦章传》：彦章武人，不知书，常为俚语，谓人曰："豹死留皮，人死留名。"

　　（5）《汉书·贾谊传》：里谚曰："欲投鼠而忌器"，此善谕也。

　　（6）《史记·白起王翦列传》赞：鄙语云，"尺有所短，寸有所长"。

　　（7）《庄子·刻意》：野语有之曰："众人重利，廉士重名，贤士尚志，圣人贵精。"故素也者，谓其无所与杂也；纯也者，谓其不亏其神也。

　　（8）《荀子·大略》：民语曰："欲富乎？忍耻矣！倾绝矣，绝故旧矣，与义分背矣。"上好富，则人民之行如此，安得不乱！

　　（9）《韩非子·五蠹》：鄙谚曰："长袖善舞，多钱善贾。"此言多资之易为工也。

---

① 温端政. 俗语研究与探索［M］. 上海：上海辞书出版社，2005：8.

（10）《列子·杨朱》：周谚曰："田父可坐杀。"晨出夜入，自以性之恒；啜菽茹藿，自以味之极。

例（1）例（2）中用的是单音节称谓形式的"语"和"谚"，后面的例子中使用的是双音节称谓形式。上述语例中的称谓形式大都是指明该语言现象的来源，强调其民间性，如"俚语""鄙谚"中的"俚"和"鄙"；或者加以朝代名称，强调其流行时代，如"夏谚""周谚"中的"夏"和"周"。

"俗语"一词，最早似乎见于司马迁的《史记》和刘向的《说苑》①。

司马迁的《史记·滑稽列传》中说：民人俗语曰"不为河伯娶妇，水来漂没，溺其人民"云。

刘向的《说苑·贵德》中说：狱吏专为深刻，残贼而无极，偷为一切，不顾国患，此世之大贼也。故俗语云："画地作狱，议不可入；刻木为吏，期不可对。"此皆疾吏之风，悲痛之辞也。

如果说《史记·滑稽列传》里的"俗语"属于一般词语，意思是指民间流传的说法，那么，刘向《说苑·贵德》里的"俗语"则具有术语的性质，用来指称民间流行的定型语句。②据统计，历来俗语的称谓多达二十多种：迻言、里语、俚语、俗语、谚、俗言、善语、鄙谚、传言、俗谈、街谈巷语、常言、常谈、恒言、常语、通俗常言等。在这些称谓中，常用的有三个：谚、谚语和俗语。③由此可见，在先秦和汉代，俗语和谚语属于等同概念，所指相同。此后，俗语作为词汇单位的术语被广泛使用。

但是从汉代到隋唐、宋代，"俗语"一词使用频率并不高，到元明清时期，在盛行的杂剧戏曲和白话小说中使用"俗语"的情况才逐渐增多。④

本书认为，在众多的称谓之中，"俗语"这一称谓恰如其分，十分合适。一方面说明俗语的主要来源，一方面道明俗语的主要使用群体和领域。具体理由如沈玮所说："俗语"之"俗"有两层含义，一取通俗之意，可以与"雅言"之"雅"相对，说明俗语是大众的、群众的、民间的；二取约定俗成之意，表示俗语是由群众通过长期实践而认定形成的。本书认为"俗语"这一名称不仅能准确地反映出汉语

①温端政，周荐.二十世纪的汉语俗语研究［M］.太原：书海出版社，2000：绪论3.
②温端政，周荐.二十世纪的汉语俗语研究［M］.太原：书海出版社，2000：绪论3.
③曹聪孙.中国俗语选释［M］.成都：四川教育出版社，1985：228.
④魏爽.汉语俗语修辞探究［D］.曲阜师范大学硕士学位论文，2009：1.

俗语的两大基本性质，同时还能与"民俗"之"俗"完美地契合起来，预示着两者间存在着某种天然的联系。由此看来，用"俗语"这一名称来指称汉语中这类特殊的语汇是再合适不过的了。①

二、俗语的概念

"俗语"是使用频率很高的一个术语，几乎人人都经常在口头语和书面语中运用到俗语。但"什么是俗语"，"俗语具有什么特点"以及"俗语的内涵和外延是什么"等问题一直困扰着人们，历代的语言工作者们对俗语的性质、范围以及分类等问题看法不一、争议不断，目前学术界还未达成共识。这一点可以从一些字典辞书对"俗语"的定义和专家学者的研究成果中体现出来。

首先看看一些字典辞书给"俗语"下的定义。例如：

（1）《汉语大词典》：俗语有四个义项，一是指民间流传的说法，二是指通俗流行并已定型的语句，三是指方言土语，四是指当地的习惯称呼。②

（2）《辞源》：俗语是"约定俗成、广泛流行的定型的语句"。

（3）《辞海》：俗语"也叫'俗话'、'俗言'。流行于民间的通俗语句，带有一定的方言性。包括谚语、俚语、惯用语等"③。

（4）《现代汉语词典》（第7版）：俗语是"通俗并广泛流行的定型的语句，简练而形象化，大多数是劳动人民创造出来的，反映人民的生活经验和愿望，如'天下无难事，只怕有心人'。也叫俗话"④。

上面四部常用工具书对"俗语"的定义，有同有异。其相同之处在于：一是俗语的使用领域是民间而非官方，二是俗语的特点是通俗和定型。其不同之处在于：《现代汉语词典》进一步明确了俗语的创造者、语用效果及主要内容；《辞海》进一步明确了俗语是一个上位概念，包括谚语、俚语和惯用语等下位概念，还说到了"俗语"具有地方性；《汉语大词典》中"俗语"所涵盖的范围最广，无论是否定型，只要是流传较广的就可纳入其中。

①沈玮.论汉语俗语的文学图像［D］.华东师范大学博士学位论文，2010：27.

②罗竹风.汉语大词典［Z］.上海：上海辞书出版社，1986：1408.

③辞海编辑委员会.辞海［Z］.上海：上海辞书出版社，1999：2016.

④中国社会科学院语言研究所词典编辑室.现代汉语词典（第7版）［Z］.北京：商务印书馆，2017：1247.

其次看看一些专家学者对"俗语"的研究结论。例如：

（1）韩厥林先生在《谈谈"俗语"》一文中认为，熟语可分为以下几种类型，"即成语、典故、俗语、谚语、格言、惯用语、歇后语和名言等"[①]。

（2）温端政先生在《中国俗语大辞典·前言》中认为，俗语具有群众性、鲜明的口语性和通俗性以及相对的定型性三个特点，因此俗语可以归纳为"是群众所创造的，并在群众口语中流传，结构相对定型的通俗而简练的语句。俗语应该包括谚语、歇后语（引注语）、惯用语和口头上常用的成语"[②]。

（3）吕叔湘先生在《中国俗语大辞典·序》（新版）中认为，"俗语，或者俗话，是一种广泛的名称，典型的俗语是所谓谚语，这是各国语言里都有的一种东西"[③]。

（4）王勤先生在《俗语的性质和范围——俗语论之一》一文中把约定俗成泛指词汇材料中通俗平易流行于口头中的现成语句的名称认为是"广义俗语"。他主张把从广义俗语中"剔检"出成语、谚语、歇后语、惯用语等"名实已定大于词的固定词汇单位"后"剩下的固定词汇材料"称为"狭义俗语"。[④]

（5）徐宗才先生在《俗语》一书中引用屈朴先生的观点："汉语俗语是指包括口语性成语和谚语、格言、歇后语、惯用语、俚语等在内的定型化或趋于定型化的简练习用语汇和短语。"[⑤]

（6）曹聪孙先生在《现代汉语俗语释例》一文里认为，"俗语是口头流传的一些通俗的话，是有广泛的适应性和完整的述谓性的定型语句"。又指出，"古籍中，用'谚'这个称谓比较多，现代汉语则多用'俗语'这一名称，口头上叫'俗话'"，"谚语和俗语基本上是同一类定型语句的不同称谓"。[⑥]

（7）刘叔新先生在《固定语及其类别》一文里认为，俗语（俗话）是"言语的熟语（可以称为常语）"的组成部分。并指出，"常语除了谚语、名言之外，还包括一部分俚语，它们都是独立成一句话的，很接近于谚语或民谣，俚俗而没有训

①韩厥林.谈谈"俗语"[J].河北师院学报（哲学社会科学版），1979（4）：50-56.

②温端政.中国俗语大辞典[Z].上海：上海辞书出版社，1989：前言2-3.

③温端政.中国俗语大辞典[Z].上海：上海辞书出版社，2011：序1.

④王勤.俗语的性质和范围——俗语论之一[J].湘潭大学学报（社会科学版），1990（4）：107-111.

⑤徐宗才.俗语[M].北京：商务印书馆，1999：7.

⑥温端政，周荐.二十世纪的汉语俗语研究[M].太原：书海出版社，2000：249.

诲性质"。所谓"俗语"或俗话，实际上就是这类俚语和谚语的俗称。①

（8）沈玮在其博士论文《论汉语俗语的文学图像》中给俗语下的定义是：汉语俗语是汉语语汇里为群众所创造，并在群众中广泛流传的，具有口语性和通俗性特点的语言单位。它们结构稳定、言简意赅，内容广泛、形象生动。汉语俗语包括谚语、歇后语和惯用语。②

从上面各位学者的观点可以看出，学术界对于俗语的性质和范围存在较大争议。总体而言，主要有广义和狭义两种理解。广义理解认为"俗语"是与"雅言"相对的一种语言现象，与熟语是并列关系，包括谚语、歇后语、惯用语等语言单位，如温端政、屈朴、沈玮等的观点。狭义理解认为"俗语"是熟语的下位概念，俗语是与谚语、惯用语、歇后语并列的语言单位，如韩厥林、王勤等的观点。沈玮（2010）在综合各家对俗语性质和范围的理解的基础之上，用图示的方式将俗语范围一目了然地表现出来。③

现摘录如下：

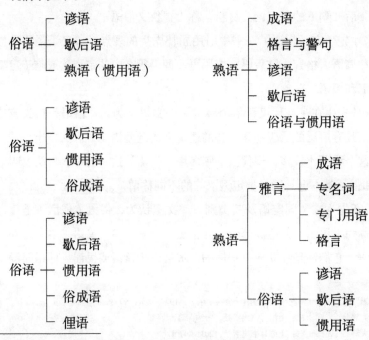

①温端政，周荐．二十世纪的汉语俗语研究［M］．太原：书海出版社，2000：251.
②沈玮．论汉语俗语的文学图像［D］．华东师范大学博士学位论文，2010：26—27.
③沈玮．论汉语俗语的文学图像［D］．华东师范大学博士学位论文，2010：5.

　　针对学术界对"俗语"定义、性质与范围等问题的众说纷纭，温端政先生进行了比较全面的分析。他在《俗语的性质、范围和分类》一文中认为，随着研究的深入，陆续出现各种不同的说法，概括起来，可分为对俗语的广义理解和狭义理解。下面列举三个比较有代表性的说法：一是主张两种理解并存。吕洪年的《试论民间俗语》一文认为，俗语可以有广义和狭义两种理解。广义的俗语，"是指流行于民间的一切通俗语句，包括谚语、歇后语及口头上常用的成语、格言、名句、惯用语、俏皮话等"；狭义的俗语，"是指谚语、歇后语等，并称除谚语、歇后语之外的来自民间的定型化短语"。二是主张采用狭义理解。王勤的《俗语的性质和范围——俗语论之一》一文认为，从语言规范化要求看，"广义俗语"的说法有明显的缺陷：（1）没有对词汇材料中大于词的固定现成材料的构成加以科学分析，视不同的词汇材料以为同，进而造成词汇体系内部成员混淆不清；（2）不利于选用不同类型的词汇材料精确地表达思想；（3）影响俗语词典的编纂和词汇教学；（4）无视已为广大群众确认名实已定的词汇材料（如成语、谚语、歇后语、惯用语等），人为地给词汇材料的使用造成困难。为此，主张把从广义俗语中"剔检"出成语、谚语、歇后语、惯用语等后"剩下的固定词汇材料"称为"狭义俗语"，简称俗语。这样，俗语就同成语、谚语、歇后语、惯用语等"处于同一地位和级次"。三是主张采用广义理解。温端政先生对其进行了比较全面的分析。他引用屈朴《俗语古今》中的观点认为，"所谓狭义范围的俗语，无论专指谚语、惯用语还是俚语，都不能反映出汉语历史上既已形成的总体概念和形态的全貌"；只有通常所谓广义的俗语，即包括口语性成语和谚语、格言、歇后语、惯用语、俚语等在内的定型化或趋于定型化的简练习用语汇和短语"，"才是汉语俗语总体概念的基本要旨和语式形态的主体成分"。由此主张，俗语与成语、谚语、格言、歇后语、惯用语、俚语等各俗语"品类"，是"种与属的关系"。①

　　俗语是一种语言现象。本书认为对于普通民众而言，俗语就是一种大众化的、约定俗成的、通俗易懂的语言现象。既然如此，就可以将"俗语"的范围理解得稍微宽泛一些。因此在众多学者的观点中，本书赞同温端政先生对俗语定义、范围的界定：俗语是群众所创造的，并在群众口语中流传，结构相对定型的通俗而简练的

①温端政.俗语研究与探索［M］.上海：上海辞书出版社，2005：9-10.

语句。俗语应该包括谚语、歇后语（引注语）、惯用语和口头上常用的成语。

第二节　俗语研究的概况

俗语的历史，几乎与成熟的汉语一样长久。

中国是一个统一的多民族国家，几乎所有的民族都有自己庞大的谚语系统。从古至今，搜集整理谚语都是历朝历代"采风"的重点，如东汉时辑录的《四民月令》就是通过采集当时流行的农谚而形成的最早的谚语专集。两宋时期我国开始全面采集谚语，出现了周守忠《古今谚》等谚语大观；至明清时期，杨慎《古今谚》、杜文澜《古谣谚》、翟灏《通俗编》等高质量谚语辑录成果层出不穷，对后世产生了深远影响。①

据唐代魏徵主编的《隋书·经籍志》记载，刘霁撰有《释俗语》八卷（此书早佚）。这说明古人已经认识到了俗语的语言学价值，并着手对俗语进行了研究与阐释。古人注意了对资料的搜集与整理，但未对俗语的定义性质和范围进行认真的研究与探讨，所以可以说古代对俗语的理论研究还是一片空白。

从 20 世纪二三十年代起，俗语的研究有了一定的成果，开始探讨谚语、歇后语等的性质、形式等，但最初的理论研究的主流还是属于民间文学的范畴。在俗语的收集与整理上出现了一些较有影响的著作。例如，1923 年，胡朴安等人编写的《俗语典》里面收集的对象有词、成语、谚语、歇后语、惯用语和其他语言单位；1937 年，李鉴堂撰写的《俗语考原》所收录的俗语有词、成语、歇后语、惯用语，等等。但俗语指称的对象、范围仍不是太清晰。

新中国成立后，商务印书馆出版了一批与俗语有关的清代的著作，如《通俗编》《恒言录》《直语补证》等，对俗语研究起了很大的推动作用，在俗语理论研究方面取得了一些进展，但后来由于历史原因一度陷入停顿状态。直到 20 世纪

①许晋，李树新 .20 世纪中国谚语搜集整理与出版［J］.中国出版，2016（18）：64–66.

80 年代以后，俗语研究才进入一个迅速发展的时期。许晋、李树新的研究表明，
20 世纪 80 年代，中国开启了最全面、规模最大的谚语普查、采集、挖掘与抢救工
作，中国谚语的搜集整理与出版进入繁荣期。文化部启动了重大项目——"中国
民族民间文艺集成志书"，《中国谚语集成》是该项目十部文艺集成志书之一。20
世纪最全面、规模最大的谚语普查、采集、挖掘与抢救工作开启，散落在民间的
浩如烟海的谚语资源得以变为有形的文化财富，反映中华民族源远流长的民族谚
语文化遗产得以全方位呈现。①曲彦斌先生首次将"俗语学"作为表示俗语研究这
一学科的术语提出。俗语理论研究全面展开，论文、专著和辞书大量出现，充分显
示汉语的俗语学研究已日趋成熟，汉语俗语学将作为独立学科而受到瞩目。相关
研究内容和成果分述如下：

　　第一，探讨俗语的概念、范围及特性等一些有争议的问题。有吕洪年的《试论
民间俗语》、王勤的《俗语的性质和范围——俗语论之一》、姚锡远的《"熟语"
的种属地位及其定义域》以及武占坤的《试论谚语、俗语之分》等论文，王德春的
《词汇学研究》、邱崇丙主编的《俗语五千条》、温端政主编的《俗语研究与探
索》和温端政、周荐合著的《二十世纪的汉语俗语研究》等论著。

　　如王勤在《俗语的性质和范围——俗语论之一》一文中指出："俗语尽管与成
语、谚语、歇后语、惯用语有这样或那样相同或相似之处，但由于俗语在形式和内
容上有突出的个性，它们之间的区别确是明显可见的。正因如此，俗语才自成体系
独立存在于熟语之中。据此，我们认为俗语是以语言形象、生动、活泼为特点，以
提高语言的表达效果为宗旨，具有口语风格定型的语句。它的功用不仅能表达某种
思想，而且能用形象、生动、活泼的语言传情、感人。所以，必须让它独立门户，
改变长期以来将它与其他相似的词汇材料混为一体的杂乱状态。"②

　　第二，分析俗语词义、词源及修辞。曹聪孙的《中国俗语选释》、徐宗才与应
俊玲的《常用俗语手册》、温端政的《中国俗语大辞典》等，收集了大量的俗语语
料进行词义分析和词源探究。潘杰的《从语法修辞角度看民间谚语的艺术特色》、
祝敏青的《福州方言熟语的修辞特点》、寇福明的《论谚语的语义特征》、李晓

---

①许晋，李树新 .20 世纪中国谚语搜集整理与出版 [J].中国出版，2016（18）：64–66.
②王勤 .俗语的性质和范围——俗语论之一 [J].湘潭大学学报（社会科学版），1990（4）：107–111.

华的《汉语惯用语的修辞功能》、邓红华的《俗语语音修辞探析》、魏爽的《汉语俗语修辞探究》以及陶汇章的《中国古代谚语的源起与定型》等论文从修辞的角度论述了俗语中使用的修辞格及其修辞功能和语用效果。

如魏爽在其硕士论文《汉语俗语修辞探究》中从修辞语言研究的视角对汉语俗语修辞进行修辞手段的归纳和功能描写。研究结论是："俗语修辞是一个变化发展的整体，既有共时的特征又有历时的发展变化。从共时角度看，俗语修辞在修辞格、语音、词汇、语法方面都有显著的特点。这些修辞特点形成了俗语特有的修辞功能，形象生动，通俗易懂，诙谐幽默。丰富的修辞功能使俗语在文艺语体和新闻语体中得到广泛的运用。从历时的角度看，俗语发展过程中修辞还是以继承为主，变化的是少数，修辞手段也没有根本变化，变化的主要是口语词的替代和结构的增减，总体上呈现出延续为主，变化为辅的规律，这也正符合了汉语发展的规律。"①

第三，探究俗语在文学作品中的功用。钟必琴的《论〈红楼梦〉对俗语的熔铸和提炼》，蔺璜的《试论赵树理小说俗语的运用》，郭作飞的《〈金瓶梅〉中俗语的文化蕴含与明代社会》，翟建波的《〈水浒传〉民俗类俗语析释》，张爱卿和秦建文的《〈西游记〉中的俗语研究》，景瑞鸽的《〈黄河东流去〉俗语研究》，李世萍和屠伊君的《〈左传〉谚语研究》等论文从各部文学作品中出现的俗语入手，分析俗语在文学作品中的运用和作用，探究各个时代的经济、文化以及当时的语音面貌以及俗语对文学作品人物塑造、主题凸显的作用。

如钟必琴《论〈红楼梦〉对俗语的熔铸和提炼》一文认为："俗语的运用是《红楼梦》杰出的艺术成就的一个重要方面，也是形成《红楼梦》独特的语言艺术风格的不可忽视的因素之一。……《红楼梦》对俗语的熔铸和提炼，主要表现在以下几个方面：一、改动字词；二、改变句式或语气；三、改变句式；四、相似或相同俗语的不同运用。"②蔺璜《试论赵树理小说俗语的运用》一文对赵树理26篇小说中所用俗语进行研究后认为："深刻的思想性、高度的艺术性、鲜明的通俗性和口语性，独特的地方风味和浓郁的乡土气息是赵树理小说运用俗语的主要

①魏爽.汉语俗语修辞探究·摘要［J］.曲阜师范大学硕士论文，2009.
②钟必琴.论《红楼梦》对俗语的熔铸和提炼［J］.红楼梦学刊，1991（第三辑）：153-171.

特色；刻画人物、开展情节、激发感情是赵树理小说运用俗语的艺术功能。"①

　　第四，关注俗语中的文化和民俗特点。王晓娜的《歇后语和汉文化》，钟敏的《从汉语俗语看汉民族的本土文化特征》，陈楚云的《从汉语熟语看中国传统等级观念》，张永的《从歌谣俗语中透析中国农村旧家庭成员之关系》，兰玲的《从汉语俗语透视胶东民俗现象》，马春玲的《从汉语谚语看中国农民勤奋行为的价值及其特征》以及沈玮的《论汉语俗语的文学图像》等论文则对语言与文化、语言与民俗进行了有益探讨，开辟了俗语研究的另一途径。

　　如沈玮的博士学位论文《论汉语俗语的文学图像》既关注了俗语与文学的关系，也关注了俗语与文化之间的关系。论文在"分析了汉语俗语研究现状的基础上，从文艺民俗学视角出发，以文艺作品中的汉语俗语及其下属类别谚语、歇后语、惯用语为研究对象，全面解读汉语俗语这一结合了语言、文学、文化的特殊的立体形态，重点研究汉语俗语的文学图像与文艺及文化的相互关系。通过文艺作品考察汉语俗语与文艺的关联和对文艺创作的积极影响，通过民俗事象展现汉语俗语对汉民族文化的反映，强调俗语形象化的文学语言与语言图像的特征"②。

　　第五，对地方俗语的关注和研究。相比全国通行的俗语所拥有的丰硕成果而言，地方俗语的研究力量稍显薄弱。郭成敏、林秋明合著的《福清俗语》，杨月蓉的《重庆方言俚俗语集释》，汪仲贤的《上海俗语图说》等专著对地方俗语进行了收集和释义。杨元鹏的《漫谈莆田的俗语——兼论俗语的概念及其他》、吴建生的《万荣俗语初探》、吕维洪的《云南戏曲谚语的文化意蕴》、李金梅的《晋东南方言谚语定量分析》等论文关注了具有地方特色的俗语，并对地方俗语进行了语言本体及文化等方面的研究。

　　如吴建生在《万荣俗语初探·摘要》中写道："以往的方言调查研究，是以语音、词汇、语法为主要内容的，对'语'的关注始终很少。从方言运用的实际情况来看，这不能不说是一个较大的缺憾。本文以解剖麻雀式的方法分析万荣俗语，希望能起到举一反三、窥一斑知全豹的作用。所讨论的'万荣俗语'，包括'谚语''歇后语''惯用语'和四字的'俗成语'。万荣俗语的特点从三个方面体

---

①蔺璜.试论赵树理小说俗语的运用［J］.山西大学学报（哲学社会科学版），1997（2）：74-78.
②沈玮.论汉语俗语的文学图像·摘要［D］.华东师范大学博士学位论文，2010.

现：1. 反映当地方言特点；2. 反映当地自然环境和生产习俗；3. 反映当地社会生活和风土人情。万荣俗语和流传甚广的'万荣笑话'一起，传承了独特而幽默、丰富而多彩的地方文化。随着时间的推移和社会现代化的推进，带着泥土芳香的万荣俗语也处在急剧的演变和消失之中，这就给语言学和民俗学的工作者提出了同样紧迫的任务：尽快记录、整理地方俗语，为后人留下一份宝贵的文化遗产。"①

　　第六，关注湖南俗语的相关研究。主要涉及两个方面，一是关于湖南俗语的语言本体研究。如唐艳的《衡阳方言谚语的句法结构分析》探究湖南衡阳方言谚语的句法结构，认为"衡阳方言谚语的句法形式丰富多彩，有单句形式、复句形式，单句形式包括无主句和主谓句，复句形式包括单纯复句、多重复句和大量的紧缩形式。衡阳方言谚语还具有一些富有地方特色的习用格式"②。李丽颖从湘乡方言谚语的修辞特色以及句法结构等方面进行研究；吴春波、刘云探究湘乡方言俗语的结构特点及语义认知模式；邓红华较为全面地分析了郴州俗语的来源、声调艺术以及语音修辞。

　　二是关于湖南俗语与湖南文化的研究。如胡萍、唐七元的《湘语区农业生产习俗的地域特色》一文，"以方言词语（包括谚语、惯用语）为视角，重点从地势和地形，气候和水文，土壤和生物资源等三方面来分析湘语区的地理环境对农业生产习俗的影响，展示湘语区浓郁的地方文化特色"③；言岚的《方言谚语的文化内涵——以湖南醴陵方言为例》关注湖南醴陵方言谚语中的地域文化内涵，认为醴陵方言谚语体现了"以农为本，崇尚农耕"的农耕文化传统，是"重义轻利，贵和尚中"的儒家文化的反映，是"强悍刚烈，倔强霸蛮"的湖湘文化精神的真实写照，鲜明地体现了地方民间文化心理，具有丰富的文化内涵；④唐艳《衡阳方言谚语与当地农业生产文化特征探究》探究湖南衡阳方言谚语在农业生产文化方面的特征，认为"衡阳方言谚语是当地民俗文化瑰宝，与农业生产有关的谚语，包括农谚、畜牧谚、渔业谚、果木林业谚等，蕴含着当地丰富而独特的文化特征"⑤。邓红华认

①吴建生.万荣俗语初探［M］//温端政.俗语研究与探索.上海：上海辞书出版社，2005：200.
②唐艳.衡阳方言谚语的句法结构分析［J］.衡阳师范学院学报，2009（5）：100-103.
③胡萍，唐七元.湘语区农业生产习俗的地域特色［J］.求索，2007（3）：186-187.
④言岚.方言谚语的文化内涵——以湖南醴陵方言为例［J］.前沿，2010（6）：140-143.
⑤唐艳.衡阳方言谚语与当地农业生产文化特征探究［J］.大众文艺（理论），2009（9）：63-64.

为郴州俗语蕴含了农耕文化、山水文化、移民文化以及礼仪文化等多重文化内涵；邓红华关注伦理型谚语的道德教化功能；邓红华探究地方俗语在《芙蓉镇》中的运用及其表现功能。

第七，关注少数民族俗语及中外俗语对比的分析研究，了解少数民族俗语的特色、作用以及中外文化的差异。关注少数民族俗语的有尼玛的《蒙古族谚语的伦理教育功能研究》。该文"以蒙古族谚语为着眼点，梳理有关人际和谐相处的伦理教育功能，进而揭示民间谚语在现代蒙古族成长过程中的地位和作用，以及对蒙古族文化发展进步的影响"[1]。陈海宏和谭丽亚的《怒族谚语的语义特征探析》认为，怒族谚语分为隐喻型谚语和非隐喻型谚语，怒族谚语具有富于独特民族特色的语义文化。从语义特征上看，怒族谚语具有民族文化的独特性、表达意义的隐喻性、教育传承的本质性、语义关系的多样性等特征。[2]杨瑛羚的硕士论文《苗语中部方言谚语语义研究》以苗语中部方言谚语为研究语料，通过运用较新的语汇学和语义学等研究理论，采用田野调查法、文献搜集法、比较法等研究方法，对苗谚语义进行分析讨论。[3]另外还有周丽莉分析壮语谚语的隐喻意象特色，古丽尼格尔·吐尔洪、张蒙蒙探究维吾尔谚语的文化价值、伦理观念，马思华探寻满族谚语的教育意义，等等。

中外俗语对比研究的成果主要集中在汉语与英语、少数民族语与英语之间的比较方面。如刘凤霞和何彦诚的《英汉谚语文化特征之社会语言学分析》运用社会语言学的理论和方法对比中英谚语的不同，指出英汉两种语言在谚语这一特殊的语言表现形式上所反映的各自民族文化特征的深层内涵，有利于了解英汉语言文化的异同。[4]刘红英的《从谚语看中西文化价值取向的差异》，从价值取向的角度来看中英谚语体现出的中西文化差异，认为谚语反映了中西方不同的宗教观、不同的文化价值观、不同的哲学观以及不同的集体、个人价值观。[5]古丽尼格尔·吐尔洪在硕士学位论文《维英谚语对比研究》的摘要中写道：国内外学者虽然对谚语进行了多方面的调查与多角度的研究，并取得了不少成绩，但在维吾尔谚语与英语谚语

---

①尼玛.蒙古族谚语的伦理教育功能研究［J］.新疆职业大学学报，2014（2）：36-38.

②陈海宏，谭丽亚.怒族谚语的语义特征探析［J］.牡丹江大学学报，2015（11）：9-11.

③杨瑛羚.苗语中部方言谚语语义研究·摘要［D］.贵州大学硕士学位论文，2016.

④刘凤霞，何彦诚.英汉谚语文化特征之社会语言学分析［J］.兰州大学学报（社会科学版），2001（5）：143-146.

⑤刘红英.从谚语看中西文化价值取向的差异［J］.湖南社会科学，2010（3）：186-189.

方面的比较研究上存在着不足；本文运用比较研究的方法，通过对维英谚语的形式、内容、修辞手段、文化因素等方面的比较，阐述了维英谚语的形式、内容和文化特色。①另外还有曹翔对英汉谚语文化的异同性进行分析，杨本加对藏汉英谚语的文化差异性进行全面对比分析，等等。

上述研究成果或从流传在全国大部分地区的俗语入手，或从流传范围小的地方俗语着眼；或从语言本体研究的角度分析俗语的来源、语音、语义、语法及修辞特点，或从文学的角度分析俗语在文学作品中的运用及表现功能，或从文化的角度分析俗语与地域文化之间的紧密联系；或单一地研究汉语俗语、汉语方言俗语或者少数民族俗语，或综合研究汉语俗语与英语俗语的异同性、汉语俗语与少数民族俗语的异同性；等等。前人的研究成果为本书的研究提供了坚实的理论依据和扎实的研究基础，直接开阔了本书的研究视野。

---

①古丽尼格尔·吐尔洪.维英谚语对比研究·摘要［D］.新疆大学硕士学位论文，2017.

第二章 郴州俗语的收集、整理及研究意义

第一节 郴州俗语的收集整理

一、郴州概况

（一）地理位置

郴州市位于湖南省东南部，地处南岭山脉与罗霄山脉交错、长江水系与珠江水系分流地带，"北瞻衡岳之秀，南峙五岭之冲"，自古以来就为中原通往华南沿海的咽喉。既是"兵家必争之地"，又是"文人毓秀之所"。它东界江西赣州，南邻广东韶关，西接湖南永州，北连湖南衡阳、株洲，素称湖南的南大门。①其地理坐标为：北纬24°57′—26°51′，东经112°11′—114°07′。郴州市山清水秀，土地总面积19387平方千米，占湖南省土地总面积的9.2%。

（二）人文历史

郴州是一个拥有悠久历史的地方。根据古人类遗迹考古发现，旧

---

①郴州市人民政府. 林邑郴州［EB/OL］http://www.czs.gov.cn/html/zjcz/default.htm

石器时代晚期郴州这一带就有古人类活动。1964年，湖南省地质部门在郴州桂阳县樟木乡上龙泉村的石灰岩山洞堆物中发现第四纪哺乳动物化石，并采集到一枚刻纹骨锥。骨锥经磨制刻划而成，磨制痕迹清楚，表面光滑，通体呈圆柱形，器身中部有横道刻划纹。经中国科学院古脊椎动物与古人类研究所鉴定，这个骨锥为旧石器时代晚期古人类遗物。1960年在郴州安仁县何古山挖掘出新石器时代晚期古人类遗址。2011年3月，郴州市文物处考古人员在桂阳县春陵江河岸台地上发现距今6000年左右的新石器时代人类村落遗址。2011年和2012年，湖南省考古研究所组织有关人员对千家坪遗址进行了两期发掘。遗址堆积共有六层，其中第三层为商代遗存，第四至六层为新石器时代遗存。由此可知，早在一万年前，郴州一带就已经有原始人在这块土地上繁衍生息了。①

　　"郴"字独属郴州，最早见于秦朝。郴州有文字可考的历史，已有两千余年。自秦代以来，郴州一直为郡、州、府、县的治所。②许慎在《说文解字》中说道："郴，桂阳县也，从邑林声。"明代郴州籍学者何孟春说："吾州制字郴，以多木名。"篆体"郴"，由林、邑二字合成，意谓"林中之邑也"。郴州人常自豪地称自己住在"林中之城"。从"郴"字可见，郴州自古以来就是一个林木茂盛的地方。今天的郴州市是湖南省四大重点林区之一。根据湖南省2018年度森林资源统计年报，全市林业用地面积1 386 948.7公顷，占全市国土总面积的71.80%；活立木总蓄积量6 222.2012万立方米，其中森林蓄积量6054.7193万立方米，为活立木总蓄积量的97.31%；森林覆盖率67.87%。③其中，素有"湖南的西藏"之称的郴州市桂东县的森林覆盖率达到了85%，为"湖南之冠"。④

　　郴州是一个美丽的地方。郴州由于地处南岭中部，气候温暖湿润，所以山清水秀、风光旖旎，历来被誉为"四面青山列翠屏，山川之秀甲湖南"。⑤它拥有优美独特的自然景观，有被誉为"中国第二西双版纳""世界动植物基因库"的莽山，有被

①郴州市人民政府.林邑郴州［EB/OL］http://www.czs.gov.cn/html/zjcz/default.htm
②毛健，胡祥苏.郴州/郴江幸自绕郴山［M］.北京：社会科学文献出版社，2019：4.
③郴州市林业局.郴州市森林资源基本情况［DB/OL］.郴州市林业局网站.2019-04-17.http://lyj.czs.gov.cn/lygk/lyjj/content_2927972.html.
④白培生，辛秉钧，等.桂东：森林覆盖率达85%，为湖南之冠［DB/OL］.湖南日报.2015-07-24.https://hn.rednet.cn/c/2015/07/24/3747080.htm.
⑤毛健，胡祥苏.郴州/郴江幸自绕郴山［M］.北京：社会科学文献出版社，2019：3.

誉为"人间天上一湖水，万千景象在其中"的东江湖，还有"鸡鸣三省，水注三江"的九龙江；有仙境一般的"雾漫小东江"，有天然形成的"丹霞高椅岭"，有意境迷人的"仰天湖草原"，还有神秘莫测的"兜率灵岩"；等等。郴州市委、市政府正在科学整合各县市优质资源，努力将郴州打造成为国际知名的休闲度假旅游目的地、国家级全域旅游示范区、湖南省全域旅游基地建设新样板。

郴州是一个有着深厚文化底蕴的地方。"神农作耒郴州""项羽徙义帝于郴""赵子龙大战桂阳郡"等史志上皆有记载。在郴州这片地灵人杰的土地上产生过刘昭禹、雷应春、何孟春、袁子让、胡云翼、白薇、古华等诗人作家，其中何孟春是中国文学史上著名的"茶陵诗派"的主要成员。他撰有经史子集400卷，600多万字，是湖南图书馆收藏古代湘籍著作最多者之一。胡云翼的《宋词选》是流通最广、影响最大的宋词选本。白薇被毛泽东亲切地称为"我们湖南的女作家"。古华的《芙蓉镇》荣获首届茅盾文学奖。在郴州这个地理位置独特的土地上还产生过王昌龄、杜甫、韩愈、秦观、柳宗元、周敦颐等文人骚客的千古绝唱。如秦观《踏莎行·郴州旅舍》里的"郴江幸自绕郴山，为谁流下潇湘去"让人魂牵梦绕；周敦颐《爱莲说》里"出淤泥而不染，濯清涟而不妖"的荷花令人称赞不已；柳宗元的《童区寄传》传之久远，影响广泛。郴州不仅培育了邓中夏、萧克、黄克诚、邓华、欧阳海等名人，也留下过毛泽东、朱德、陈毅等老一辈无产阶级革命家的深深足迹，还是中国女排夺得五连冠的"福地"和"娘家"。

郴州现辖二区一市八县。二区是北湖区（原县级郴州市）和苏仙区（原郴县），一市是资兴市，八县是嘉禾、临武、宜章、桂阳、汝城、桂东、永兴、安仁。作为"国家优秀旅游城市""国家级湘南承接产业转移示范区"，郴州因其风景优美、交通便利、经济发展迅速，吸引了大批的外来人员。据郴州市统计信息网，截至2015年末，全市常住人口473.02万人，城镇化率达到了50.3%。[1]截至2018年末全市常住人口474.5万人，比上年增加1.3万人。其中，城镇人口260.4万人，乡村人口214.1万人。全市城镇化率54.9%，比上年提高1.1个百分点。[2]

---

[1]郴州市统计局.郴州市2015年国民经济和社会发展统计公报［DB/OL］.郴州统计信息网.2016-03-21.http://www.czs.gov.cn/tjj/tjgk/content_676645.html.

[2]郴州市统计局.郴州市2018年国民经济和社会发展统计公报［DB/OL］.郴州政府网.2016-03-11.http://www.czs.gov.cn/html/zwgk/18780/18781/18782/18785/content_2904028.html.

（三）方言分布及研究情况

　　根据 1987 年版《中国语言地图集》和《湖南省志·方言志》，郴州地区的汉语方言除土话之外主要有西南官话、赣语、客家话和湘语等四大方言。在这 11 个县市区里，"既有类似西南官话的普遍通行的'官话'，又有各个县市各不相同的'土话'"①。湖南师范大学鲍厚星教授认为郴州方言可分为四种类型：（1）西南官话；（2）赣语；（3）客家话；（4）土话（系属目前尚未确定）。②复杂多样的方言引起了方言工作者的极大关注。胡斯可在其博士学位论文《湖南郴州地区的汉语方言接触研究》中这样写道："最早关注郴州方言的是赵元任等老一辈语言学家。1935年秋，前中央研究院历史语言研究所赵元任、丁声树、杨时逢、董同龢、吴宗济五位先生在长沙对湖南 75 个县的方言进行了大规模的调查，……这是最早记录郴州土话的材料，对研究郴州的土话具有重要的文献价值。……到了 20 世纪 80年代，在方言学蓬勃发展的大环境下，郴州地区的方言也逐渐引起了一些学者的研究兴趣，而 90 年代中后期以来，郴州各地方言特别是其中的湘南土话研究成为学术界关注的热门课题，一批研究成果纷纷面世，其涉及领域之广，登载论文刊物的级别之高，持续时间之长，在郴州乃至湖南方言的研究史上影响深远。"③另外期刊论文有单泽周的《郴州汉语方言概述》，范俊军的《湘南嘉禾土话的几个语音现象及其成因探析》，鲍厚星的《湘南土话系属问题》，李益、谢启勇的《郴州汉语方言研究综述》等；博士论文有卢小群的《湘南土话代词研究》，邓永红的《桂阳土话语法研究》，胡斯可的《湖南郴州地区的汉语方言接触研究》等；专著有李永明的《临武方言土话与官话的比较研究》，沈若云的《宜章土话研究》，卢小群的《嘉禾土话研究》，范俊军的《桂阳方言词典》等。

二、郴州俗语的收集整理

　　郴州历史悠久，俗语数量多，以谚语为主。新中国成立前，州志、县志均有谚语记载，但数量很少，且只限于农谚。新中国成立后，50 年代初，《郴州群众报》内部编印过一本谚语小手册，收集谚语不多，内容也只限于农谚。郴州在

①单泽周.郴州汉语方言概述［J］.郴州师专学报（综合版），1997（3）：35-42.

②鲍厚星.湘南土话系属问题［J］.方言，2004（4）：15-24.

③胡斯可.湖南郴州地区的汉语方言接触研究［D］.湖南师范大学博士学位论文，2009：19-20.

1988年进行了一次全方位收集、整理各民族的民间文学资料的活动，各县（市）收集上来的谚语有40000余条，收入资料送审的也有9400余条。各县（市）相继编辑出版了民歌、民谚、民间故事三"集成"（内部资料），如《永兴民间歌谣与谚语》收录谚语2300条，《嘉禾民间故事与谚语》收录谚语2000条，《郴州市民间故事集成》收录谚语394条。郴州地区（1995年，经国务院批准，撤销郴州地区，设立地级郴州市）在各县（市、区）资料本的基础上编辑出《中国民间谚语集成湖南卷·郴州地区分卷》，共收录谚语4000条，涵盖了时政、事理、修养、社交、生活、自然、行业等七类。另外，各个县（市、区）的地方志零星收入了一些谚语、歇后语和惯用语。一些社会热心人士也陆续收集了一些郴州俗语，如郴州市委党校何琦教授在其著作《郴州文化溯源》中收录了400余条（主要是惯用语），曾任安仁县委宣传部副部长的李胜贞同志在其出版的专著《安仁乡韵——安仁方言俗语研究》中收录了4400多条（主要是谚语、歇后语和惯用语），已逝的老同志梁一航收集整理了300条，等等。

　　基于本书涉及的语料主要来自《中国民间谚语集成湖南卷·郴州地区分卷》，故在此对这本书的内容和收集原则作个简单介绍。《中国民间谚语集成湖南卷·郴州地区分卷》是在湖南省民间文学集成编委会办公室的指导下，在各县（市）民间谚语资料本的基础上，经过掘精补遗、精心筛选、编辑而成。全书以时政、事理、修养、社交、生活、自然、行业七类为纲；纲下分五十一个目，其中有六个目下面又分了小目，一共选入谚语4000余条。编辑时遵循的原则是：一是少收大路货。用通俗的话来说，就是少收你有我有大家都有、到处通行的"通用粮票"。北方的谚语，流传到郴州地区，未经改造，未地方化的，不收；已经改造，并在郴州地区流传着的，我们才收。例如：20世纪50年代初反映"李四喜思想"的谚语"三十亩地一头牛，老婆孩子热炕头"，传到郴州，群众把"三十亩地"改小了，把"热炕头"也改了，变成"三亩土地一头牛，老婆孩子抱一头"。书中只收后者，抛弃了前者。所谓"大路货"，也包括源自《增广贤文》《幼学琼林》的一些谚语，放之四海而皆有，而且是知识分子写的。二是注意收入地方性谚语。用通俗的话说，就是"地方粮票"。这种谚语，是"道地药材"，是土特产，更富特色，更能反映郴州地区人民的思想感情。如：书中新辟了"风土"栏目，"家乡"一目里，收了三条："走了千里路，舍不得栖凤渡。""调还是花灯好看，歌还是伴嫁好听。""苏仙升了天，化鹤又还乡。"本乡本土的地名，本乡本土的戏曲歌舞，本乡本土的神仙故事，乡味土味更足。三是注意收入别人尚未收集过的谚语。编入在郴州地区流传，但别处已经公开出版过的谚语，当然也可以；但是，这样重复劳动，"你中有我，我中有你"，并无什么新的补充，意义就不怎么大了。基于这个考虑，书中试着增加了教育、商业、戏剧、文娱、工矿、星相、风土等七个新目，虽然收集不全，总算多开拓了几个新的领域，给谚语世界添加了一些花花叶叶。四是注意收入新中国成立后出现的新谚语。新谚语数量不少，但，第一，因为在群众中传承的时间不长，许多谚语还正在流变，尚未定型，不好掌握；第二，过去注意不够，"平时不烧香，急时抱佛脚"，收集起来困难很多。五是基本上以正面的谚语为主。考虑到分卷本不同于各县（市）供参考研究的资料本，既称"集成"，就要集其成，集其优，不能优、平、病、坏兼收并蓄。有些谚语，明显是反动剥削阶级、腐朽没落势力所炮制、篡改、毒化过的，消极、迷信、反动、黄色，样样俱全，对它们的态度是：坚决不收。但有些是人民群众揭露自己身上的疮疤，属自我批评、自我教育的谚语，书中还是收了，也是应该收的。这类谚语，少量的附在同目正面谚语之后，帮助人们通过对比全面认识自己，大部分则分别编入"讽喻"和"教训"两个栏目里。"星相"一目讲风水阴阳，筛选时做了净化工作，只收了赞美山川、劝善规过一类内容的谚语，其中有几条至今仍然存在迷信痕迹。为了表明编者的态度，避免误会，特意把正面宣传破除迷信的谚语放在头一条，这样可以端正读者的视听。①

就目前情况而言，郴州俗语收集整理确实花费了较大的精力，也取得了一定的成果。但本书发现除了何琦教授的《郴州文化溯源》对一些俗语进行了解释和分析外，《中国民间谚语集成湖南卷·郴州地区分卷》《安仁乡韵——安仁方言俗语研究》以及各县（市）地方志都只是对郴州俗语进行了简单的语料收集整理工作，基本上未作语义解释，更未对其进行理论上的深入分析。因此本书认为，郴州俗语的理论研究还不够全面和深入，是一个值得继续研究的课题。

本书曾将《郴州文化溯源》和《中国民间谚语集成湖南卷·郴州地区分卷》中涉及的郴州俗语进行了统计和比较。首先，在把重复部分剔除后，共收集整理出郴州俗语 6187 条，发现郴州俗语收集整理的"大路货"较少，大部分都具有一定

---

①李沥青.中国民间谚语集成湖南卷·郴州地区分卷（序）（内部资料）.桂阳县教育印刷厂承印，1988.

的地域特色。其次，将6187条郴州俗语同《中国俗语大辞典》（下面简称《大辞典》）里的15000条俗语进行比较，发现不相同的语例有3000余条，约占郴州俗语的二分之一。有的俗语即使表达的意思、阐述的道理相同，但表现形式也并不一样。例如《大辞典》里有"女大十八变，越变越好看"，郴州俗语里则是"变来变去观音面"；《大辞典》里有"大缸里打翻了油，沿路儿拾芝麻"，郴州俗语里则是"大罐子倒油，鸡肠上刮膏"；等等。

在平时的交谈、调查中还发现民间尚有大量郴州俗语未被收集整理。我们在一次问卷调查中收集到了521条新的俗语，都是上述资料中所没有的。如："苍蝇拄根棍也站不稳"（讥笑人过于讲究打扮，油头粉面），"狗交配行官礼，吃萝卜菜调姜米"（喻多此一举），"一箩斧头冇把"（喻指一屋儿孙都不争气），等等。另外随着时代变化，俗语的内容也会发生变化和替换，从而反映新生活和新事物。例如：过去是"斗笠当锅盖，煤炭墙上晒"，后来是"团鱼麻蝈不是稀奇菜，城乡齐把瓷砖墙上盖"；过去是"旧时连州挑盐路，累死好多挑盐古"，后来是"村村寨寨通公路，跨出家门坐出租"。另外，随着一些急功近利的工作和工程的出现，"面子工程""形象工程"流行开来，称为戏谑之语。由此可见，郴州俗语也在不停变化，对它的收集整理还有大量工作值得去做。

第二节　郴州俗语的来源

语言是现实社会的一面镜子，它反映社会，反映生活。斯大林在《马克思主义和语言学问题》一文中说道："要了解语言及其发展规律，就必须把语言同社会发展的历史，同创造这种语言的人民的历史密切联系起来研究。"在对郴州俗语进行大量搜集与认真探究后，我们认识到，俗语具有较强的生命力，郴州俗语的产生、发展与社会的发展、时代的变迁是密不可分的，郴州俗语的形成和流传与郴州人民的生产、生活是紧密相连的。郴州俗语是郴州人民智慧的结晶，郴州人民在日常的生活、生产实践中，认真观察，勤于思考，善于总结。他们把对自然界和社会生活的真切感受、透彻理解用浅显但富有内涵、朴素又不失精练的口语表达出来，以俗语的形式记录下来，代代相传。

俗语的来源很广泛，可以从不同角度进行分类：从时间上看有古代的、近代的、现代的等不同时代的俗语；从民族上看有汉族的、维吾尔族的、哈萨克族的、彝族的、傣族的等不同民族的俗语；从形式上看有广泛流传于民间的，有见诸书面的等不同传承形式的俗语。具体来说，俗语主要来源于以下几个方面：一是神话传说、民间故事、寓言；二是文献典籍；三是历史典故；四是古典文学作品中的某个艺术形象或情节。[①]经调查分析发现，郴州俗语取材广泛，来源不一。郴州俗语有的来自书面语，有的来自口语；有的来自神话传说或民间故事，有的取自生产实践或日常生活；有的为土生土长，取材于本地自然环境或风俗人情，具有十分鲜明的地方特色，有的则来源于别的方言区，这是由于语言的相互交流和普通话的推广而造成的。

一、来源于生产劳动

"郴州，是农耕文明的发源地。炎帝神农氏是农业社会的始祖，也是中华文明的始祖。郴州是神农氏深耕过的领地，神农氏的足迹遍及郴州的山山水水。"[②]据载郴州有"火耕水耨，民食鱼稻，事农务本"的传统，郴州民众事农为本，少习工艺，亦少商贾，在以农为本的生产劳动中产生了大量的俗语。

（一）与农业有关的俗语

郴州境内地貌复杂多样，其特点是以山丘为主，岗平相当，水面较少。山地丘陵面积约占总面积的四分之三。郴州境内以种植水稻、红薯为主，小麦、高粱、豆类次之。郴州人民过去因以农业为主，因此非常关注农作物的种植时节、收成与劳作等方面，故本地流传着众多的与农作物耕种、收获有关的俗语。

1. 与耕种时节有关

老人们常说"人误地一时，地误人一春"，意思是农事要按常规耕作，种收要按时节进行。一年四季中，春季是农民们最繁忙的季节，农民们深知"春耕如救

---

①刘春清.俗语的来源及特性［J］.殷都学刊，2000（2）：98-100.
②毛健，胡祥苏.郴州／郴江幸自绕郴山［M］.北京：社会科学文献出版社，2019：49.

火",也深知"春来不下种,秋后无收成"的严重后果。农民们一般从惊蛰后开始劳作,有句谚语说"过了惊蛰节,农民冇气歇",意思就是指惊蛰节后春回大地,农民们就要开始进入繁忙的春耕时期,而没有空闲休息的时候了。农民们在每个时节都有其该做的农事,也就是要"按季节下种,看天气犁田"。众多农业生产方面的俗语,传递了农民们在长期生产实践中总结的经验,如"清明前,好种棉;清明后,好种豆","清明瓜,谷雨豆","到了立夏节,下午就割麦","芒种芒种,忙忙种","若要茶,七月挖","处暑荞麦白露菜","大暑前小暑后,赶快种绿豆","十月麦,不消哇(说)","谷雨好摘茶,立夏好种花"。"七金八银九铜十铁",也说成"七犁金,八犁银,九月十月犁的茅草坪",意指冬耕习惯赶早,冬田犁翻越早越好。

新中国成立之后,随着水利条件的逐渐改善,加之双季稻的推广、耕种季节的提前,又出现了一些新的俗语。如:"春争日,夏争时,农事宜早不宜迟","插完早稻过'五一',插完晚稻过'八一'","晚稻不过秋,过秋九无收",等等。在紧张繁忙的劳作中,农民们总结得出一年四季的农作经验:"春抓早,夏抓好,秋抓多,冬抓巧。"从20世纪80年代起,郴州各地大力推广烤烟种植,取得了不错的经济效益,涌现了不少"烤烟大户",于是又有了"一季烤烟一季稻,钱粮双收农家笑"的说法。

2. 与稻种、土地有关

所谓"种田不选种,只把自己哄","娘壮生胖子,苗壮产量高","子壮靠母壮,禾好先看秧",勤劳的农民都知道光凭力气使劲干活只是保证收成的一个方面,还得禾好苗壮才能水稻丰收。既然水稻丰收得看苗壮,而苗壮又得靠秧好,所以常说"十分收成九分秧","秧好半年粮","秧好半年禾","娶女看娘,种禾看秧","嫁女要郎好,作田要秧好"。流传于民众口中的谚语用"娶女看娘""嫁女选郎"等众人了解的常识解释了秧苗好坏与收成的密切关系,通俗易懂。追根溯源,秧苗好坏自然又与种子好坏密不可分,也就有了"种好禾好,禾好谷好","种好出苗好,种杂收成少","一粒好种,千粒好粮","麻婆崽多,短禾谷多"等说法。

另外,农民们从长期的劳动实践中得知:"土里一块板,作物不得长","泥巴烂如粥,天干也割禾。"也就是说"人要结实,土要疏松",土质的疏松程度会影响农作物的生长和收成。而土质的疏松,靠的是农民们在田地里的辛勤劳作。常言道"天道酬勤"，勤劳的付出必定有丰硕的收获，于是又有"挖土挖得深，土里出黄金"，"禾踩三道结成谷，棉锄七次白如银"等俗语的流传。

3. 与收成、劳作有关

俗话说得好，"一分耕耘一分收获"，只有先付出才会有收获。而且田间劳作来不得半点虚假，因为"人勤地也勤"，"田地掏金板，只要人不懒"，农民们要想获得好的收成，就必须付出辛勤的劳动。

场景之一：插秧莳田。插秧莳田之时常为下雨之际，为了不耽误农时，农民们在插秧收禾时常常要争分夺秒，遭受风吹雨打日晒乃是平常之事。正如谚语所说："插田嫁女，不避风雨"，"莳田不躲雨，扮禾（意指收割稻谷）不歇凉"，"刹禾（意指割禾）不怕火烧天，莳田（意指插秧）不怕雨绵绵"。无论是骄阳似火抑或是倾盆大雨，农民们都是"面朝黄土背朝天"，不停歇地在田间劳作。

场景之二：扯草除虫。俗话说："嫩崽难带，嫩秧难育"，"种后不管，难收半碗"。嫩嫩的秧苗就如同刚刚出生的婴孩，需要农民们日复一日地精心浇水、除草、捉虫。正如民谚所说："禾苗是哑巴，生来不说话。身上有害虫，靠人去救它。"如果"种田不治虫"，就会"收时两手空"；如果"杂草不扯光"，就会"丢掉半年粮"。因此，扯草除虫是农民们日常劳作的重要部分。

场景之三：修塘蓄水。水是植物体重要的组成部分，没有水，植物无法生存；缺少水，植物生长不好。所谓"人治水来水利人，人不治水水害人"，"人少不了血，田离不开水"，"水是田的娘，无娘命不长"，对于农作物来说，水的收支平衡是高产的前提之一。天旱水少之际，如不及时蓄水就会导致粮食减产，因为"塘里没有水，缸里没有米"，"水稻水稻，离水糟糕"，"保水如保粮，有水粮满仓"。长期的生产实践告诉农民朋友，只要"修好塘和坝，旱涝都不怕"，"一年修好塘，三年不怕干"。

场景之四：耕耘施肥。众人皆知"民以食为天"，"不怕荒年，只怕靠天"，人不能靠天吃饭。要想稻田丰收，就得常去田间转转。老农们常说："禾根怕痒，越踩越壮"，"禾过三道脚，米都不缺角"，"耕得深、耙得细，一亩要当两亩地"。但是光去田间下苦力，也未必会有好的收成。因为"作田没有巧，人力加粪草"，"要看粮堆，先看肥堆"，"有收无收在于水，多收少收在于肥"，"没有大粪臭，哪有五谷香"。农民们口头常说之语，听来较糙但道理不糙，简单的言语之中蕴含了朴实的道理。如不及时耕耘施肥，最终只能是出现"人哄地皮，地哄肚皮"的不良后果。

场景之五：颗粒归仓。收割季节，是农民们最紧张最繁忙的时候。农户们得争分夺秒快马加鞭，因为"该收不收，不收就丢"。一旦错过收割良机，就会"天一半、地一半，麻雀老鼠各一半"，从而让辛辛苦苦得来的收成"打了水漂"。"一滴汗珠一粒粮，一颗一粒要归仓"，只有粮食颗粒归仓，农户们才能安安心心睡个踏实觉。

4. 与其他农作物有关

这类俗语在数量上比例较低。如关于栽种蔬菜的俗语就有"桐梓坪的萝卜，曹家坪的白菜，白鹿洞的芋头"，桐梓坪、曹家坪、白鹿洞是郴州郊区的三个村，旧时因种菜出名，在清朝、民国时期是有名的三大菜园。再如"七月葱，八月蒜"，"七葱八蒜，争早莫晏"，"晴要栽辣，雨不栽茄"，"芒种不见苗，到老不结桃"等农谚是总结栽种蔬菜、果苗经验的，简短易懂的言语告诉人们栽种蔬菜、果苗的诀窍之一就是讲究时间与气候。而"种菜先晒土，蔬菜长得猛"，"深栽茄子浅栽葱"，"深种芋头浅种薯"等俗语则讲的是种好农作物的技巧和方法；"向阳石榴红似火，背阴李子酸透心"是告知人们石榴、李子的色彩、滋味与种植具体朝向有着很大关系。"屋前屋后栽果树，春桃秋梨吃四季"，"搭个棚子栽葡萄，串串黄金架上摇"，"蜜橘种千棵，票子用车拖"，"家有一亩园，抵上十亩地"等农谚还道出了栽种果树给果农们带来的具体实惠以及较高的经济收入。

（二）与畜牧业有关的俗语

"要想富，六畜助"，郴州人民一般喜养猪和牛。

就养猪而言，旧时养猪户认为"富贵靠读书，穷人靠养猪"，由此可见猪对于贫穷家庭的重要性。众人皆知，猪浑身上下都是宝，一方面能直接满足人们的餐桌需要，具有较高的食用价值；一方面能直接卖钱换物，具有较高的经济价值；另外还能间接满足农户的农耕需求，让田地变得肥沃丰产，获得好的收成。

1. 与养猪有关

正所谓"作田不养猪，好比秀才不读书"，常人眼中臭烘烘的猪栏肥可是农户们眼中的好宝贝，因为这些全是农田里需要的上等肥料。正如人们常说之语："猪多肥多，肥多粮多"，"猪牛满栏，肥料成山"，"猪多地肥，五谷丰登"等。猪如此之重要，自然不可怠慢，郴州人民在日积月累的牲畜喂养中总结出了不少养猪的经验。

经验之一：喂食吃饱。郴州俗语中有不少喂食方面的经验之说。如"猪草切得细，吃了当得米"说的是对猪草刀工的要求，提醒要舍得花功夫伺候猪。"有了水浮莲，养猪就赚钱"中的"水浮莲"学名是"凤眼蓝"，这种植物虽被列为世界百大外来入侵种之一，但因鲜嫩可口、营养丰富，可作为养猪的优良饲料。养殖户们通常将水浮莲切碎，拌入糠麸，制成混合饲料来喂养生猪。"猪吃千般草，只要你肯找"，说的是养殖生猪要花时间找寻猪草。"猪要肚子饱，才能长肥膘"，强调猪要吃饱吃好才能长肥，才能卖个好价钱。

经验之二：居住干爽。郴州俗语中对猪居住环境要求方面的，如："养猪冇巧，栏干潲饱"的意思是养猪没有很多诀窍，最主要就是猪栏要干爽，猪潲要管饱；"栏不通风，猪要发瘟"，"栏板扫干净，猪儿不得病"等农谚更是清清楚楚地点明了对养猪地点的要求，意思是要想让猪健康不生病，养猪的地方就一定要注意干爽透气，只有热天透气，冷天干燥，猪才不容易生病。

经验之三：养猪方法。郴州俗语中还有关于区别对待大猪小猪的方法，如"小猪放，大猪圈"，"大猪要囚，细猪要游"（"囚"意指关养，"游"意指放养）。两句俗语说法有异实则意思相同，都是说大猪要关养、要圈养，这样长得肥，小猪要放养、要溜达，这样能长骨架。

总而言之，"要赚畜生钱，须跟畜生眠"，养猪户只有付出辛勤的劳动才能有较高的回报。由于养猪具有较高的实用价值和经济价值，所以养猪历来是农家的主要副业，嘉禾人称养猪为"凑钱筒古"。一般的养猪户都比较关注养猪过程中的点点滴滴，容不得半点闪失，有时甚至到了有点迷信的程度。例如旧时郴州嘉禾人就认为，买仔猪时除了一般为一雌一雄配对外，在买回来的路上还必须是一个箩筐载仔猪，一个箩筐装石头，谓之"猪仔担石（方言读 sa4），越养越大"。虽然此说不具科学性，但也表明了猪的重要性以及养猪人的内心期盼。

2. 与养牛有关

"牛是农家宝，定要养护好。"牛性格温驯、任劳任怨，是农户们的好帮手。

郴州以山地、丘陵为主要地形，以往农户们犁田耕地时不便使用机械化手段，一切田中犁耕重任主要靠牛来承担，正所谓"春牛如战马"，所以老人们常说"有了一条牛，作田不用愁"。但旧时一般农户家很少能养牛，因为虽然"栏里无牛空早起"，但"养牛无力也糟糕"。据《嘉禾县志》记载："养牛须'一牛一夫'，忌三家共养，俗谓'利不分三'，但贫困人家'一牛一夫'者甚少，通常是两家或四家共有，轮流放牧。"长期的田间劳作，让农户们知道"春上无牛喊皇天"，如此重要的牛自然要精心对待。

首先，农民们选牛时十分用心，会认真观察牛的前胸、四肢等，常说："前印搭后印，耕田不用棍"，"前胸开一寸，无虫又无病"，"后肢要弓，前肢要绷"。

其次，农民们会好好伺候牛，知道"要想养好牛，月月四两油"。"吃"讲究"一条牛吃一路草"，"牛吃百草不吃麻，马吃百草不吃茶"。"住"注意"牛栏盖瓦，畜生没命"，"冬牛要窝，春牛要露"，"牛怕栏里水，马怕满天星"；牛栏讲究冬暖夏凉，所以"热天一口塘，冷天一铺床"。

另外，农民们发现"黄牛怕二月，水牛怕腊月"，"人畜一般同，十月怕北风"，冬季对牛具有较大威胁。正所谓"人怕饿春，牛怕饿冬"，只要"冬雷轰一轰，十个牛栏九个空"，因此农民们常说"雷打雪，牛遭劫"。

3. 与其他牲畜、家禽有关

"养猪养羊，本少利长。"除了养猪、养牛，郴州人也会养羊、养狗、养猫。如养羊会说"养够百只羊，顶得百担粮"，因为羊能给主人创造丰厚的经济效益。过去，普通百姓常养土狗来看家护院，在挑选狗种方面有独到的秘诀。例如选狗种一看须，有"一根龙、二根虎，三根四根养懒牯"之说；二看狗舌，花纹要多；三看口唇，开得要深；四看尾巴，要倒左，俗话说"尾倒左，一把锁"。另外旧时民间有"招狗招猫"之风，俗云"鸡来穷，狗来富，猫来坐金铺"。

除了养家畜，农户还喜养家禽，如鸡、鸭、鹅等。俗话说得好，"农家不养鸡，缺东又缺西"。一般农户自己孵小鸡，家中常留母鸡，因为"家养鸡婆三只，不愁油盐开支"。养大的鸡、鸭、鹅等家禽除了满足养户自家所需，还能带来较高的经济收入。老人们常说"鸡鸭喂得全，家中有油盐"，"养鸟不如养鸡"，"百日鸡，正好吃"，"百日鸭，正好杀"，"养鹅一群，票子一捆"，所以很多人家都会或多或少地养上一群鸡鸭鹅。但旧时有的地方（如嘉禾）养母鸡讲究只数，一般是养单不养双，而且很少拿母鸡肉招待客人，说是用母鸡肉招待客人后会导致养母鸡不顺，影响小鸡。另外，比较而言，养鹅的人家比较少，因为养鹅相对养鸡、养鸭而言，成本要高一些，民间就流传着"一年三摊禾，养不得长颈鹅"这样的说法。

（三）与林业有关的俗语

郴州是"林中之城"，具有"国家园林城市"之美誉。极高的森林覆盖率，让郴州人民受益匪浅。"靠山吃山，靠水吃水"，居住在林中之城的郴州人民时刻谨记"住山吃山，管好山""靠山吃山多养山，造林成林要护林""到处绿油油，旱涝保丰收"的道理，因此一直秉承"绿水青山就是金山银山"的理念，一直坚守着植树造林美化环境的优良传统。

"植树造林，富国利民"，植树造林既能给百姓带来宜居的生活环境，还能给百姓带来可观的经济收入。"要想富，多栽树"，大家都知道"山是万宝山，树是摇钱树""栽一株，活一株，树林里面出珍珠"的道理。郴州人家大多有种油桐树、棕树、果树的习惯，通过植树造林增加收入，所以有"后山青，家业兴；后山败，家业败""家有百棵树，不愁吃穿住""种上千棵松，到老不受穷""千棕万桐，吃穿不穷""千松万杉，世代荣华""千松万竹，代代享福""桃三李四梨五年，枣树当年就见钱"等俗语。

植树造林不仅能带来可观的经济收入，还能带来气候和自然环境的改变。郴州人民深知"山光光，年年荒；光光山，年年旱""山上树木光，山下走泥浆""山上树光光，十年有九荒"，没有树木涵养水源，就会造成大量的水土流失，使人民的居住环境变得恶劣。"造林封山，防水防旱""树木成林，雨水均匀""绿了荒山头，山下清水流"等谚语明明白白地道出了植树造林能让雨水适宜、气候适宜。"前人种树后人凉，前人栽花后人香""路边树栽满，走路不打伞"，满目的绿色为郴州人民打造出了一个宜居、乐居的城市。另外目前郴州正在对全市裸露山地进行绿化。例如永兴就寻找出了一种适合本地裸露山地绿化的新模式：在山顶栽植红叶石楠、柏木，在山腰栽植樟树、杜英、桂花，在山脚栽植桉树、丛竹、木荷，并采用林地覆膜方式，于林下间种黄栀子、黄花菜、花生、黄豆等经济作物。这种新模式被形象地称为"山顶戴帽子，山腰系裙子，山脚穿靴子"。

（四）与手工业有关的俗语

旧时人们不喜学工艺，主要原因是手工业者地位低、收入低。在拜师学艺的过程中，徒弟不仅没有半分工酬，还得早晚尽心侍奉师傅及师傅家人，真是"徒弟徒弟，三年奴婢"，满腹辛酸无处诉说。旧时民间常说"师傅领进门，修行在个人"，"师傅领进门，学艺在个人"和"先生不过引路人，巧妙全在自用心"。原因之一是小农经济背景下，有的师傅私心较重，生怕"教会徒弟，饿死师傅"而不愿意多教；原因之二是手工活做得好，除了师傅教得好，还得徒弟有一定的悟性和耐性。

各行各业都有自己的规矩和要求："郎中医病，不能医命"是说医生只能医病，不能保命。"长木匠，短铁匠，不长不短是石匠"意思是说木匠下料要留长，长了可以裁短；铁匠打铁要留短，短了可以锻长；石匠下料则要不长不短。"木匠心要灵，裁缝手要巧"意思是木匠和裁缝越是心灵手巧，越能做出好的器具和衣物。"三年斧头四年凿，长刨经得一世学"说的是木匠的基本功要经过长时间的训练。"食青龙，穿青龙，青龙背上有九重"，这里的青龙意指竹子，整句俗语的意思是指篾匠靠编竹子维持生计，手艺高超的篾匠可以在竹子上剖出九层篾。"漆匠墨墨黑，皇帝老子不认得"是指漆匠因常年工作已经被油漆遮住了本来面目。"好模出好坯，好窑烧好砖"意思是指窑匠要想烧好砖，就得有好的模具、好的坯子、好的砖窑。"青年裁缝，中年木匠，老年郎中"是指各行各业对从业者的要求不同，青年裁缝眼神好反应快做事麻利，中年木匠既有一定的经验又年富力强，老年郎中经过时间和实践的历练技艺已达炉火纯青的地步。当然，各行各业也有自己的为难之处，比如"木匠易学，斜眼难凿"，"圆桌易做难斗榫，花板易雕难打格"，"篾匠好学，篾难破"，"石匠难凿狮子口，木匠难雕八角楼，铁匠难打钓鱼钩"，"内科除不了喘，外科除不了癣"，"进门闻咳嗽，医生眉头皱"，等等。

二、来源于日常生活

俗语来自于民间、流传于民间，其内容常常反映着人们的日常生活。郴州俗语也是如此，它与郴州人们日常生活中的万事万物都有着密切的联系。

（一）涉及动物的俗语

大自然是人和动物共同的家园，人和动物是共存亡的，没有了动物也就没有了人类，动物是人类生活中不可缺少的一部分。动物除了能驯养外，也经常被用来传递人们的情绪与思想。在民间流传的不少俗语中，都能见到动物的身影。

1. 涉及"狗"的俗语

狗是人类最早驯养的动物，也是目前饲养率最高的宠物之一，被誉为"人类最忠实的朋友"。狗与人们的生活紧密相连，狗能帮助主人看家护院、打猎放牧等，因此民间衍生了许多有关"狗"的俗语。

　　在汉民族的俗语中，狗经常以一种负面形象出现，与狗有关的俗语常常寓含贬义。如："人爱富的，狗咬穷的"借狗的行为说明一个人嫌贫爱富。"狗眼看人低"是一句骂人的话，指一个人自傲自大，看不起人。"闷头狗，暗下口"，"咬人的狗不叫"，表面是指狗的一种行为，实则暗指不能凭表面判断一个人的好与坏，因为有的人表面不露声色，却会暗下毒手。"哈巴狗戴串铃——充大牲口"意思是说成串的铃铛本是戴在牛马等大牲口脖子上的，现在却戴在了小哈巴狗的身上，比喻小人物冒充大人物。中性色彩或带有褒义色彩的与狗相关的俗语较少，如"人不凭嘴，狗不凭尾"是中性色彩，表面意思是人的好坏不凭借嘴上功夫，狗的好坏不凭借尾巴摇晃，深层意义则是指看人不能光看表象，而要看实际行动。"狗啃碗片——满嘴磁"，"狗撵鸭子——呱呱叫"带有褒义色彩，前句中的"磁"同"瓷"，谐"词"，形容人能说会道；后句本指鸭子发出"呱呱"的叫声，多用来称赞某人或某事物。[1]而像"狗皮袜子——没反正"则兼具贬义和褒义两种感情色彩，贬义是指一个人好坏不分、是非不分，褒义可形容人与人之间关系亲密，不分彼此。[2]

　　在郴州流传的与狗有关的俗语也常常含有贬义。例如"瘦毛狗充麒麟"。"麒麟"是古代传说中一种像鹿的动物，与凤、龟、龙共称为"四灵"，古人拿它象征祥瑞；而"狗"是人们眼中司空见惯的平常畜生，瘦毛狗更是其貌不扬不惹人喜爱的普通之狗，一只瘦骨嶙峋的狗竟然冒充神采飞扬的吉祥物麒麟，岂不令人笑掉大牙？"瘦毛狗充麒麟"这句俗语用普通瘦毛狗比喻寻常之人，用瑞兽麒麟比喻杰出之人，"充"为冒充之意。整句俗语暗含讽刺，意指资质低下之人无论怎样伪装也无法冒充杰出之人，反倒会给他人留下笑柄。

　　再如"狗肚子里容不得三粒胡椒"。"胡椒"性燥，为大辛之物，用在此处突出了一个人性情脾气的暴躁。"打狗不晓得打，谈狗谈得出油"比喻那种说得天花乱坠却做不成事的人，也就是只会说不会做的人；也指那种眼高手低之人。"狗咬乌龟——找不到头"比喻一个人做事毫无头绪，没有章法，一顿乱来。"狗上屋垴

①温端政.中国俗语大辞典［Z］.上海：上海辞书出版社，2011：312.
②温端政.中国俗语大辞典［Z］.上海：上海辞书出版社，2011：313.

（垴，方言词，指山岗、丘陵较平的顶部）——有条路"表层意义是说狗上房顶，是要走一条路才能到的；实际意义是比喻某人做某事成功了，必然有其门路，暗含贬义。

与狗有关带褒义的俗语也有一些，如"鸡来穷，狗来富，猫来坐金库"，"猪来穷，狗来富，猫来开当铺"。源于民间招养猫狗的习惯，旧时有人认为猫狗来到自己家，会给自家带来富贵和钱财。

2. 涉及"鸡"的俗语

鸡是农户人家常养之物，虽然能给主人带来美味佳肴和经济效益，但在俗语中却以贬义居多。如"鸡抱鸭子——干忙活"，"鸡抱鸭子——枉操心"都是说白费心思白忙一场白费劲。"鸡肠兔胆"是说一个人的气量像鸡肠那么小，胆子像兔子胆那么一丁点儿。"鸡蛋里寻骨头"，"鸡蛋里寻骨头——故意找岔子"都含责骂之意，指责有的人喜欢无事生非，故意挑刺。"鸡来迎鸡，狗来迎狗"则是讽刺那些没有主见和原则的人，"风吹两边倒"。

在郴州流传的关于鸡的俗语中，以贬义色彩的居多。如"烧鸡公"本是郴州人们喜爱的一道菜肴，凡是来郴州走亲访友或旅游的人都会对这道菜印象深刻，郴州大街小巷的土菜馆也常将"烧鸡公"作为自己的招牌菜。在郴州方言中，多数地方将"公鸡"说成"鸡公"，"烧"为红烧之意，"烧鸡公"意指红烧公鸡。但在日常生活中，人们常用"烧鸡公"指人，往往用来比喻喜欢打扮或者言行举止不太检点的男性，此处的"烧"与"骚"谐音，已经不作动词，而是一个形容词。

再如"鸡肠上刮膏——小气鬼"活灵活现地刻画了一个小气鬼的形象，"鸡肠"已是小而不肥之物，还想在上面刮膏油，岂不小气到了极致？"鸡肠上的膏油——没多少油水"则明白告知他人做此事或此人身上没多大油水，就像鸡肠上没有多少膏油一样。贬义的还有"老母鸡抱空窝——不见蛋"，"蠢鸡婆抱鸭崽——糊涂蛋"，"鸡毛跳舞——吹起来的"，"公鸡下蛋——没指望"，等等。

与鸡有关的俗语也有一些中性或褒义的，但相对而言，数量偏少。如"鸡市鸭市——鸽子另一市"属于中性，句中的"鸽子"谐音"各自"，前面两个"市"是指"市场"，第三个"市"谐音"事"，指各人有各人的事。[①]还有"鸡鸭早归窝，天

---

①温端政.中国俗语大辞典［Z］.上海：上海辞书出版社，2011：425.

气转晴和"，"鸡不进窝，明日雨多"。带有褒义色彩的如"鸡窝里飞出金凤凰"这句大家耳熟能详的俗语。"老母鸡生蛋——呱呱叫"，"笼里抓鸡——十拿九稳"也有褒义色彩。而"小鸡重贵客"则是体现了郴州人的热情好客：当贵客临门时，主人多杀鸡招待，席间以鸡头尊主客，鸡腿让小孩，鸡胸脯肉、鸡屁股尖待亲家母，鸡肝鸡肫敬老人。[1]

3. 涉及其他动物的俗语

在郴州俗语中，除了上述关于狗、鸡的俗语之外，还有一些关于苍蝇、泥鳅、蚂蟥、乌龟、老虎等其他动物的俗语也非常有意思，通常也都带有贬义色彩。如：

"苍蝇叼粒饭，也要追过三栋屋。"苍蝇，众所周知是一种常见的体形很小的昆虫，这句俗语的意思不是说因为苍蝇是害虫，污染了食物，所以去追赶它消灭它，而是说小小的苍蝇它只叼了那么一丁点儿东西，就被追赶之人追了三栋屋的距离，由此可见追赶之人是多么小气和吝啬。

"烂土箕装泥鳅，边装边溜。"泥鳅在中国南方各地常见而北方少见，它浑身黏液，因此滑而难捉，而"烂土箕"更为"泥鳅"逃跑提供了极大便利。此语比喻因各种因素而导致人（物）不断流失。

"蚂蟥咬到篙田棍——冇血出。"蚂蟥一旦吸附人体就会吮血不止，但如果咬到的是"篙田棍"那就毫无收获，"篙田棍"不会给蚂蟥一丁点儿鲜血。此语一针见血地讽刺了那种一毛不拔之人。此语也可用于表示某件事无利可图。

"乌龟爬到石板上——硬碰硬。"乌龟壳硬，石板质硬，两者相碰就是硬碰硬，"硬碰硬"既是对现象的描写，也是双关之语。整句歇后语的意思就是：即使面对巨大的困难，也毫不屈服、毫不退缩，一直对着干。

"老虎借猪——有去无回。"老虎为百兽之王，在它身上既有雄健威武、威风凛凛之褒义色彩，也有危险贪婪、残暴狡诈之贬义色彩。这句歇后语抓住的是老虎贪婪、狡诈的特点，用"老虎借猪"的行为和"有去无回"的结果深刻道出了某些人依仗权势剥削弱者的伪善面孔。

还有"鸭子上田坎，各自奔前程"（各管各），"老鼠子眼睛一寸光"（眼光短浅），"牛尾巴打苍蝇——碰巧"（只是偶然），"乌龟请客——尽是王八"（骂人之

---

[1]嘉禾县志编纂委员会.嘉禾县志［M］.合肥：黄山书社，1994：546.

语），"螃蟹过河——七手八脚"（指人多手杂乱糟糟），"猴子爬到板凳上——俨然像个人"（讽刺装模作样的人），"鸡泄屎"（讽刺随地乱吐痰的人），"打狗屁"（意为说话者的话不会灵验），"鸟叽嘴巴"（专门拣好吃的吃、挑好听的说）等等俗语都带有贬义色彩。

（二）涉及饮食的俗语

俗话说"民以食为天"，食物是人类赖以生存的最重要的东西之一。同时饮食也是一种文化，中国的饮食文化历史悠久，源远流长。中国的饮食为世界各国人民所喜爱。孙中山先生在其《建国方略》一书中说："我中国近代文明进化，事事皆落人之后，惟饮食一道之进步，至今尚为文明各国所不及。"

一方面中国人注重饮食的健康性，认为饮食会直接影响到人的身体健康。比如，不少地方的人喜食萝卜和姜，认为经常食用这两样食物可以有效抵抗病毒、治疗风寒感冒。如江永人就有"上床（晚上）萝卜下床（早晨）姜，胜吃人参大补汤"之说，零陵人则说"冬吃萝卜夏吃姜，不用医师开药方"。另外，饮食的健康还体现在饮食适度上，如蓝山人会说"饥不暴食，渴不暴饮"，也就是说不要暴饮暴食，对肠胃不好，影响健康；永兴人也常说"饭吃七成饱"，提醒自己不要吃得太饱，会影响肠胃的消化。

据考证，耒水、北江流域和境内千家坪的新石器遗址中出土了大量的精美陶制食器和酒器，说明郴州先民早在六七千年前就开始注意烹调之术了。[1]与很多地方的人一样，郴州人讲究饮食的健康，注重食材的新鲜以及荤素的搭配，如"猪要吃叫，鱼要吃跳"是说要注重食材的新鲜程度，据说非常有名的嘉禾"早酒"上用的都是一大早买回的带有体温的猪肉，鲜美可口。"臭鱼烂虾，传病专家"意在告诫民众不要食用不新鲜的食材，变质的食材吃进肚中将会导致严重后果。"不偏食，不暴食；少吃荤，多吃素"，"粗茶淡饭，身体健康"，"荤素搭配，长命百岁"都是告诉人们在饮食中要注意荤素的搭配，多吃蔬菜有利于身体健康。

一方面各地饮食习惯各有不同。正所谓"一方水土养一方人"，不同的地理环境、气候条件既造就了不同的动植物，也形成了各具特色的饮食习惯。如北方人爱吃面食，南方人喜吃米饭；江浙人喜吃甜食，而湖南人酷爱辣椒。如"湖南

---

①毛健，胡祥苏．郴州／郴江幸自绕郴山［M］．北京：社会科学文献出版社，2019：95—96.

有一怪，不放辣椒不算菜"，"四川人不怕辣，贵州人辣不怕，湖南人怕不辣"就深刻揭示了湖南人对辣椒的喜爱。湘菜多有辣椒，湖南人是"无辣不欢"。湖南人喜辣，湖南郴州人也嗜辣。究其原因与郴州的地理位置有关系。郴州因位于南岭山脉北麓，其气候呈现出冬冷夏热，春雨多，但有时也秋雨绵绵的多样山地气候特征。雨水多、湿度大让郴州人到了不放辣椒不吃饭的地步，故有"无辣不成菜"，"没有辣椒不吃饭"，"嘉禾人真怪，没有辣椒不成菜"之说。一般而言，郴州人的菜品中都会放上一把红辣椒或青辣椒，炒小菜时也会顺手扔进两个辣椒，甚至一份菜中有一半辣椒。比如前文介绍的"烧鸡公"，有微辣、中辣和重辣三种级别，外地客人即使点个微辣，也会被将近半盆子的辣椒吓得倒吸一口冷气。在郴州，辣椒除了炒着吃，还可以煨着吃、烤着吃甚至生吃；新鲜辣椒除了就新鲜现吃，还能晒干变成干辣子，蒸熟再晒干变成白辣椒，放进酸菜坛子变成酸辣子，剁烂腌制成剁辣子，蒸熟加油加盐捣烂变成抖辣子。对于湖南人喜食辣椒的现象，罗昕如先生曾有过深入剖析，认为"湖南人喜辣有着自然的和社会的原因。就自然因素而言，湖南梅雨季节长，山区山深水寒，而辣椒类辛辣食物有暖胃健脾、消风去寒之功效，食后顿时面红耳赤，大汗满额，浑身舒服。……就社会因素而言，湖南历史上曾为少数民族聚居之地，为南蛮之地，历代反动统治者对少数民族实行'防蛮'、'困蛮'的军事、经济封锁，不准商人把盐运进'蛮区'，因而，贫苦百姓不得已用辣椒当盐调味，久而久之，食辣就形成了习惯"[1]。我们认为此分析同样适合解释郴州人嗜辣的现象。

在郴州各地的县志和文学作品中，也有不少关于饮食方面俗语的记录。如据《嘉禾县志》记载，旧时嘉禾人以大米、红薯为主食。普通人家早餐吃稀饭或红薯干拌大米饭，中餐吃稀饭或红薯，晚餐吃大米干饭。为了留些干饭在次日早晨吃，仍要掺吃杂粮。"家财万贯，杂粮一半"和"红薯半年粮"的粗茶淡饭治家之道代代相传。普满、龙潭一带农家，习惯用小麦、苞谷磨粉拌大米煮米糊吃，俗称"吃麦糊"。

另据《郴县县志》记载，新中国成立前，郴州居民有早饮酒、夜喝茶的习惯，于是就出现了"早酒一盅，一天威风"的说法。到如今生活节奏加快、生活压力加

①罗昕如.湖南方言与地域文化研究［M］.长沙：湖南师范大学出版社，2001：68.

大，再加上人们对养生的科学认识，保留"喝早酒"习惯的人越来越少，沿袭这一旧习的往往是一些上了年纪的老人了。再看"郴州血鸭衡阳鸡"，"仔姜卤血鸭，呷了还想呷"，从中可以得知血鸭是郴州的一道名菜，其中尤以桂阳、嘉禾的血鸭名气大。郴州血鸭的炒法是选用嫩姜炒鸭肉，然后加上芋荷一起炒，出锅时浇上鸭血，其味道鲜美无比，吃后唇齿留香。另外，还有"郴州豆腐宜章酒"之说。"豆腐"与"酒"是中国饮食中受人喜欢之物，自然也是郴州人们喜欢的东西。萧克将军就曾在他的《乡情》一诗中写道："郴州豆腐宜章酒，六十年前闻名久。熊掌茅台信是珍，何如土产亲而友？"即使是熊掌茅台等名贵之物也比不上故乡的豆腐土酒，思乡、爱乡之情可见一斑。说到土特产就不能不令人想起这句家喻户晓之语："东江的鱼，临武的鸭，大奎上的牛肉顶呱呱。"如今的东江鱼、临武鸭、大奎上的牛肉已成了郴州土特产的招牌。

（三）涉及行旅的俗语

清代钱泳在《履园丛话》中说"读万卷书，行千里路"，后来有人将这句话改编成"读万卷书不如行万里路"，意指不能死读书读死书。而且"纸上得来终觉浅，绝知此事要躬行"，也就是说书上所说之事无非是纸上谈兵，要想真正明白通晓一些道理和事理，就要走出家门，走入现实社会，通过亲自实践来透彻理解事物和知识。人们在外出之际，有一些需要注意的事项和方法。如"急走冰，慢走泥"意指在冰面上行走要快，免得滑倒，在泥地里行走要慢，才能不摔倒；"多喊一声老表，少走十里迢迢"意思是说一个人出门在外多结交朋友，可以得到许多帮助。

郴州人出行也有自己的规矩和禁忌。例如"七不出，八不归"这句俗语是说旧时人们外出时会选择吉日出行，意在得到神灵的佑助从而顺风顺水。从"七不出，八不归"这句俗语就可看出人们求学、探亲、远行择日的忌讳，这一选择一般用在新年后第一次出远门之际。郴州人认为农历的正月"初七"和"初八"最好是待在家中，不要出远门，否则会有回不了家的严重结果。

再如"一人不上路，二人不看井"。每当家中有人出远门时，老人们就会叮嘱"一人不上路，二人不看井"，意在提醒出行之人在外要注意人身安全和财产安全。如果是孤身一个人就不要出远门，因为势单力薄无法保障自身安全；两个人同行就不要去井边逗留，因为"害人之心不可有，防人之心不可无"，以免遭受他人毒手。

对于外出地方也有讲究，旧时有"老不入川，少不游广"之说。意思是说年老的人不要去四川，因为年老之人腿脚不便体力不支，而前往四川的道路崎岖难走；年轻人则不要去广东，旧说广东常有患麻风病的年轻女子勾引外地少年男子，意在转移病情，从而出现女子病愈、男子患病丢命之结局。

（四）涉及"屎、尿、屁"的俗语

民间的俗语往往是现实生活原生态的反映，事物无论雅俗都有可能进入民间俗语之中。众人皆知，"吃喝拉撒"是人的正常需求，屎、尿、屁与人们的生活联系紧密，但常为文人所不齿。文人们认为屎、尿、屁等为不雅之物，言谈文字中如果出现这些用语太低俗，有辱斯文。其实俗语来自民间、取自生活，与普通民众的生产生活密切相连，真实反映普通民众的想法和观点。屎、尿、屁等物入语正好体现了俗语具有的平民特色，反映了俗语的民间性和口语性。

有关屎、尿的郴州俗语中有一部分是反映其用途的。屎、尿虽说是人或动物的排泄物，但对于农民尤其是旧时农民而言，却是很好的有机肥料。因此就有了"金筐银筐，不如粪筐"，"做官凭印，种田靠粪；写字要纸，种田要屎"等说法。俗话说"肥水不流外人田"，屎、尿这些有机肥对农业耕作用处重大，因此农户们会看紧它们的去向。自己有屎、有尿留自己，因为"屙尿浇麦，一举两得"。所以农户们常说"成家子，粪如宝；败家子，钱如草"，还会说"拾粪如拾金，挖土如挖参"。

在郴州俗语中，涉及屎、尿、屁的俗语一般都是带有贬义色彩的。如："占着茅坑不拉屎"或"蹲着茅房不拉屎"就是借平时生活中常见现象讽刺有的人占着位子不干活。"别人屁臭，自己屎香"与"自屎不臭，自尿不臊"意思大体一样，意思是"光看到别人的缺点，看不到自己的缺点"。[①]"坐了一屁股屎，不晓得臭"是讽刺那些没有自知之明的人。"身上有屎狗跟到"意思是说一个人做了坏事总是会露出马脚，被他人知晓的，因为"纸是遮不住火的"。"撒了尿还想睡干床"是说一个人做了坏事幻想成功逃脱。"烟不抵饭，屁不肥田"意思是说做事没有落到实处，自然不会有收获。"被窝里放屁——独吞"则是讽刺那种将东西独自占有的不良现

---

① 李胜贞，李京龙．安仁乡韵——安仁方言俗语研究［M］．海口：海南出版社，2017：246．

象。"搅屎棍"比喻那些喜欢搬弄是非的人。

三、来源于人际交往

人是社会动物，每个人都是社会的一分子，每个人又都是一个独立的个体。个人是社会中的人，每个人会拥有自己的思想、个性和价值观，但不能脱离社会而独立存在，必须和社会中的其他人进行交往。人与人在相互的交往过程中必然会涉及人情关系、亲情关系以及交往技巧、对他人的评价等，因此这些内容也就自然而然地进入到了俗语之中，并流传开来。

（一）有关人情的俗语

"世事洞明皆学问，人情练达即文章。"自古以来，中国人就好面子、重人情。人情面子现象是中国人具有的一种文化心理特质，在中国人的社会交往中，人情是关系的起点，它也在关系维系中起着不可磨灭的作用。这种文化现象与中国特有的文化传统（儒家文化）及中国作为人情社会、农业社会的社会特点都有极大关系。人情面子本身的象征意义，在社会功能方面，起到了润滑剂的作用，是和谐社会中不可缺失的一部分。[①]郴州人民重礼好客，注重人情交往，俗语中有很多关于待客、交友、择邻等人情关系的记录。

关于待客的俗语："酒水米饭人客吃"，"在家不会迎宾客，出外方知少主人"，"宁可节省自己，不可怠慢客人"，"油多不坏菜，礼多人不怪"，"仁义好，水也甜"等俗语强调待客之道，强调礼数的重要。"人情来得快，锅头沙罐都要卖"，"人情来得快，秧田也要卖"则从反面道出了过于讲人情或人情来往过多时容易产生不良后果，给人们的生活带来沉重的负担。至于"吃肉不论，砍肉争秤"，"人情送匹马，买卖争毫厘"，"待客杯杯满，打酒争一分"等俗语则说明待客与买卖是有区别的，待客要大方大气，买卖要分毫必争，因为二者"丁是丁，卯是卯"，不能随便"和稀泥"。

关于择友的俗语："有朋有友好商量，无朋无友太孤单"，"万两黄金容易得，知心一个也难求"讲到了友情的重要性。有人信奉"有酒有肉，就有朋友"，但这种朋友往往是"过了桥不认木"，"翻脸比翻书还快"。真正的朋友不会贪图对方的

①张丽君.中国人情关系浅析［J］.经济研究导刊，2012（12）：224-225.

财物和权势，也不会用虚情假意奉承对方，他会直言不讳，所以老人们常说"宁交双脚跳，不交眯眯笑"。这句俗语从"双脚跳"和"眯眯笑"这两种行为判断对方是否是真正的朋友。"有盐同咸，无盐同淡"，"财明义不疏"，讲的是与朋友的相处之道，朋友要同甘共苦，但也要分清各自钱财，只有如此才能和平共处。"交友交心，浇树浇根"指的是对待朋友应当真心，只有真心付出才能换回真心相待。"交个秀才同读书，交个强盗去偷猪"，也就是我们常说的"近朱者赤，近墨者黑"，"物以类聚，人以群分"，朋友的影响无形但很大。

关于择邻的俗语："远亲不如近邻，近邻不如对门"，"搁得邻居好，当得捡到宝"，"行要好伴，住要好邻"，"邻居不好，一天三吵"等俗语道出了在居家过日子中，左邻右舍的重要性。"搞好四邻好借火，得罪四邻难出门"，说明邻里关系的处理很重要。邻里关系需要妥善处理，也就是说"住乡村，搁邻里"，邻里之间要主动搞好关系。"里帮里，邻帮邻"，只要邻里关系处理得好，就会让"多年的邻居变成亲"，出现"一家砌屋（砌屋：起房子）四邻搬砖"的和谐场面。如果邻里关系处理不当，就会产生一连串的不良后果，因为"椽皮不好连累瓦"，"火烧茅屋，搭倒邻舍"（搭倒：连累）。

（二）有关亲情的俗语

"不是一家人，不进一家门。""亲情"在《现代汉语词典》（第7版）中的解释是"亲人的情义"[1]。亲情关系是一种最基本的人际关系，也是人间最美的一种情感。这种情感具有相互性，主要涉及夫妻之间、父母与子女之间、兄弟姐妹之间的相处原则和情感纠葛。郴州流传着大量关于亲情的俗语。

首先看夫妻之情。旧时社会中女子没有地位，是男子的附属品，社会一味强调妻子对丈夫的顺从，还说"晒不死的茄秧，骂不走的婆娘"，由此可见夫妻双方的地位极不平等。女子出嫁后必须遵循"夫为妇纲"的准则，因为"老公看得起，家人就看得起"，丈夫就是妻子的"天"。旧时女子虽然渴望真正的爱情和家庭的温暖，但更多的是"嫁鸡随鸡，嫁狗随狗"的无奈。新时代的男女都已明白女子不再是男子的附属品，"捆绑成不了夫妻，强迫做不了买卖"。女子具有自己独立的人格及地位，男女各顶半边天，有时做妻子的在整个家庭甚至整个家族中起着顶梁柱的

---

①中国社会科学院语言研究所词典编辑室.现代汉语词典（第7版）［Z］.北京：商务印书馆，2017：1057.

作用，正如"家有贤妻，助夫一半"，"秧好一半谷，妻好终生福"。当然，尽管女性在家庭中的地位得到了极大提升，但也应与丈夫和谐相处，不能飞扬跋扈。俗话说"公不离婆，秤不离砣"，夫妻之间应相互依靠、相互帮助。即便不能做到"举案齐眉""相敬如宾"，但也不能无理取闹、蛮不讲理。夫妻之间即使争吵后也别说过激的话语，别做过分的事情，记住"男人无妻家无主，女人无夫房无梁"。夫妻之间的矛盾宜解不宜结，老人们常说"夫妻不记隔夜仇"，所以"公鸡打架头对头，夫妻吵嘴不记仇"，要学会相互谅解。"夫妻和睦"方能"一家幸福"。

其次看父母子女之情。"金钱难买亲骨血"，父子兄弟之间血脉相连。做父母的对待子女，要一视同仁，"手掌是肉，手背也是肉"。家庭成员之间如能和谐相处，劲往一处使，就能出现"父做高官子登科"局面，所谓"兄弟和顺家必昌"，"兄弟齐心金不换，姑嫂和顺得长久"。而"打架不算亲兄弟，骂交不算亲妯娌"（骂交：土语，吵架。"交"音同"高"），兄弟之间不和谐就会出现"兄弟不和旁人欺"，"兄弟动刀枪，血被他人踏"，"兄弟残杀，亲痛仇快"的后果。另外，俗话说"养儿不教如养驴，养女不教如养猪"，"教子不严父之过"，是说做父母的可以疼爱自己的子女，但不能溺爱，要担起教育后代的重任。俗话说"一箩斧头冇把"，就是比喻儿孙不争气、不成器。儿女不成器、不争气往往是因为父母对孩子过分溺爱，结果正如"豆腐掉到灰堆里，吹又吹不得，打又打不得"，不知该怎么办。在教育后代的过程中，做父母的不能一味给子女灌输"父创江山子受荣"的观点，而要告诉他们"好男不吃分家饭"，让子女们知道："娘有爷有，不如自己有"（爷，土语里指父亲），"好崽不争父兄业，好女不贪嫁时衣"，凡事不能依靠父母，应该靠自己。同样儿女长大后要知道孝顺父母，明白"他养我小，我养他老"的道理。"千里拜观音，不如回家敬母亲"，"死后坟上烧灵屋，不如生前四两肉"就是告诫做儿女的要好好孝敬父母。

（三）涉及不同特点的人的俗语

"人上一百，形形色色。"这里的形形色色可以是个性不同，也可以是外貌不同或身形不同。民间流传的俗语，因为取材于社会生活现实的点点滴滴，加之创造者和传布者不同的心理认知偏向，导致有的俗语对他人的身体缺陷或个性缺点毫无隐讳。郴州俗语中就涉及了"驼背""瞎子""聋子""哑巴""跛子""癫子""懒人"

以及"愚蠢之人"等，且多有嘲讽、调侃之意。

关于"驼背"的俗语："蔸像蔸种像种，驼子养崽背耸耸"是说遗传的重要性，而且常用于指称不好的遗传基因。"驼子翻跟头，两头不着地"本指没有落到实处，转指事情落空，指两方面都落空。[①]"驼子扁担配烂箩"是指一种婚配观念。"驼子掉到碓垸里——刚好合缝"意指歪打正着，有凑巧的调侃之意。"驼子背上加个包"是雪上加霜的意思。还有"驼子作揖——起手不难"则是说明事情开头就不难。

关于"瞎子"的俗语："瞎子吃田螺——有个数"这句俗语是说瞎子虽然眼睛看不见，但吃了多少颗田螺心里还是清楚明白的，借指此人是个明白人。"眼子打铳——乱碰"这句俗语中的"眼子"意为"瞎子"，方言说法；整句话的意思是说瞎子打铳，中与不中纯凭运气，在具体语境中常有调侃、自谦之意。"瞎子打手电——关（光）照别人"谐音双关，夸奖那种为他人办好事的利他主义者。"瞎子进书房——不认书（输）"则道出了性格中的不认输。

关于"聋子"的俗语："聋子的耳朵——摆样的"比喻无用之物。"聋子不怕雷公响"表面是指聋子丧失听力听不见打雷，实际是说任凭某人大肆喧哗也不闻不睬。"聋子唱戏——各唱各的"，"两个聋子打电话——各话一套"是说双方在做事说话方面各做各的，有互不搭界、毫无关联之意，也有互不干涉、互不打扰之意。

关于"哑巴"的俗语："哑巴吵架——指手画脚"表面是描述哑巴吵架时用手脚比画的行为动作，实际上是说在一旁瞎指挥，不懂实际情况而横加干涉。还有"哑巴唱戏——莫名其妙"，"哑巴喊门——拳打脚踢"，"两个哑巴吵嘴——不知是非"，"哑巴申冤——无话可说"等都是借哑巴无法张口说话这一缺陷来进行嘲讽和调侃的。

关于"跛子"的俗语："跛子抬轿——好险"表面是指跛子的脚一长一短，抬起轿来时高时低，很不平稳，暗指事情或情形很危险。"跛子唱戏——各扭各的"与前文的"聋子唱戏——各唱各的"意思一样，都是说自己弄自己的，互不搭界或者互不干涉。

关于"癫子"的俗语："癫子脑壳上的头发——有根数"形容数量少。"癫子的

① 温端政.中国俗语大辞典［Z］.上海：上海辞书出版社，2011：912.

脑壳——难剃"意指难做之事。"癞子脑壳——惹不得"意指难缠之人。

关于"懒人"的俗语:"懒人屎尿多,冇屎冇尿捉虱婆"是说人懒工作不安心,不愿意出力干活,总在找借口、磨洋工。"懒汉懒汉,锅头不洗狗来舔","蛇钻进了屁眼里——懒扯"是通过"狗舔锅头"和"蛇钻屁眼也不管"的行为举止道出某个人的懒,用极端的行为反映极端的懒。"喊,在应;不喊,在困"(困,土语,指睡觉)表面讲人懒,实际指一个人阳奉阴违。"懒人看节日,好吃盼生日"则将懒人的心理活动明明白白地展现出来:懒人不愿努力,不想付出,只想吃喝玩乐。

关于"愚蠢之人"的俗语:"懵懵懂懂,一世的饭桶"为骂人之语,骂对方是个糊涂人,骂对方头脑不聪明,一辈子平庸无能、一事无成。"酒醉聪明人,饭胀懵懂鬼"是说喝酒喝醉的是聪明人,吃饭吃到肚子胀的是愚蠢之人,同样是骂人之语。

四、来源于风俗习惯

风俗是一种社会传统,是社会上长期形成的风尚、礼节、习惯等的总和。所谓"百里不同风,千里不同俗",风俗会因地而异、随时而变。不同地方的节日习俗、传统礼仪都会具有自己的印记,郴州自然也不例外。

关于节日风俗的俗语:"关财门"是指在大年三十晚上十二点之前放鞭炮关大门,意谓把财运关在自己家里面,不漏财。"开财门"是指在大年初一零点之后,人们早早燃放鞭炮,意谓开门纳财,期盼新年财运盈门。"初一崽,初二郎(女婿),初三初四走满堂",说的是春节拜年的规矩,大年初一儿子携妻带子给父母拜年,大年初二女儿带夫抱子给父母拜年,到了初三初四就可以到处去亲朋好友家拜年走动了。"正月男,二月女",说的是正月请男客,二月请女客。另外还有"(正月)初一早晨不借火",怕把一年的好运借走。"正月初一不讨账,三十晚上好还钱"则道出了民间讨账还钱的习俗。

关于节气风俗的俗语:每年农历二月初一,是传统的"鸟节"。在这一天,规定当日不允许捉鸟,人们用糯米做成小坨坨给鸟吃,一边给鸟喂食一边说道:"鸟子公,鸟子婆,今天吃了饺巴坨,以后莫吃我的禾。""鸟仔鸟仔吃粑粑,吃了粑粑糊嘴巴。"希望借此糊住小鸟的嘴巴,让小鸟以后不再啄食谷粒,以保粮食丰收。每年农历二月初二就说"娇娇女，嫁财主，嫁到江里呷饱水"，因为这天是桂阳的"老鼠嫁女"节，大家希望在这天赶走老鼠，免遭鼠害。在农历三月初三就会吃"地菜煮鸡蛋"，以防春天生病。在农历六月初六这日，农家要过"尝新节"，把刚收获的新米与老米一起蒸着吃，意谓"新搭老，吃不了"，也就是说饭食无忧。而"冬至酒，呞断手"，"吃了狗肉当棉被"说的是郴州桂阳冬至节的习惯。在冬至节这一日民间多酿糯米酒，"呞断手"意为酒多；认为此日"吃狗肉"能有效地滋阴壮阳，抵御寒冷。而郴州永兴人在冬至这一天，却不吃狗肉而喜吃羊肉，常说"冬至吃羊，百病消藏"，"冬至羊肉赛人参"，认为冬至节吃羊肉可以强壮体魄、抵抗疾病。

关于婚嫁风俗的俗语："离家不穿娘家衣，上轿不踏娘家地"说的是女子出嫁的规矩。出嫁当日，新娘身着男方所置衣物，由长辈（侍娘婆）或兄弟背入轿中（现在是背入车中），中途脚不能挨地。新娘出嫁前往婆家，可内心难舍自己的娘家，于是"一步分做十步走，十步当作百步行"。新婚之夜闹洞房也有不少习俗，如"打油巴掌"也叫"捂花脸"，就是郴州嘉禾闹洞房的一种欢娱性活动。人们用牛皮纸沾点水，再到锅底下抹几下，然后去捂新娘的脸，抹得越黑就表示新娘的福气越大。"媒人公，偷猪心；媒人婆，吊秤砣"，说的是嘉禾旧时婚俗：婚后谢媒，在媒公的衣背上吊上一块猪肝（称猪肝为猪心）；在媒婆的衣背上吊一个秤砣，以为笑料。而"半路婆"（丈夫死后改嫁之人）在封建社会受人歧视，再嫁时必须偷偷摸摸，在半夜躲在途中的凉亭里或山上，等待天亮再由男方接走。

关于丧葬风俗的俗语："带口粮"是指老人在断气前，其儿孙给他（她）灌一些汤食。"走上路"是人将咽气时，守护一旁的子女必须说的，意为死者走上路会登天成仙，走下路则会变猪变狗。"七上八下，脚踩莲花登仙界"，死者鞋子的做法十分讲究：剪十五块黑色的圆布，七块贴鞋面，八块贴鞋底，意谓死者能升天成仙。

另外还有关于生日习俗的俗语，如"七十不受礼"是永兴、安仁等县的老人庆生日的礼节，意为人过七十，已属古稀，不应该再奢谈寿事，接受客人的赠礼。

五、来源于神话传说

神话是"关于神仙或神化的古代英雄的故事，是古代人民对自然现象和社会生活的一种天真的解释和美丽的向往"①；传说是"群众口头上流传的关于某人某事的叙述或某种说法"②，常与历史事件、历史人物或地方古迹有关。神话传说都属于民间文学的范畴，虽然不具有严谨的科学性，但也是一个国家和民族宝贵的精神财富。郴州的神话传说往往是以古迹、风物为基础，加以想象创造而形成的。

"苏仙升了天，化鹤又还乡。"这句俗语涉及了郴州一个非常有名的名胜古迹——苏仙岭。苏仙岭位于郴州市城区东北隅，原名牛脾山。唐代杜光庭著的《洞天福地记》称苏仙岭为"天下第十八福地"。关于苏仙岭，有个美丽的传说：西汉年间，在郴州城东的牛脾山下，一位姓潘的姑娘因误食了水上漂来的红丝线而怀孕生子。小孩取名苏耽，为百姓做了很多善事，十三岁时得道成仙，跨鹤升天。为纪念苏耽，"牛脾山"就改名"苏仙岭"了。数百年后，一只白鹤降落郴州不愿离去，一群小孩用弹弓弹之。白鹤离开前，用爪划地，写下《苏耽歌》一首："乡原一别，重来事非。甲子不记，陵谷迁移。白骨蔽野，青山旧时。翘足高屋，下见群儿。我是苏仙，弹我何为？翻身云外，却返吾屋。"（此诗被清人沈德潜收入《古诗源》）苏耽成仙后尚且不忘记生他养他的故土，何况我们这些凡夫俗子呢？所以"苏仙升了天，化鹤又还乡"这句俗语便流传开来，人们常用它来表达自己的思乡之情。

"打摆子"，《现代汉语词典》（第7版）第233页给出的注释是"患疟疾"，并标明这是一种方言的说法。"打摆子"取自于"人到郴州打摆子"一语。据说是根据寿佛与猪佛的传说创造的：猪佛与寿佛同时从天上降落人间，猪佛数次与寿佛斗法都未取胜，便趁寿佛上天之际，把蚊子、狗蚤、臭虫、瘟疫散到郴州四周。等寿佛赶到，为时已晚矣。于是郴州人受害了，年年"打摆子"，因此就有了"人到郴州打摆子"之说。后来人们结合当地环境，将之扩充为"船到郴州止，马到郴州死，人到郴州打摆子"，极言郴州自然条件之恶劣。但在郴州人的口中，"打摆子"常常不是"患疟疾"之意，而是骂人之语，含有贬义，意指一个人成天东游西逛，无所事事、无所作为。

"观音岩的狮子——明现。"这句俗语借观音岩前面耒水中石狮的清晰可见，来比喻事实真相清清楚楚、一目了然。观音岩是位于素有"赛漓江"之称的耒水上

①中国社会科学院语言研究所词典编辑室.现代汉语词典（第7版）［Z］.北京：商务印书馆，2017：1162.
②中国社会科学院语言研究所词典编辑室.现代汉语词典（第7版）［Z］.北京：商务印书馆，2017：201.

游、永兴便江风景区内的白头狮景区的一处岩洞，其地理位置独特，前临碧水深潭，后依石峰屏障，风景十分秀美。尤为神秘的是观音岩前的耒水中，有一块巨大的岩石突出水面，犹如一头静卧的雄狮。明代地理学家、旅行家徐霞客在《徐霞客游记·楚游日记》中记载道："岩在江北岸，西南下瞰江中，有石崖腾空，上覆下裂，直滨江流。初倚其足，叠阁两层。""覆顶之下，中嵌一龛，观世音像在焉。岩下江心，又有石狮横卧中流，昂首向岩，种种绝异。"耒水中的这头卧狮就是郴州俗语"观音岩的狮子——明现"中的狮子。关于这头狮子的传说版本不一。版本之一：观音与这头神狮都想独占这块风水宝地，他们相互争执，后来神狮被观音打入河中成为石狮，因为它有几分神通，所以无论耒水涨多高，它的头始终露出水面。版本之二：观音带着一个和尚和一头狮子来到此地，和尚和狮子见此处甚好，都想独霸，因而争吵不休。观音不胜其扰便设一计，对和尚、狮子说："对面山上有一仙果，你们谁先摘到，此洞就归谁了。"当狮子刚到河心，观音便玉手一指，狮子动弹不得，变成了石狮。这头石狮常常过界到耒阳县偷吃五谷，吃饱后就悄悄回来，把五谷屙在永兴县境内。因此当时耒阳县的人们编了一首歌谣来指责石狮的吃里扒外："头朝耒阳，身在永兴；吃了耒阳，肥了永兴。"于是又有"吃耒阳，养永兴"之说。版本之三：相传古时有一身为神仙坐骑的雄狮，偷下凡界，盘踞在江边岩洞里。后被南海观音降服赶出。但此狮不肯重回天庭，一直卧于江心，眼望岩洞。

　　"嘉禾嘉禾，天降嘉禾"，是说郴州嘉禾县的"嘉禾"二字的由来同样记录着一段遥远而美丽的传说：上古时代，炎帝为解决人类填饱肚皮的大问题而日思夜想，四处寻找一种能结出很多能吃的果实的草。一天他在南方一山清水秀之地得一梦，梦见一绝色仙姑从头上拔下一株花草，扔给他。炎帝惊醒后果真找到了这株花草，取名"禾苗"，从此人类结束了茹毛饮血的时代。为纪念炎帝拾嘉谷之事，后人便把他睡觉的山洞取名"丙穴"，把丙穴所在的村庄取名"禾仓堡"，明朝时改名"嘉禾县"。天降嘉禾教农耕，明末王船山好友王应章任嘉禾县训导（学官）时，撰写《嘉禾县学记》，里面记载："嘉禾，故禾仓也。炎帝之世，天降嘉种，神农拾之以教耕作，于其地为禾仓。后以置县，徇其实曰嘉禾县。"①

①李峰.天下禾仓［M］.嘉禾县政协，2004：44.

"国宁寺下的钟，初一敲了十五还在嗡。"传说岳麓山的"飞来钟"就是从永兴鲤鱼塘国宁寺飞去的，钟很大，敲了之后响声较长。后来比喻一个人说话有分量。

"盐坦和尚好大吃"是源于永兴的传说故事。据说永兴有个石洞能冒盐出来，一个贪心的和尚就想，如果将出盐的石洞凿大些，就能获得更多的盐。可事与愿违，石洞一凿大，反倒破坏了神脉，结果一粒盐也得不到了。人们用这句俗语来讥笑那些追求一本万利、贪得无厌的人。

"谷雨种姜，夏至离娘"说明了种姜和收姜的时间。这句俗语来源于孙悟空从天宫偷来姜在谷雨节种下，后迫于玉皇之命于夏至节把姜送回天宫的传说。

六、来源于民间故事

民间故事和神话传说一样，都属于一个国家和民族的精神财富。民间故事一般是劳动人民创作并传播的，题材广泛又充满幻想。

"田螺不晓得屁股鬏"（也说"田螺不晓得屁股皱"，"田螺不晓得屁股扭"或"田螺不晓得屁股丑"），源于一个有趣的民间故事：河里田螺与田里田螺交上了朋友，它俩常在一块儿玩。一天，河里田螺走在田里田螺的后面，看到了田里田螺的屁股，就说："你的屁股怎么这么丑？"田里田螺很生气："你不要说我，你的屁股更丑，我都不好意思说。"于是，两只田螺争执不休，请来泥鳅做裁判。泥鳅打量一番后说："你不要说它，它也不要说你，都是田螺，生成的屁股丑。"后来这句俗语就被用来讥笑那些没有自知之明的人。

"文理冇得，狗屁一担。"是说从前有兄弟二人，大的叫文理，小的叫狗屁。一天，二人上山砍柴，哥哥文理偷懒，未砍一根柴；弟弟狗屁累得汗流满面，砍了一担。回家后面对父亲，文理不吱声，狗屁好胜地说："我才砍了一担。"后来以"文理冇得，狗屁一担"来讽刺那些没有知识底蕴而好空发议论的人。

"瞎子吃田螺——这是什么天气？"是说两个瞎子坐在一块儿吃田螺，一个瞎子不小心掉了一个田螺，觉得可惜，便用手去地上摸。摸到一坨鸡屎，放到鼻子边一闻，叫道："哎哟，都臭了。"另一个瞎子凑过去一闻："哎哟，这是什么天气？"人们便用"瞎子吃田螺——这是什么天气？"讽刺那些不明事情真相却好发议论的人。"泉水当酒卖，还嫌酒无糟"，讽喻贪心不足的人；"板梁湾里的狗屎——闻不得"，讽刺人的德性太差。这些俗语都是人们从有趣的传说故事中概括出来的。

七、来源于传统戏剧

郴州从清代开始盛行昆剧、祁剧、湘剧、花鼓戏，后来又有京剧、越剧不断传入。郴州的昆剧极具特色。"郴州艺人将昆剧与祁剧、湘剧以及地方的语言、音乐、风俗民情相糅合，使昆剧具有浓厚的湘南乡土气息，形成富有地方特色的湖南昆剧（简称湘昆）。"[①]"湘昆既高雅又简朴，既细腻又粗犷，既高亢又婉转，得到国内外艺术界的赞誉。当代戏曲家阿甲题词：'芝兰之香，唯有湘味。'"[②]湘昆作为湖南省的地方大戏种之一，有不少优秀剧目，这些优秀剧目屡演不衰，深为人们所喜闻乐见。由于长期的耳濡目染，许多剧目的人物和情节已经是家喻户晓，群众自然而然地对它进行概括或评介，将它演变为具有特定意义的俗语。如："崔氏戴凤冠，梦想做夫人"源自昆剧《烂柯山》，内容是：朱买臣的妻子崔氏，嫌贫爱富，改嫁他人；后来朱买臣做了官，她又梦想着做夫人。人们用这句俗语来讥讽那些朝三暮四、贪得无厌的人。"凑成的十五贯"出自昆剧《十五贯》，指事情凑巧。"口口咬紧皇甫吟"出自昆剧《钗钏记》，指遭冤受害，被人一口咬住不放。"救得娘娘，救不得太子"出自昆剧《长坂坡》，指长坂坡赵子龙救阿斗，比喻做事不可能面面俱到。

还有的俗语是通过剧目名称或剧中人物来反映演员的辛苦，从而反映各行各业的辛苦。如"唱死昭君，做死王龙，翻死马童"出自昆剧《昭君出塞》，这出戏里，昭君的唱，王龙的做，马童的翻，分量都很重，这对相关演员的要求很高。"男怕《夜奔》，女怕《思凡》"，因《夜奔》《思凡》都是一个角色从开始一直演到结束，叫"一场干"，唱做都是最难的。"男怕《锦缠道》，女怕《十二红》"，则是因为这两首昆曲很长，是生、旦最难唱的曲子。

---

①郴州地区地方志编纂委员会.郴州地区志［M］.北京：中国社会出版社，1996：1575.
②郴州地区地方志编纂委员会.郴州地区志［M］.北京：中国社会出版社，1996：1577.

第三节　郴州俗语的研究意义

郴州素有"楚粤之孔道"之称，是湖南省的一个地级市，地处湘、粤、桂三省交界处。独特的地理环境，加上复杂的人口来源，造就了复杂多样的汉语方言，引起了方言工作者的极大关注。"湘南土地亲，九里十八音"是对湘南各地方言的如实写照。郴州区域的方言分属西南官话、赣方言、客家方言和湘南土语等，与湘语、粤语、吴语、闽语有着一些远近不同的瓜葛。目前，专家学者对郴州方言的研究多侧重于语音描写，语系划分，寻求方言和普通话的对应规律等方面。相对于语音研究的丰硕成果而言，词汇的研究还十分薄弱，对语汇的组成部分——俗语的调查研究则更少。郴州俗语同汉民族其他方言区的俗语一样，是广大人民群众在生产劳动和社会实践中创造出来的。它的产生，有其社会生活的根源；它的发展，打上了时代背景的烙印。它的语言浅显易懂，但沉淀其中的丰富的人生智慧足以令后人感觉受益匪浅。它具有鲜活的生命力，也具有流动性。随着历史的变迁、社会的发展，有些俗语被继承了下来，有些俗语则被渐渐淘汰。

王文章在《非物质文化遗产概论》一书中指出："表面上看起来口头文学靠口耳相传，没有固定文本，人为性、随意性似乎比较强，但这是问题的一个方面。换个角度来看，就会发现口头文学可能更多地保存了历史的原状，是活态的、生动的历史。由于口头文学是在民间流行，相对于官修史书而言，更少受官方意识的影响和干扰，更少为所谓的尊者、贤者讳饰，因而就能更多地记录、存留下来当时的真实状况。这就使得在某些时候口头文学比官修史书更有历史记忆价值、科学认识价值。"①

我们认为，俗语产生、形成于民间，靠口耳相传来流传，带有深厚的民族记忆，是最能体现地域文化、民族民俗特色的一种语言，民间丰富的文化内涵正是包蕴在方言俗语之中。展开对俗语的研究，除对俗语建设本身具有重要意义外，对其

---

①王文章.非物质文化遗产概论［M］.北京：文化艺术出版社，2006：100.

反映出来的民俗风情、民间文学、民族文化的变迁演绎等方面研究也具有深远意义。本书的研究意义主要体现在以下五个方面：

第一，弥补湘南俗语研究的不足，促进俗语学的繁荣和发展。语汇研究具有重要而深远的意义。季羡林先生曾说："'语'是中华民族智慧的结晶，……这些'语'，在全世界所有的民族和国家中，都罕有其匹，是我们中华民族的珍贵的文化遗产。"俗语作为汉语语汇的重要组成部分，作为中华民族智慧的结晶，在语言交流中具有强大的生命力，历代流传下来的蔚为壮观的俗语为汉语提供了无比丰富、生动的语言材料。目前，我国语言文字工作委员会对汉语俗语的调查和研究给予了较高重视，国内已经有不少的语言学家、民俗学家以及一些有志之士从事着俗语的搜集和研究工作。湘南地区流传着许多既生动形象又内涵丰富的俗语，本书认为通过对湘南俗语语料的搜集和整理能有效地促进汉语俗语的收集和整理，从而促进俗语学的繁荣和发展。

第二，具有重要的民俗文化学价值，促进地方精神文明建设。刘叔新（2004）在《民俗文化语汇通论·序言》中说道："熟语和词，都远不是只有词汇学的或纯粹语言学的研究价值。各种现成的用语也好，许许多多含概念意义的词也好，都往往与民间的风俗习惯、社会的观念时尚和审美倾向或一定时期、地域的文化表现，有着密切而深蕴的关联。发掘和分析这个关联方面，是有重大意义的，应该得到重视。"①确实如此，语言与文化密切相关、密不可分，通过郴州俗语可以考察郴州人的精神内核——价值观。本书认为从民俗学、文化学的角度研究具有丰富内涵的郴州俗语，将有效弥补汉语俗语研究单一化和片面化的缺憾，并在一定程度上提高郴州人的文明素养，促进地方精神文明的建设。

第三，有助于把握地方俗语的语言特点，促进语言理论建设。地方俗语因其在语音、词汇、语法、语用等方面的特色已引起了不少专家学者的注意，也出现了一些相关的研究。但就整体而言，俗语的研究力量还是比较薄弱，尤其是关于地方俗语研究的著作及论文成果偏少。本书认为目前地方俗语研究的现状、成果与它在语言交流中所起的作用不太相称，而继续研究不同区域的俗语，能有效促进地方俗语研究的理论建设。

①谭汝为.民俗文化语汇通论［M］.天津：天津古籍出版社，2004：序1.

第四，有助于把握俗语的现代嬗变与传承，促进语言生态发展。温端政曾说过，探索俗语的产生和发展演变规律，是难点中的难点，只有突破这一点，俗语的发展研究才具有科学性。随着社会的发展变迁、普通话的大力推广，不少俗语的使用频率正在逐步降低，有的甚至已经从社会生活中消失，也可以看作"语言的死亡"，这种现象已经引起了国家各级领导、各有关部门及语言学家和民俗学家的高度关注。同时，随着社会观念、风俗习惯和审美情趣改变，又出现了不少新的俗语，而这些新的俗语尚未得到系统的收集和分析，这种现象应当引起语言工作者和民俗工作者的高度注意。本书从地方俗语入手，旨在以小见大，为国家相关部门的研究提供一些可供参考的资料和数据。

第五，有助于传承保护中华优秀文化遗产，提升中华文化自信。进入 21 世纪以来，面对全球化的冲击，积极发掘传统文化中的元典精神，观照传统文化的创新，越来越成为社会关注的焦点。党的十八大以来，围绕传承和弘扬中华优秀传统文化，习近平总书记发表了一系列重要论述，特别强调"要讲清楚每个国家和民族的历史传统、文化积淀、基本国情不同，其发展道路必然有着自己的特色；讲清楚中华文化积淀着中华民族最深沉的精神追求，是中华民族生生不息、发展壮大的丰厚滋养；讲清楚中华优秀传统文化是中华民族的突出优势，是我们最深厚的文化软实力；讲清楚中国特色社会主义植根于中华文化沃土、反映中国人民意愿、适应中国和时代发展进步要求，有着深厚历史渊源和广泛现实基础"。俗语是文化的重要载体，对于保存中华民族文化、地域文化和民间文化具有十分重要的价值。本书的研究，对于传承和保护中华优秀传统文化遗产、见证中华民族的历史交融和文化认同，有着重要的学术价值和现实意义。

本书所谈的俗语是指在郴州地区通行的俗语。因本书赞同温端政先生对俗语定义、范围的界定，所以本书涉及的俗语包括谚语、歇后语、惯用语和口头上常用的成语（也叫俗成语）四个类别。从搜集到的语料来看，郴州俗语中以谚语为主，所以本书在举例阐述论证时以谚语为主，同时也涉及了少量的歇后语和惯用语。而俗成语如"酒囊饭袋""没头没脑""胡思乱想"在郴州虽常使用但数量很少，且在本次收集过程中尚未发现独具郴州特色的俗成语，故本书中未做列举。

第三章　郴州俗语的语音分析

　　语言是语音和语义的结合体。语言的语音形态是交际中直接被人接受的外在物质形式，它首先也最直接刺激人的听觉，产生较好的交际效果。著名作家老舍在《民间文艺的语言》中曾经精辟地指出："除了注意文字的意义之外，还注意文字的声音和音节。这就发挥了语言的声韵之美。我们不要叫文字老爬在纸上，也须叫文字的声响传到空中。"①陈望道先生在《修辞学发凡》中专门讲到"辞的音调"，认为"辞的音调是利用语言文字的声音以增饰语辞的情趣所形成的现象"②。语言文字的声音能增加语言的表意情趣，人们为了使语言表达清晰悦耳，都会自觉不自觉地运用语音修辞。所谓"语音修辞是指通过对语音的选择、组合和调配来增强语言的表现力和感染力，提高语言表达效果的一种努力"③。

　　俗语虽来自民间，但它不仅语义通俗丰富，而且善于利用语音手段使其响亮悦耳，使俗语语音呈现出独特魅力，从而增强语言的表现力和感染力，深受民众的喜爱。郴州俗语与大多数地方俗语一样，在

①老舍．民间文艺的语言［J］．中国语文，1952（7）．转引自邓红华．俗语语音修辞探析［J］．湖南科技学院学报，2007（8）：108-110.
②陈望道．修辞学发凡（新3版）［M］．上海：上海教育出版社，2001：240.
③孙书杰．古汉语语音的修辞功能探析［D］．河北大学硕士学位论文，2003：1.

注重音韵和谐的同时，也十分注重声音的配合，尽量做到平仄调配、节奏分明，富有较强的声律美，从而富有了响亮悦耳、以声传情、利于记忆、易于上口、便于传诵的艺术效果。

　　本书所依据的俗语语料以通行于湖南省郴州市的俗语为主。文中俗语未标明方言出处的皆以湘南地区使用范围较大的西南官话作为发音标准。

第一节　　郴州俗语的语音形式

　　郴州俗语以杂言体为主，在收集到的 6 708 条俗语中，又以 7~14 音节为最多，而 7~14 音节的郴州俗语究竟占有多大比重？本书对这 6 708 条俗语作了穷尽性的统计，结果如下表所示：

音节数	条　数	比　例（%）
3~6 音节	784 条	11.7
7~14 音节	5 618 条	83.7
15 音节以上	306 条	4.6

　　从上表可以知道：7~14 音节的俗语有 5 618 条，占了总数的 83.7%。3~6 音节的俗语为 784 条，约占总数的 11.7%；15 音节以上的俗语有 306 条，约占总数的 4.6%；3~6 音节的俗语和 15 音节以上的俗语比例之和只占总数的 16.3%。由此推知，7 音节以下的俗语字数越少，所占比例越小；字数多于 14 音节的俗语则是字数越多，所占比例越小；而处于中间的由 7~14 音节构成的俗语数量最多，所占比例最大，出现中间大两头小的现象。

　　郴州俗语之所以会出现上述现象，究其原因有两点。原因之一是俗语的特点制约了数量的多少。俗语以 7~14 音节居多的现象正好体现了俗语的特点——群众性和口头性。俗语是人民群众创造的，属于大众化语言，主要以阐明道理、说清事实、讽刺对象为主，所以在用语上既不可能如文人作品那样精雕细琢，也不适宜长篇大论。人民群众在日常的交际使用中感觉到，一条俗语如果音节太少，则可能会出现意思表达不清的问题，从而不利于日常的交际与流传；反之，一条俗语如果音节太多，虽能让意思表达得清清楚楚，但话语又会显得啰嗦和多余，同样不利于民众的记忆和使用者的口耳相传。原因之二是俗语以谚语、歇后语为主。如前所述，本书赞同温端政先生的观点，认同俗语应该包括谚语、歇后语、惯用语和口头上常用的成语。因为"惯用语多数是三个音节的动宾结构词组（如'打埋伏''打游击''唱双簧''和稀泥'等），非三字结构的或非动宾结构的数量较三字动宾结构的为少"[①]；而"成语从来源上可以分为两类：一类来自书面系统，一类来自口语系统。来自口语系统的成语也属于俗语，和谚语、歇后语、惯用语处于同一层次。这种来自口语系统的成语，统称为'俗成语'，以区别于来自书面系统的成语"[②]。

"俗成语"一般是四个音节，如"乱七八糟""婆婆妈妈""平分秋色"等。总而言之，惯用语以三音节为主，俗成语以四音节居多，那么音节数目在7~14之间的，大多数就是谚语或歇后语。

著名作家高尔基曾说，语言的真正的美，是由言辞的准确、明朗和响亮而产生出来的。汉语中，一个音节一般由声、韵、调三部分组成，声音是否响亮关键在于韵母；而普通话韵母又由三部分组成，分别是韵头、韵腹和韵尾，音节响亮的关键在于韵腹。汉语音节中，可以没有声母、韵头和韵尾，但不能没有韵腹，韵腹是一个音节必不可少的部分。一般而言，充当韵腹的主要元音的舌位越低，声音响度越大；反之，舌位越高，声音响度越小。也就是说，普通话音节中a的响度最大，o、e次之，i、u、ü又次之。

俗语绝大多数是人民群众创造出来的，它生成于民间，变化发展于民间，流传于民间。俗语的流传形式一般是口耳相传，口耳相传就对俗语的语音形式有所要求，要求俗语的语音清晰响亮，易于传播，具有较强的口语色彩。而俗语的语音的清晰响亮程度又与各字的主要元音有关。下面就具体分析一些俗语的主要元音及其出现频率。例如：

①温端政，周荐.二十世纪的汉语俗语研究［M］.太原：书海出版社，2000：198.
②温端政，周荐.二十世纪的汉语俗语研究［M］.太原：书海出版社，2000：245.

"好大的脚穿好大的鞋。"这句俗语的主要元音分别是：a、a、e、o、a、a、a、e、a。湘南地区的方言中"脚"的韵母是［io］，"鞋"的韵母是［ai］，因此在这句九字俗语里 a 出现了 6 次，e 出现了 2 次，o 出现了 1 次。

"前人不讲古，后人冇得谱。"这句俗语的主要元音分别是：a、e、u、a、u、o、e、a、e、u。这条俗语的十个字中主要元音 a 出现了 3 次，e 出现了 3 次，o 出现了 1 次，u 出现了 3 次。

"田螺不晓得屁股皱。"这句俗语的主要元音分别是：a、o、u、a、e、i、u、o。其中 a 出现 2 次，o 出现 2 次，u 出现 2 次，e 出现 1 次，i 出现 1 次。

"活在世上不做好事，掉到盐罐里也要起蛆。"这句俗语的主要元音分别是：o、a、i、a、u、o、a、i、a、a、a、i、e、a、i、ü。a 出现 8 次，o 出现 2 次，e 出现 1 次，i 出现 4 次，u 出现 1 次，ü 出现 1 次。

就上述俗语而言，出现频率最高的是 a，那么，"a、o、e、i、u、ü"这些主要元音在俗语中的出现频率究竟如何，出现频率的高低是否与声音响度的高低有关呢？值得进一步探究。本书从收集到的俗语中，选取了 100 条使用频率较高、使用范围较大的俗语作为语料，做了一次小范围的比较分析。其分析结果如下：

韵母 （主要元音）	a	o	e	i	u	ü	合计
次数	367	159	150	165	101	9	951
百分比（%）	38.59	16.72	15.77	17.35	10.62	0.95	100

说明："a"包括舌面前 a［a］、舌面中 a［A］、舌面后 a［ɑ］，"e"包括舌面后 e、舌面前 ê，"i"包括舌面元音 i、舌尖前音 -i（前）和舌尖后音 -i（后）。元音充当韵腹的平均值为 16.7%。

从上表中可以看出：a 作韵腹的字占总次数比例为 38.59%，o、e 作韵腹的字所占比例分别为 16.72% 和 15.77%，i、u、ü 作韵腹的字分别占总次数的 17.35%、10.62% 和 0.95%。相对而言，声音响度偏小的高元音"i、u、ü"比例之和为 28.92%。声音响度偏高的元音"a、o、e"的比例之和达到了 71.08%，数据说明在所分析的 100 条俗语中有三分之二以上的字使用了响亮程度较高的元音作韵腹。

具体来看，通过表中这些作韵腹的主要元音的数据对比得知：第一，在所有作韵腹的主要元音中，a 作韵腹的字所占比重最大。究其原因有二。原因之一是以 a 为主要元音的韵母有 14 个，使用范围最大。如上文所举的例子里，a 出现在 a、ao、ai、uan、iao、ian、ang、iang 八个韵母中。原因之二是 a 是央、低、不圆唇元音，它的舌位最低，发音相对容易，开口度最大，因而发音最响亮。第二，在所有作韵腹的主要元音中，i 所占比例排在第二。i 是前、高、不圆唇元音，从理论上来讲，i 属于高元音，开口度很小，发音并不响亮，但实际上它在调查中所占的比例还反而超过了 o、e 作韵腹的比例，这之间似乎存在矛盾。经过分析，发现 i 作韵腹的字之所以使用频率较高，与本地流行俗语的内容有关。俗语中"一""十""是""子""屎""屁"等字出现频率较高。统计数据显示，i 单独作音节的字就有 137 个，占 i 作韵腹字总数的 80.3%，而"一"字出现了 18 次，占 i 单独出现字数的 13.14%，如"一口水淹死一屋人"，"上一回当，学一次乖"。"一"字前后反复多次出现实际上与俗语所表达的内容和俗语的创作者、使用者息息相关。众所周知，俗语来自生活，具有浓厚的生活气息，它所表现的是人民群众在日常生活、生产实践中的经验与教训；加之创造者和使用者大多为普通民众，不会过多关注用词的变化和艺术性。第三，在所有作韵腹的主要元音中，ü 作韵腹的字使用频率最低，951 次中只出现了 9 次，占比不到 1%。究其原因有二。一是与发音部位有关，ü 是前、高、圆唇的舌面元音，因为舌位高，所以发音时开口度很小，响亮度偏低，造成声音不易发且发音不响亮，不能满足口耳相传之语对语音响亮程度的要求；二是俗语中以 ü 作韵腹的字数量偏少，所以使用频率偏低。

本书的调查结论与魏爽的调查结论一致。魏爽对许少峰的《简明汉语俗语词典》、温端政的《中国惯用语大全》和《常用俗语手册》三本词典共同收入的 85 条俗语的韵母进行了统计，得出的数据和结论如下：

韵母 （主要元音）	a	o	e	i	u	ü	合计
字数	247	49	102	99	86	7	590
百分比（%）	41.86	8.31	17.29	16.78	14.58	1.18	100

从表中可以看出，发音响亮的a、o、e韵母字占总字数的67.46%，说明其中三分之二的字使用了响亮的韵母，这一数据与本书对郴州俗语的调查数据（71.08%）大致相同。魏爽的调查数据显示a韵母的比重最大，因为以a为主要元音的韵母有14个，使用范围最大，并且a韵母的舌位最低，开口响度大，音容易发出来。i韵母的比例超过了o，与e相当，因为俗语中吃、是、鸡、里、一、十、屎、屁、子等字使用的频率很高。俗语来自群众的日常生活，用词多是与生活密切相关的事物，表达时不注重词语的变化使用。ü韵母字使用的频率最低，从语料来看，主要在自然现象词"雨"和动物词"驴"中使用，如"干打雷，不下雨"，"倒驴不倒架"等。因为发音不够响亮，不符合群众潜在的语音审美心理，所以使用不多。①

就郴州俗语整体而言，声音响亮清晰，说明人们在创造、使用俗语的过程中，认识到语音修辞的重要性，知道恰当地运用响亮度高的韵母，可以增强语言的表达效果。当人们自觉或不自觉地将响度高的字词与响度低的字词进行合理搭配时，就会说得响亮顺口，让人听着清晰悦耳，产生出较好的表达效果和交际效果，从而有利于俗语的传播。

第二节　郴州俗语的押韵分析

"韵"，《说文解字》中说："韵，和也。从音员声。"韵就是和谐的意思。"押韵"就是韵部相同的字重复地出现。汉语的韵母元音占优势，而元音是乐音；韵母中的辅音韵尾，中古以前多数是鼻辅音，而鼻辅音带鼻腔共鸣，也有音乐性。这样，汉语的韵母基本上属于乐音。同一乐音成分在诗句中有规则、相间隔地重复出现，自然就形成音乐的美感。重复再现之所以产生美感，是因为期待的实现。当一个乐音出现之后，人们期待着它的再现；当它在一定间隔以后再现之时，人们的期

①魏爽.汉语俗语修辞探究［D］.曲阜师范大学硕士学位论文，2009：17–18.

待得到实现，于是由听觉的满足而生成美感。①

　　"俗语押韵的方式比较灵活，一般押尾韵。所谓尾韵，是指俗语的一段的结尾音节与另一段的结尾音节押韵。此外，还有押首韵和中韵的。所谓首韵，就是俗语的一段的起首音节与另一段的起首音节押韵。中韵，即俗语的一段的中间音节与另一段的相应的中间音节押韵。"②同韵字的前呼后应，可以形成语音的和谐美和节律的整齐美，同时，也会使人读起来顺口悦耳，便于记忆传诵。

　　本书搜集到的郴州俗语以谚语居多，而谚语又多以偶句的形式出现，所以有不少俗语会有同韵的字在句中出现，也就是会押韵。郴州俗语一般是押句末韵。本书依据十三辙韵母表，对郴州地区部分俗语押韵情况进行了详细的统计和初步的归纳。共分析6708条俗语，其中上下句押韵的有2811条，除21条俗语未做归类（因是多重复句，句中有两个或两个以上的韵部）外，其余2790条押韵情况悉归下面两个表格（表1和表2）。

表1　无尾韵母押韵

	辙	条数（条）	比例（%）
无尾韵母	发花	206	7.38
	乜斜	20	0.72
	坡梭	165	5.91
	一七	312	11.18
	姑苏	176	6.31

①陈光磊，李行杰.中国古代语音修辞学理论的卓越篇章——读刘勰《文心雕龙·声律》[A]//语言研究集刊[C].上海：复旦大学出版社，1987.

②魏爽.汉语俗语修辞探究[D].曲阜师范大学硕士学位论文，2009：18.

表 2　有尾韵母押韵

	辙	条数（条）	比例（%）
有尾韵母	怀来	83	2.98
	灰堆	76	2.72
	遥条	311	11.15
	油求	197	7.06
	言前	675	24.20
	人辰	358	12.83
	中东	211	7.56

说明：西南官话韵母中，ng 韵尾已弱化，呈现 ng 韵混入 n 韵的趋势，所以本文中江阳辙混入言前辙，表中不再出现。

从上面两个表格可看出郴州俗语押韵的三个特点：第一，有尾韵的俗语多于无尾韵俗语。有尾韵的俗语条数是 1911 条，占押韵总条数的 68.49%；而无尾韵俗语条数是 879 条，只占押韵总条数的 31.51%。第二，鼻音韵（包括言前、人辰、中东三个辙）的俗语有 1244 条，占押韵总数的 44.59%，约占总数的一半。第三，言前辙因与江阳辙合二为一，在单一韵部中数量居首位，有 675 条，约占押韵总条数的 1/4。乜斜辙最少，只有 20 条，不到押韵总数的 1/100。

各辙举例如下：

发花辙："天不怕，地不怕，老虎屁股也要摸一下"（"下"在郴州话中念"hà"），"猪仔担石，越养越大"（"石"在嘉禾土话里念"sà"，与后句的"大"同韵同调），"人前刚才笑哈哈，转过身来就磨牙"，"崽大分家，树大分丫"等。

坡梭辙："霜降不割禾，一夜丢一箩"（"禾"在苏仙区、北湖区都念"o"），"冬瓜奈不何，奈何芋头婆"（"何"在郴州话中一般读"huo"），"郎中屋里病痛多，道士门前鬼唱歌"（"歌"在郴州话中念"guo"），"有钱两公婆，无钱两脱壳"（郴州话中"壳"的韵母由"e"变成"uo"），"有米做一锅，有柴做一灶"，"人心难摸，泥鳅难捉"等。

乜斜辙："走路防跌，吃饭防噎"，"乌龟不笑鳖，同在泥里歇"，"过了重阳节，砍足柴火防雨雪"，"一日南风三日雪，三日南风半个月"，"人死如灯灭，丢官如花谢"等。

姑苏辙："宁吃你笑脸的粥，不愿吃你板脸的肉"（郴州话中，"粥""肉"的韵母由"ou"变成"u"），"六十六，学不足"（"六"的韵母由"iou"变成"u"），"猫咪不在屋，老鼠子偷官做"（"做"念"zu"），"懒馋共条裤：倒了油瓶不扶，倒了酒瓶急得哭"，"宜章巴力堡（读铺），饭少菜来补"，"只看见和尚吃豆腐，没看见和尚受戒苦"等。

一七辙："东虹太阳西虹雨，南虹北虹涨洪水"（"水"在永兴等地念作"xǔ"，与"雨"合韵），"好汉不打妻，好狗不咬鸡"，"人心隔肚皮，饭甑隔捞箕"，"不读书，变了猪"（"书""猪"的韵母永兴话都是"ū"），"有钱难买亲生子，无钱可讨有钱妻"。

怀来辙："牛角不尖不过界，马尾不长不扫街"（"界""街"在郴州话里都念"gai"），"到了山里才砍柴，到了河边才脱鞋"（"鞋"念"hai"），"强盗吃斋，心肠最坏"，"小忍不耐，小事成大"（"大"桂阳土话念"tai"）等。

灰堆辙："老鸦笑猪黑，自己不觉得"（"得"念"dei"），"吹牛皮不上税，吹了还要吹"，"饮酒望醉，读书望贵"，"时来风送滕王阁，运来雷轰荐福碑"（"阁"念"gei"）等。

遥条辙："一天学会一招，十天学会一套"，"三把锄头磨死草，三个姑娘磨死嫂"，"牛婆过了坳，不管牛崽叫不叫"，"搁得邻居好，当得捡到宝"，"萝卜性情暴，常要水来浇"，"三月枇杷四月泡，五月杨梅烂糟糟"，"一个鸡蛋吃不饱，一身臭名背到老"等。

油求辙："烂土箕装泥鳅，不问效果万事休"，"夫妻恩爱到白头，姑嫂和顺得长久"，"该收不收，不收就丢"，"日日园中走，瓜菜样样有"，"两脚忙忙走，为的钱和酒"等。

言前辙："说千道万，不如一见"，"酒多人癫，书多人贤"，"瞎了两只眼，还有两个圈"，"背横竹竿，入不得狭巷"，"不怕走得慢，就怕路上站"，"桃三李四梨五年，枣树当年就见钱"，"打人莫打脸，吃饭莫抢碗"等。

人辰辙："为老不尊，带坏子孙"，"大小是个人，长短是根棍"，"卖凉粉，又天阴"，"独树难成林，独花不是春"，"洗澡不蚀本，洗了一身滚"（此句谚语的意思是：冬天洗澡不吃亏，洗完之后一身暖和），"众人一条心，黄土变成金"，"伤心不认人，锄头挖断根"，"龙怕揭鳞，虎怕抽筋"等。

中东辙："养女是股风，娘死不送终"，"打蛇要猛，抓猴要哄"，"国宁寺下的钟，初一敲了十五还在嗡"（"嗡""ueng"在方言中读"ong"），"爹娘不嫌崽女丑，崽女不嫌爹娘穷"（"丑"在方言中念"song"）等。

未归入上列各辙的俗语一般有两个或两个以上相同的韵，也就是说出现了"换韵"的情况。如"火烧锅，雨梭梭；火烧鼎，晴过岭"前句押的坡梭辙，后句押的中东辙；"要练功，不能松；要练武，不怕苦"前句押的中东辙，后句押的姑苏辙；"筷子一举，可以可以；酒杯一端，政策放宽"前句押的一七辙，后句押的言前辙；"若要精，人前听；若要好，问三老"前句押的中东辙，后句押的遥条辙；"街上倒了一碗油，乡下说死了一条牛；街上掉了一片瓦，乡下说跌死了一匹马"前句押的油求辙，后句押的发花辙；"云往东，雨无踪；云往西，雨凄凄；云往北，好晒麦"（"麦"在方言中念"mei"）前句押的中东辙，中句押的一七辙，后句押的灰堆辙。

郴州俗语押尾韵时有一种特殊现象：押同字韵，即以音同字同的字押韵。汉语俗语中不避讳使用同字，甚至是大量使用，这与俗语的产生背景和流传范围有很大关系。因为普通民众一般不会咬文嚼字，而是注重顺口悦耳、易记易说。据统计，郴州俗语中出现这种音同字同的同字韵的一共有369条，约占押韵总条数的5.5%。例如："礼尚往来，有往有来"同以"来"收尾，"出门看天色，进门看脸色"同以"色"收尾，"桐油罐总是桐油罐，茶油罐总是茶油罐"同以"罐"收尾，"朋友朋友，有就友，没有就没友"都以"友"收尾，"新三年，旧三年，缝缝补补又三年"都以"年"收尾，"生得乖，时时乖；打扮乖，一时乖"都以"乖"收尾。

当然，同字韵不光在尾韵出现，也会在首韵和中韵出现。如"跟虎进山，跟鹰飞天"，"学好三年，学坏三天"，"三把锄头磨死草，三个姑娘磨死嫂"，"两个和尚一个庙，两个喇叭一个调"都是首字相同，首韵为同字韵。"饮酒望醉，读书望贵"，"鼓破众人捶，墙倒众人推"，"树直有人倒，人直有人恼"，"话讲三次不好听，饭炒三次不好吃"都是中韵为同韵字。俗语中之所以会存在大量同字韵现象，其原因在于"俗语同字押韵的特点承袭了中国古代诗歌复沓的传统，更利于口耳相传，形成一唱三叹之美。复沓的句子和句子之间只更换少数的词语，词句反复咏唱，形成一种回环美，合乎音乐美的节奏。俗语产生和流传过程中受古代诗歌的影响，下意识地使用这种形式，产生反复回环，舒缓迂回的音乐美的效果"①。

"同韵相合（习惯上叫押韵、叶韵，但同韵相合的范围要大）的作用有几个方面：一是通过声音的联系使不同语句（尤其是诗行）统一起来，形成一个整体；二是把关键语词置于韵脚位置从而突出中心意象或重要内容；三是使言语作品易诵易记，好传播，留余音。"②人民群众正是在用通俗易懂的语言准确表达内容的基础上，成功地运用了押韵这一语音手段，使得俗语在传播过程中既和谐整齐，又易诵易记，从而打动了使用者的心弦，产生了极佳的语用效果，使得人民群众乐于接受、乐于使用。

第三节　郴州俗语的节奏与平仄

俗语一般为口耳相传，其选材时特别讲究词语间的互相搭配，以产生悦耳的声音美感。为达此目的，俗语内部音节间应做到平仄相拗、合辙押韵、节奏鲜明。③上一节论述了郴州俗语的合辙押韵，这里就来看看郴州俗语在节奏和平仄方面的特点。

一、节奏鲜明

节奏是语言的脉搏，是形成语音修辞非常重要的因素。苏联奥夫相尼柯夫、拉祖姆内依认为，说话的艺术表现力和音乐性取决于节奏的特点。例如读李白的《静夜思》："床前 / 明月 / 光，疑是 / 地上 / 霜。举头 / 望 / 明月，低头 / 思 / 故乡。"再如读闻一多的《死水》："这是 / 一沟 / 绝望的 / 死水，清风 / 吹不起 / 半

---

①魏爽.汉语俗语修辞探究［D］.曲阜师范大学硕士学位论文，2009：19.
②段曹林.汉语语音修辞：选择、组配、谐拟［J］.修辞学习，2007（1）：43-46.
③王勤.俗语的构成和意义（俗语论之二）［J］.湘潭大学学报（哲学社会科学版），1998（1）：24-28.

点/漪沧，不如/多扔些/破铜/烂铁，爽性/泼你的/剩菜/残羹。"这里，由平仄和音节的停顿构成的节奏，加上诗句本身具有的形式美，很好地展现了语言节奏美的特质。

俗语是劳动人民智慧的结晶，"虽然主要是以口头形式存在的，但它远比一般口语更为注意节拍停顿的安排"①。冯胜利在其著作《韵律句法学》中说道，汉语自然音步的音节"小不低于二，大不过于三"②。它一般是两个或三个音节构成一个节拍，停顿灵活、平仄鲜明，达到了强化语言节奏、增强语言音乐美的表达效果，从而使语言富有了以声传情、利于记忆，易于上口、便于传诵的艺术效果。

停顿指语句或词语之间声音上的间歇，分语法停顿和逻辑停顿两种。人们在创造和使用俗语时，不是完全受语法停顿（标点符号）的制约，而常常是以语义为基础，遵循读音习惯，依照是否顺口来决定语句中的停顿。郴州俗语具有鲜明的节奏，其词语之间会有适当的停顿，每两个或三个音节构成一个节拍，以达到强化语言节奏、增强语言音乐美的表达效果。郴州俗语的节拍、停顿安排得比较得体，一般是以语义为基础，但有时不是根据意义，而是遵循人们的读音习惯，依照是否顺口来决定。

王勤先生认为：俗语"的节拍、停顿安排得十分得体。五、六言的俗语停顿以三节拍为主：八字/没/一撇；大意/失/荆州；打肿脸/充/胖子。七、八、九言的俗语停顿以四节拍为主：敬酒/不吃/吃/罚酒；不吃/咸鱼/少/口干。如果是由九言以上复句构成的俗语，则按分句多少划分为几部分，分句声音节奏大体符合五、六言或七、八、九言的规律。俗语节奏规律的确定受意群的制约，并与节拍的匀称、协调、上口、动听相关联"③。

郴州俗语的停顿节拍与王勤先生的分析有同有异。俗语一般多为单句和双句两种形式，偶尔出现多句形式。四言单句俗语的停顿都是二节拍，采取的节拍形式有"二二"式和"一三"式两种。如"人到/礼到""借风/起浪""树大/招风""水涨/船高""生意/生谊"都是"二二"式；"打/烂简子""炒/红锅子""邪/不胜正"都是"一三"式。正如王希杰在《汉语修辞学》中所指出的，"即使有些四字

---

①武占坤，马国凡.谚语（修订本）［M］.呼和浩特：内蒙古人民出版社，1983：86.

②冯胜利.韵律句法学［M］.上海：上海教育出版社，2000：95.

③王勤.俗语的构成和意义（俗语论之二）［J］.湘潭大学学报（哲学社会科学版），1998（1）：24-28.

④王希杰.汉语修辞学（第三版）［M］.北京：商务印书馆，2014：204.

格，从结构和意义上，必须作 '1//3' 或 '3//1' 式的切分，也不能读成 1//3 或 3//1，而应当依然读成 2//2"④。郴州俗语中的四言单句形式也是如此，如"打烂 / 筒子"，"炒红 / 锅子"。

五言单句俗语的停顿一般是二节拍，采取的节拍形式往往是"二三"式和"三二"式。例如："人活 / 一张嘴"，"一打 / 矮三分"，"红薯 / 半年粮"，"财明 / 义不疏"，"客来 / 主不顾"，"无病 / 便是福"，"好话 / 不用多"都是"二三"式；"搬石头 / 打天"，"赶鸭子 / 上架"，"头三脚 / 难踢"都是"三二"式。有时说话者为了表示强调，也会改变五言单句俗语的停顿及节拍形式，如"一打 / 矮三分"，"财明 / 义不疏"，"客来 / 主不顾"会说成"一打 / 矮 / 三分"，"财明 / 义 / 不疏"，"客来 / 主 / 不顾"，也就是将二节拍变成了三节拍，将"二三"式变成了"二一二"式。

六言单句俗语的停顿一般是三节拍，采取的节拍形式往往是"二二二"式。例如："一箩 / 斧头 / 冇把"，"一根 / 头发 / 遮脸"，"使口 / 不如 / 自走"，"肉上 / 掉到 / 肉下"，"杖大 / 不如 / 法大"，"远走 / 不如 / 近巴（巴：郴州土话，意思是贴紧）"的节拍形式就是"二二二"式。有少数六言俗语例外，如"空袋子 / 立不直"，"蛇死头 / 不死尾"的停顿是二节拍，节拍形式是"三三"式；"歪嘴 / 吹不得 / 风"，"牵牛 / 上不得 / 树"，"钱多 / 买不得 / 命"是三节拍，但节拍形式是"二三一"式。

七言单句俗语的停顿以三节拍为主，采取的节拍形式往往是"二二三"式。如"身上 / 有屎 / 狗跟踪"，"牛皮 / 写信 / 狗吃了"，"夹完 / 萝卜 / 没粥喝"，"掩紧 / 鼻子 / 吃酸酒"，"蚂蟥 / 咬人 / 两头叮"的节拍形式是"二二三"式。例外的如"卖油娘子 / 水梳头"，"有仇不报 / 非君子"，"雁过衡阳 / 三回头"，"哪边火大 / 烤哪边"的停顿是二节拍，节拍形式是"四三"式。

八言单句俗语的停顿以三节拍为主，采取的节拍形式一般是"三二三"式。如"京城里 / 也有 / 叫花子"，"一文钱 / 逼死 / 英雄汉"，"不当家 / 不知 / 柴米贵"，"软条子 / 不能 / 服硬柴"，"一口水 / 淹死 / 一屋人"的节拍形式就是"三二三"式。偶有例外，如"半斤的鲤鱼 / 八两胆"，"外来的和尚 / 好念经"常被说成二节拍，节拍形式是"五三"式。

以双句形式出现的郴州俗语，一般前后两句的字数相同、节拍一致，节奏大体符合四、五言或六、七言的规律。例如：

六言双句俗语一般直接在前句和后句之间停顿，为二节拍，节拍形式是"三三"式。如："听见风，／就是雨"，"卖凉粉，／又天阴"，"住乡村，／搁邻里（搁：主动搞好关系）"，"心换心，／一条心"，"主不饮，／客不乐"，等等。

八言双句俗语一般前后句停顿都是二节拍，节拍形式是"二二"式。如："糠饼／回炸——油水／不多"，"猪往／外拱，鸡往／里扒"，"为灭／虱婆，烧了／棉衣"，"鸡婆／生蛋，不得／安宁"，等等。

十言双句俗语一般前后句停顿都是二节拍，节拍形式是"二三"式。如："丫环／挂钥匙——当家／不做主"，"勤为／无价宝，慎是／护身符"，"少你／这片瓦，照样／盖宝塔"，"教得／徒弟好，打破／师傅脑"，等等。

十二言双句俗语一般前后句停顿是二节拍，但有的时候因说话者原因或语境的需要，节拍形式会有不同。如："吃自己的／流泪，吃别人的／出汗"，"一碗冷饭／易吃，一句冷话／难听"，"宁可节省／自己，不可怠慢／客人"的节拍形式是"四二"式。但有时会变成三节拍，节拍形式为"二二二"式，如"一碗冷饭／易吃，一句冷话／难听"变成"一碗／冷饭／易吃，一句／冷话／难听"，"宁可节省／自己，不可怠慢／客人"变成"宁可／节省／自己，不可／怠慢／客人"。

十四言双句俗语的停顿有两种形式，一种是三节拍，节拍形式是"二二三"式；一种是二节拍，节拍形式是"四三"式。如："木匠／屋里／冇凳坐，道士／屋里／鬼打锣"，"打鼓／不响／怪皮皱，不会／划船／怪河弯"，"三天／一来／当官到，一天／一来／狗钻灶"，"豆腐／多了／一包水，空话／多了／不值钱"是"二二三"式，也可说成"四三"式，就是"木匠屋里／冇凳坐，道士屋里／鬼打锣"，"打鼓不响／怪皮皱，不会划船／怪河弯"，"三天一来／当官到，一天一来／狗钻灶"，"豆腐多了／一包水，空话多了／不值钱"。

双句俗语中除了前后句字数相等的情况之外，还有前后句字数不等的情况。如九言双句俗语"镀金的／观音——有脸／无情"，"口直／心快，菩萨／不用拜"，"看庙／烧香，看菩萨／打卦"；十三言双句俗语"三个／铜钱／摆两处—— 一／是一，二／是二"，"好心／讨不到／好报，烧香／惹得／鬼叫"；等等。

从上述分析可以看出，俗语的节拍、停顿比较灵活，形式多样，存在一定的随意性。究其原因与俗语中表达的内容和感情有关。本书认为，俗语在节拍、停顿方面的"选择是受内容制约的，如果你表达的感情需要整齐一律的节奏，那你就选择诗以及与诗相适应的双音步、单音步；如果你表达的感情多变化，需要有快有慢的节奏，那你就选择词以及与词相适应的双音步、单音步；如果你表达的感情很细腻、复杂，那你就选择曲以及与曲相适应的三音步"①。

二、平仄相谐

同印欧语系相比，汉语在语音方面有着自身的特点。在汉语普通话音节结构中，元音占优势，同时声调是汉语普通话音节结构中必不可少的一个组成部分。汉语语音特点形成了它所特有的显著的音乐性——声音悦耳，音调柔和，节奏明朗，韵律协调。正如刘勰在《文心雕龙·声律》中所说，"异音相从谓之和，同声相应谓之韵"，此句话说出了汉语声、韵、调对立统一的组合形式。"如果语音流由完全相同的因素构成，而没有不同的成分，则不成律；如果完全不同，没有相同的成分，则不成调。只有在同与异的搭配中，才能显示出汉语它特有的音乐性的特点。"②

声调是汉语所特有的。古代汉语中有平声、上声、去声、入声四个声调，现代汉语普通话中有阴平、阳平、上声、去声四个声调。声调最早是由南北朝时期的周颙、沈约提出来的。"平"和"仄"是概括音节声调高低升降曲直长短变化的两种形式，"平"是指平声，"仄"是指上、去、入三声。唐释处忠《元和韵谱》："平声哀而安，上声厉而举，去声清而远，入声直而促。"明释真空《玉钥匙歌诀》："平声平道莫低昂，上声高呼猛烈强，去声分明哀远道，入声短促急收藏。"语流中利用汉语声调的特点，有规律地安排或调整字音中的抑扬顿挫、相间相重，可以使语音趋于平衡、稳定。正如沈约在《宋书·谢灵运传论》中写道："欲使宫（按：指平声）羽（按：指仄声）相变，低昂互节，若前有浮声（按：指平声），则后须切响（按：指仄声）。一简之内，音韵尽殊；两句之中，轻重悉异。妙达此旨，始可言文。"平仄间用，有高有低，有强有弱，在诗篇中形成一条音调和谐的波浪线，应该说，这就是汉语音律的特征。沈约揭示了汉语音律的特征，这是沈约的贡献。沈约的主张对后世产生了很大影响，沈约的理论在唐诗、宋词、元曲中得到了充分体现③。

---

①杨景祥.当代汉语诗歌必须讲究平仄、音步、节奏、押韵［J］.石家庄大学学报，1999（1）：46–50.
②程金玲.汉语成语平仄律浅论［J］.沧州师范专科学校学报，2011（1）：17–18.
③杨景祥.当代汉语诗歌必须讲究平仄、音步、节奏、押韵［J］.石家庄大学学报，1999（1）：46–50.

例如李白的《渡荆门送别》一诗：（平声"—"，仄声"｜"）

渡远荆门外，来从楚国游。

｜｜——｜，——｜｜—

山随平野尽，江入大荒流。

———｜｜，｜｜｜｜—

月下飞天镜，云生结海楼。

｜｜——｜，——｜｜—

仍怜故乡水，万里送行舟。

———｜｜，｜｜｜｜—

不但律诗有严格的平仄要求，就是散文、口语，都应该注意声调节奏的搭配，读来才朗朗上口。老舍说过："即使是散文，平仄的排列也该考究。'张三李四'好听，'张三王八'就不好听，前者是二平二仄，有起有落；后者四字皆平，缺乏抑扬。"无论古今，有名的优秀作品都非常注意声调节奏。不说作文，就连起名字也讲究平仄。郑燕萍在《汉族姓名语音修辞考察》一文中以实际的姓名调查为据，发现三字名和两字名声调属于抑扬型的比例都不低，三字格抑扬型姓名占 56%，加上部分抑扬型的声调 37%，共占 93%；两字格姓名异调组合的比例为 72%，仍占绝对优势；两字或三字同调的情况只是少数。这种情况告诉我们，人们取名时能对三字同调现象自觉地规避。[①]由此可知，声调的平仄搭配是众人皆为关注的。

俗语来自口头语，主要靠口耳相传，自然也不会像格律诗那样严格地遵循平仄相对、平仄相间等原则，但也不可能不关注语流中的声调平仄搭配，一般不会出现一平到底或一仄到底的现象。人们在创作俗语以及传播俗语的过程中会自然而然地运用平仄的交替变化，以使声音起伏跌宕、悦耳动听，增强语言的音乐性，使他人乐听善记，从而有利于俗语的大范围流传。

例1　外孙／狗（2+1　二拍）

　　　｜—　｜

例2　杀鸡／好客名（2+3　二拍）

————　｜—　｜｜—

①郑燕萍.汉族姓名语音修辞考察［J］.修辞学习，2007（1）：47-50.

例3　人穷／断六亲（2+3　二拍）
　　　——｜｜—

例4　白鸡仔／打眼（3+2　二拍）（打眼：方言，显眼，意为惹人注意。）
　　　——｜　｜｜

例5　牛马／走路／蹄踏蹄（2+2+3　三拍）
　　　—｜　｜｜　—｜—

例6　削尖／脑袋／入砂罐（2+2+3　三拍）
　　　——　｜｜　｜—

例7　撒了尿／还想／睡干床（3+2+3　三拍）
　　　——｜　—｜　｜——

例8　墙上／挂门帘——冇门（2+3，2　三拍）
　　　—｜　｜——，　｜—

例9　白炭里／放盐——白费（3+2，2　三拍）
　　　—｜｜　｜—，　—｜

例10　七个／铜板／两人分——不三／不四　（2+2+3，2+2　五拍）
　　　｜｜　——　｜—，　｜—　｜｜

例11　待客／杯杯满，打酒／争一分　（2+3，2+3　四拍）
　　　｜｜　——｜，｜｜　—｜—

例12　牛无力／拖横犁，人无理／讲蛮话　（3+3，3+3　四拍）
　　　——｜　——，——｜　—｜

例13　入山／不怕／伤人虎，只怕／人情／两面刀（2+2+3，2+2+3　六拍）
　　　｜—　｜｜　——｜，｜｜　——　｜｜—

　　例1至例7中的平声和仄声交替相间，形成平仄律；例8至例13的上下句停顿恰当、平仄相对构成了音顿律和平仄律，另外上下句最后一字声调形成对比；例12 "犁"是"平声"，"话"是"仄声"，例13 "虎"是仄声，"刀"是平声，这样使语句具有一扬一抑或一抑一扬的语音特点，形成扬抑律。俗语运用平仄律、音顿律以及扬抑律等多种节奏形式，使得语音错落有致，充分体现了郴州俗语在语音修辞中的节奏美和音律美。

　　在汉语的发展历史中，俗语历时久远、传播广泛，是语言学领域的一颗璀璨明珠。王勤说："声音的平仄变化，节奏的鲜明，韵脚的和谐，构成了俗语优美的外部形态，使俗语在汉语词汇材料中独具风采，富有以声传情，以情感人，利于记忆，便于上口的艺术效果。"①的确如此，郴州俗语通过合理调配响度、适当运用押韵、强化使用节奏，使得语音响亮悦耳、语言朗朗上口，体现了语音的音乐美、和谐美和节奏美，体现出语音修辞的美感性能，从而具有了无穷的语言艺术魅力和极强的言语表现力。

第四节　　郴州俗语的声调艺术

郴州方言众多，有西南官话、赣方言、客家方言，还有归属不明的湘南土语。不同的方言拥有不同的声调艺术。本书以郴州市永兴县境内流传的俗语为研究对象，从声调角度进行探究。郴州市永兴县位于湖南省东南部，耒水中游，东经 112° 43′ ~113° 35′，北纬 25° 58′ ~26° 29′，是郴州市第二大县，黄克诚大将的家乡。永兴县东依资兴，南邻郴州，西接桂阳，北接安仁和耒阳，总面积 1979.4 平方公里，下辖 25 个乡镇。

根据中国社科院和澳大利亚人文科学院合编的《中国语言地图集》的划分，永兴方言属于赣方言耒资片。本书所研究发音属于永兴县城城关的老派口音，以胡斯可在《方言》上发表的《湖南永兴赣方言同音字汇》一文的记音为准。本书主要以《永兴民间歌谣与谚语》收录的 2300 条谚语为语料，另有小部分语料来自作者自身的调查收集。

"每一个语言本身都是一种集体的表达艺术。其中隐藏着一些审美因素——语音的、节奏的、象征、形态——是不能和任何别的语言全部共有的……艺术家必须利用自己本土语言的美的资源。"②作为一种独特的语言现象，俗语是社会文化的一面镜子，承载着厚重的文化内容。俗语是口语的艺术，它之所以能够吸引人，为人

---

①王勤.俗语的构成和意义（俗语论之二）[J].湘潭大学学报（哲学社会科学版），1998（1）：24-28.
②汪如东.汉语方言修辞学 [M].上海：学林出版社，2004：46.

民群众世代传诵，"固然是由于它有丰富深刻的内容，给人们的思想行为以启发、教育，可是它那完美的艺术形式对表达内容上的积极作用也是不可忽视的"①。而俗语拥有完美艺术形式的重要因素就是高低起伏、抑扬顿挫的声调变化。

汉语的音节是由声母、韵母和声调三部分组成。在一个音节中，主要元音和声调是不可缺少的。刘复先生称声调为音节之"神"。确实如此，汉语音节如果没有声调，又哪来高低起伏、抑扬顿挫，又如何能形成令人着迷的音乐美感呢？口耳相诵、世代流传的永兴俗语不仅数量众多、寓意深刻，而且形式简短、声调和谐，极富乐感。它完美的声调艺术主要体现在以下两个方面。

一、飞沉相配，抑扬顿挫

声调是汉语所特有的，其高低变化极富音乐之美。刘勰在《文心雕龙·声律》中对声调有过精彩论述："凡声有飞沉，响有双叠。双声隔字而每舛，迭韵杂句而必睽；沉则响发而断，飞则声飚不还，并辘轳交往，逆鳞相比。"这里的"飞"指平声，"沉"指仄声，"辘轳交往，逆鳞相比"则是指平仄相配会使音调和谐。"一句都用声沉的字，即仄声字，便抑而不扬，虽发出响声，好像断而不续。一句都用声飞的字，即平声字，便扬而不抑，声像飞扬出去而不能回还。抑扬不能交错，都会违反节奏音律。所以要求飞沉相配，使声调和谐。"②

俗语来自人民群众的口头创作，大家深知顺口悦耳方能世代传诵，因此虽未像律诗那样严格遵循平仄相对、平仄相间的原则，但也未出现一平到底或一仄到底的现象。俗语充分利用声调的特点，有规律地安排或调整字音中的抑扬顿挫、相间相重，使语音趋于平衡稳定，富有起伏跌宕、悦耳动听的效果。永兴方言有五个声调，分别是阴平 44、阳平 35、上声 41、去声 13、入声 21。阴平、阳平归"平声"；上声、去声、入声归"仄声"，"平声具有可延性，仄声具有顿挫性，平仄交替，抑扬顿挫"③。

俗语来自人民群众的口头创作，受其创作者和接受者的文化背景、身份地位等因素的限制，它不要求像古典律诗那样严格遵循本句平仄相间、对句平仄相对的原

①王勤.汉语熟语论［M］.济南：山东教育出版社，2006：282.
②吴洁敏，朱宏达.汉语节律学［M］.北京：语文出版社，2001：96.
③杨秀明.漳州方言声调与地域文化研究［M］.北京：中国社会科学出版社，2008：185.

则，它的平仄变化具有多样性。汉语基本节奏层的四字格平仄律有三种基本格式：第一种是对立型平仄律（平平仄仄或仄仄平平），第二种是往复型平仄律（平仄平仄或仄平仄平），第三种是回环型平仄律（平仄仄平或阳阴阴阳）。①例如："冬天麦盖三层被，来年枕着馒头睡"的平仄是"平平仄仄平平仄／平平仄仄平平仄"，两个对立型平仄律句子连用，平仄规律变化形成语音整齐美。"麻雀虽小，肝胆俱全"的平仄是"平仄平仄／平仄仄平"，上句是往复型平仄律，下句是回环型平仄律，上下句末字平仄相对，整句以平声收尾，语音舒缓响亮。而"女大十八变，越变越好看"的平仄却是"仄仄平平仄／仄仄仄仄仄"，整句话虽以仄声居多，但因"变"和"看"形成押韵，加上"好"字在四个去声包围中调型突变，语音链上同样具有了一定的音乐性，从而得到认可和流传。永兴俗语的平仄变化比较灵活多样。有小部分俗语平仄运用较有规律，语音上错落有致，使得声音富有整齐的韵律美，利于俗语的传诵。例如：

（1）人心隔肚皮②。

　　——｜｜—

（2）嫩笋高于竹。

　　｜｜——｜

（3）只重衣衫不重人。

　　｜｜——｜｜—

（4）一个山头一个王。

　　｜｜——｜｜—

（5）六十六③，学不足。

　　———，｜｜｜

（6）口头蜜蜜甜，心头锯锯镰。

　　｜—｜｜—，——｜｜—

---

① 吴洁敏，朱宏达.汉语节律学［M］.北京：语文出版社，2001：116—117.
② 注释："人心隔肚皮"里的"隔"中古音是"见母麦韵入声"，胡斯可《湖南永兴赣方言同音字汇》一文中记录的发音为［ke21］，永兴话中也是入声。
③ 注释："六十六"中的"六"和"十"有文白两读。"六"的文读音是入声［lu²¹］，白读音是阴平［liw⁴⁴］；"十"的文读音是入声［s1²¹］，白读音是阴平［ʃi44］。因俗语具有较强的口头性，所以本书中选用了白读音。

（7）穷秀才①，富武官。

　　— ｜ ｜，｜ ｜ —

　　平声和仄声在这些俗语中交替相间，构成了语音高低、舒促的对比，形成了飞沉律（也就是平仄律），构筑了抑扬顿挫的音乐美。平仄的交替出现，充分满足了人们平衡变化又变化平衡的要求。例（1）至例（4）是以单句形式出现，前两句都是五言俗语，平仄变化大体符合对立型平仄律。后两句都是七言俗语，平仄变化很有规律，既做到了平仄相间，又做到了仄起平收，形成了语音的和谐回环美。例（5）至例（7）属于复句形式，例（5）是平仄相对，语音链上的主旋律是平仄律和音顿律相叠；例（6）是反复型平仄律中套用了对立型平仄律；例（7）则运用了回环型平仄律。单句形式的俗语，平仄相间、抑扬有度；对句形式的俗语，同样遵守了平仄律，上下句或平仄相对形成顿挫美，或平仄相连又具有了回环美。如此一来，这些永兴方言俗语读起来上口，记起来上心，自然也就广为流传了。设想一下，如果这些谚语一平到底，就会显得繁冗拖沓；一仄到底，则又会寡淡无味。如此一来，方言俗语语音的音乐美又怎能体现？

　　当然，大部分的永兴俗语的平仄运用不像上述例句那么有规律，平仄变化比较自由，但一定会避免一平到底或一仄到底，大都是平仄交错或平仄相连，语音趋于平衡稳定，这样声音就富有了起伏跌宕的效果，同样利于俗语的广泛流传。例如：

（8）一箩斧头冇把。

　　｜ — ｜ — ｜ ｜

（9）新妇总要见家娘面。

　　— — ｜ ｜ ｜ — —

（10）上坡脚杆软，下坡脚杆闪。

　　｜ — ｜ ｜ ｜，｜ — ｜ ｜ ｜

（11）牛角不尖不过界，马尾不长不扫街。

　　— ｜ 才 — ｜ ｜ ｜，｜ ｜ ｜ — ｜ ｜

　　另外，从上述例子中不难看出，永兴方言俗语中声调搭配平声占劣势，而仄声占优势。仄声占优势，一方面是因为在永兴方言中仄声的调类多于平声。平声包括了阴平和阳平，而仄声除包括上声和去声外，还包括了入声。另一方面是因为声调

────────────

①注释："穷秀才"里的"才"在永兴话里的读音是［ tsʰe²¹］，胡斯可的《湖南永兴赣方言同音字汇》一文认为：这并不是语音演变的结果，而是受西南官话郴州话的影响，永兴话有部分古浊平声字读为入声。

和语言的表达效果有密切关系。一般说来，平声读起来声调平缓，口气较轻；仄声读起来语调曲折多变，口气较重，利于表达劝诫、讽刺或戏谑的语气。永兴俗语中表劝诫、讽刺、戏谑的语气较多，自然也就多使用仄声了。

二、精选尾调，协调语意

"从声调角度看，对句尾字调进行匠心独运的选择和搭配，不仅能使句音流转回环、抑扬顿挫，增添熟语的韵律美，还能协调语意，更恰切地表达一定的思想内容。"①这也正符合刘勰所倡导的声与情符、情以声显的用声原则。尾调的选用主要有以下两种方式：

（一）同调法

同调法是指选择韵母声调完全相同的字，前后照应，形成流转回环的音乐美。汉语俗语中从不避讳使用同字，句末字同音就形成了同字韵。这些同韵字在相同的位置上，每隔若干字词，让同一元音和同样调值再重复一次，造就了语音反复回环的音乐美和整齐和谐的节律美，这样读起来顺口、听起来悦耳，并能表现谚语的节奏和情绪的起伏，有利于记忆和传诵。这类俗语在永兴方言中很多。

第一种情况：调同，字不同。也就是说前后句子中，处于句末的字韵母声调完全相同，但字形不同。例如：

（1）吃饭吃一桶［tʰoŋ⁴¹］，走路要人宠（推）［tsʰoŋ⁴¹］。

前句尾字是"桶［tʰoŋ⁴¹］"，后句尾字是"宠（推）［tsʰoŋ⁴¹］"，韵母和声调是完全相同的，同样的韵和调，表达了同样的厌恶之情："吃饭吃一桶"是"好吃"，"走路要人宠（推）"喻指"懒惰、不干活"，好吃懒做之人岂不令人厌恶？

（2）不讨新妇急得跳，讨了新妇气出尿。

这里的"新妇"就是"媳妇"。上句中老太婆上蹿下跳，为儿子讨媳妇一事心急如焚；下句中老太婆却因与媳妇产生矛盾，气得脸青肚子鼓。一"跳［tsʰiɣ¹³］"一"尿［iɣ¹³］"，韵同调同而情形突变——由"急"变"气"，对比鲜明，形象生动。

（3）有事喊公公［koŋ⁴⁴］，冇事脸朝东［toŋ⁴⁴］。

这句谚语揭露了那种"过河拆桥"的小人的丑恶嘴脸。"公公"是高平调，表现了有事求于他人时的那种亲密状态，而后句的一个"东"字，同样的高平调让人看

①杨秀明．漳州方言声调与地域文化研究［M］．北京：中国社会科学出版社，2008：183．

到的却是"翻脸不认人"。

（4）水牛打交（打架）角对角 $[k^{21}]$，公鸡打交啄脑壳 $[x^{21}]$。

这句谚语表面上是描写水牛打架和公鸡打架时的动作，实际上表明了永兴人的刚强性格。《郴州市志》记载："古时，郴地偏僻，民性剽悍，民风淳朴。"永兴人不但敢于斗争，而且有勇有谋。"角"和"壳"的下降调型仿佛告诉大家对待敌人下手要"快、准、狠"。

（5）看自己一朵花 $[xo^{44}]$，看别人豆腐渣 $[tso^{44}]$。

（6）到了山里才砍柴 $[ts^ha^{35}]$，到了河边才脱鞋 $[xa^{35}]$。

（7）送崽读书 $[\int y^{44}]$，不如带崽赶墟 $[\int y^{44}]$。

（8）冬瓜奈不何 $[x\upsilon^{35}]$，奈何芋头婆 $[p\upsilon^{35}]$。

（9）驴子累到死 $[s\imath^{41}]$，画眉吃鸡子（鸡蛋）$[ts\imath^{41}]$。

第二种情况：调同，字相同。即各句中句末的字是同一个字，读音也不会产生变化，形成同音反复。"同音反复却是一种很好的修辞手段。'在写作中，要是能从实际需要出发，在句子中或邻近句子中恰当运用同音词的反复，倒能提高语言的效果，产生一种诙谐的情趣。'"[1]写作中如此，俗语中也是如此。

（10）早起梳头好看 $[k^h\varepsilon^{13}]$，日中梳头难看 $[k^h\varepsilon^{13}]$，夜晚梳头鬼看 $[k^h\varepsilon^{13}]$。

（11）天一半 $[p\varepsilon^{13}]$、地一半 $[p\varepsilon^{13}]$，麻雀老鼠各一半 $[p\varepsilon^{13}]$。

（12）妇娘是别个的好 $[x\gamma^{41}]$，文章是自己的好 $[x\gamma^{41}]$。

（13）白日磨床脚 $[t\int i\upsilon^{21}]$，夜晚磨凳脚 $[t\int i\upsilon^{21}]$。

例（10）和（11）两句俗语的句末用了相同的低升调型，但表现的情趣各有不同。"好看""难看""鬼看"分别对应"早""中""晚"，是越看越难受，传达了对过分打扮的反感。"一半"没了，又"一半"没了，田里的收成全成了别人的囊中之物，自己还有什么？无奈真无奈！例（12）和（13）两句俗语句末都用了下降调型，都是在批评不良现象：例（12）批评了旧时男人的一些自私和过分自我的现象，例（13）是批评有的人作息习惯不好，早晚颠倒。

第三种情况：调同，字部分相同。这种情况多出现在由三个及三个以上句子组成的俗语之中。在永兴方言俗语中，这类俗语数量不多。主要原因是俗语具有口语性，而口语交际讲求语言经济，字数、句数偏多的俗语，不利于创造和流传。例如：

---

①何明延.同音相犯与同音反复［J］.修辞学习，2006（3）：74–76.

（14）东赚钱［tʃʰie³⁵］，西赚钱［tʃʰie³⁵］，不如灌水就犁田［tʃie³⁵］。

（15）男也勤［tʃiən²¹］，女也勤［tʃiən²¹］，哪怕家业做不成［tʃiən²¹］？

（16）天不怕［pʰo¹³］，地不怕［pʰo¹³］，老虎屁股也要摸一下［xo¹³］。

（17）男也懒［lɛ⁴¹］，女也懒［lɛ⁴¹］，落雪落雨翻白眼［ɛ⁴¹］。

（18）斋公心［sən⁴⁴］，斋公心［sən⁴⁴］，三斤豆腐两斤称［tʃʰən⁴⁴］。

这些俗语中都使用了同调押韵。同调押韵的好处是显而易见的。一是体现了语言的经济原则。既省去了"咬文嚼字"之繁琐，也实现了"口耳相传"之便捷。二是继承了中国古代诗歌复沓的传统。俗语中相同字词的反复吟唱，造就了回环的音乐美和整齐的节奏美，富有极强的乐感。三是以音衬义，以声传情，做到了语音形式和语义内容的较好结合。

（二）换调法

换调法就是选用韵母不同、字调平仄各异的音节交替组合在一起，相互对照，运用得当同样能表达情绪变化，产生积极的修辞效果。运用换调法的俗语句末字调往往一仄一平、一低一高、一降一升，使得语调忽扬忽抑、忽起忽伏，既切合谚语句子的表意，又呈现出了声调艺术的另一个侧面：顿挫美和舒缓美。这种谚语数量很多。例如：

（19）人前花一朵［tʊ⁴¹］，背后刺一根［kən⁴⁴］。

前句尾字"朵［tʊ⁴¹］"是上声下降的调型，后句尾字"根［kən⁴⁴］"是阴平高平的调型，一仄一平，两相对比，形象地再现了卑鄙小人的言行举止：小人不会言行一致，不会诚信待人，他们擅长使花招，经常当面一套，背后一套。声调的变化提醒人们提高警惕："花一朵"是表面假象，"刺一根"才是小人的真正面目。

（20）吃了你的有菜饭［fɛ¹³］，耽误我的冇菜工［koŋ⁴⁴］。

这句俗语用直白的语言告诉我们一个朴素的道理：别人家的饭菜再好也是别人的，自己的要靠自己的辛苦劳作才有收获。有"饭"吃固然好，但"自己动手，丰衣足食"。这句俗语在前句句末低升调的基础上拔高调值，最后以一个高平调收尾，表明了自己的态度，体现了自己的立场。

（21）活人拜木头［te³⁵］，蠢得像头猪［tʃy⁴⁴］。

这是句骂人的话，骂那种只拜菩萨不敬双亲的不孝子孙。永兴人讲"礼"，他们继承了中华民族尊老爱幼的优良传统。句末的高调透露了对不孝子孙的极度痛恨。

（22）吃了三斤猪板膏 [kɣ⁴⁴]，还装作一副饿痨相 [ʃiɔ¹³]。

这也是一句骂人的俗语，骂那种吃了不认账、吃了还要吃的人。前句夸大其词，后句语意转折。句末字调对应语意呈现前高后低、前平后升的变化，传递了说话者的不满和厌恶。

下面再列举一些语例：

（23）气死不告状 [tsɔ¹³]，饿死不做贼 [tsʰe⁴⁴]。

（24）捉光虱婆好困觉 [kɣ¹³]，消灭害虫好长禾 [ʊ³⁵]。

（25）叫花子碰着饿鬼 [kui⁴¹]，贼牯子遇着强盗 [tɣ¹³]。

（26）蠢鸡婆抱鸡崽 [tse⁴¹]，蠢外婆带外孙 [suən⁴⁴]。

（27）豆腐多了一包水 [ʃy⁴¹]，空话多了冇人听 [tʰən¹³]。

（28）猫咬猪尿泡 [pʰɣ⁴⁴]，空欢喜一场 [tʃʰiɔ²¹]。

（29）茅茨占到 [tɣ¹³]，屎又不屙 [ʊ⁴⁴]。

（30）三十年前娘教崽 [tse⁴¹]，三十年后崽教娘 [liɔ³⁵]。

（31）正想困觉 [kɣ¹³]，送来个枕头 [te³⁵]。

"言语是构成文章、表达人的思想感情的关键，而言语的音律，是协调人的口吻的，当然也与所表达的思想感情密切相关。"[①] "人的喜怒哀乐，一切骚扰不宁、起伏不定的情绪，连最微妙的波动，最隐蔽的心情，都能由声音直接表达出来，而表达的有力、细致、正确，都无与伦比。"[②] 从上述例子来看，永兴俗语对尾调的选用呈现多样化，它力求在多样中寻求整齐，在不同中寻求协调，做到了韵律和情感的和谐结合。

王力先生说："在音乐理论中，有所谓'音乐的语言'，在语言形式美的理论中，也应该有'语言的音乐'。音乐和语言不是一回事，但是二者之间有一个共同点：音乐和语言都是靠声音来实现的，声音和谐了就美，不和谐就不美。整齐、抑扬、回环，都是为了达到和谐的美。在这一点上，语言和音乐是有着密切联系的。"[③]

永兴方言俗语回环整齐、抑扬和谐，它利用精心选择的尾调、巧妙搭配的平仄，圆满实现了音乐和语言的紧密结合，其和谐的声音造就了完美的艺术形式。

①童庆炳.《文心雕龙》"声得盐梅"说 [J].社会科学战线，2011（3）：213-219.

②丹纳 [法].艺术哲学 [M].傅雷，译.北京：人民文学出版社，1963：39.

③梁军.普通话语音修辞探索 [D].福建师范大学硕士学位论文，2006：4.

第四章　郴州俗语的语义分析

　　俗语是语汇的重要组成部分，语汇意义的研究是语义学的重要课题。体验认知观认为，人类的生活体验是人类概念、思维、推理和语言形成的基础。从根本上说，人类的心智和意义表征都源于身体对外部世界的感知经验。[①]俗语作为语言的一个组成部分，它的形成和人们对它的理解必然也是建立在人类对外部世界的体验的基础之上。人们把日常生活中的现象和自己的观察、感受通过隐喻形式表述出来，形成带有地域特色的俗语。

　　郴州俗语的产生、发展和流传，与郴州人民群众的自身体验有着密切联系，这种联系通过俗语的意义得以反映。俗语的意义包括理性意义和色彩意义。俗语的理性意义有时通过字面意义组合进行表达；有时则与字面意义不同，必须通过推导才能知其实际意义。俗语的形象色彩具体生动，情态色彩褒贬分明，语体色彩质朴多变。俗语色彩意义呈动态变化，使用者须关注其具体运用。

[①]王寅.语言哲学研究：21世纪中国后语言哲学沉思录（下）[M].北京：北京大学出版社，2014：506.

第一节　郴州俗语的理性意义

每条俗语都有一定的理性意义。从表意方式上看，俗语有字面意义和实际意义。有的俗语是通过字面意义的相加来表达它的整体意思，其字面意义就是它的实际意义，即字面意义与实际意义相一致；有的俗语字面不直接表达实际意义，其实际意义是俗语字面内的更深一层意义，也就是说字面意义和实际意义不一致。"汉语谚语一般可分为两类：非隐喻性谚语和隐喻性谚语。非隐喻性谚语通常是根据字面意义理解的谚语，……隐喻性谚语不仅有字面意思而且还有隐含意思，字面意思是隐含意思的基础。隐喻性谚语往往通过某种现象或事件来映射其他类似的现象或事件。换句话说，隐喻性谚语是用熟悉的认知域来映射其他不熟悉的认知域，以便达到更好理解谚语所传达意思的目的。"[①]鉴于此，本书从认知角度运用概念隐喻理论来分析郴州俗语的意义。

一、字面意义和实际意义相一致

中国是一个农业大国，湖南是一个农业大省，郴州是农耕文化的发源地。在郴州俗语中，字面意义和实际意义相一致的主要是气象谚与农谚，数量较多。气象谚和农谚均来自人民群众对气象变化和农业生产的具体观察和实践经验。气象谚和农谚一般可以直接按照字面意思进行理解，属于非隐喻性谚语。如：

（1）日头生毛，雨水泡泡。

（2）有雨云戴帽，无雨云拦腰。

（3）早晨红天有雨落，晚上红天天晴多。

（4）星光含水雨将临。

[①] 张慧智. 汉语谚语中的概念隐喻分析［J］. 长治学院学报，2017（3）：75-78.

（5）钩钩云，雨淋淋。

（6）乌云接落日，不落今日落明日。

（7）若要吃饱饭，谷种年年换。

（8）早稻水上漂，晚稻插过腰。

（9）作田冇巧，只怕肥少。

（10）十月无霜，春米无糠；十月多霜，粮油满仓。

例（1）至例（6）都是气象谚，来自人民群众对气象变化的仔细观察。例（1）通过观察太阳被含水汽多的云层包围而得到会下大雨的结论。例（2）通过云层是在山顶还是山腰判断有雨没雨。例（3）与"朝霞不出门，晚霞行千里"的意思一致，通过早晨或夜晚出现红霞来判断是天晴还是下雨。例（4）中的"星光含水"意思是星星周围有个亮圈，看上去蒙蒙亮，表明空气中水分充足，是将要下雨的预兆。例（5）中的"钩钩云"也叫"钩卷云"，是大雨要来的预兆。例（6）意思是当太阳下山时与乌云相连，就预示着马上要下雨。

例（7）至例（10）都是农谚，来自人民群众对农业生产的实践经验。例（7）意思是说谷种要年年换，才能得丰收；例（8）是指插秧的技巧，早稻要插得浅一些，晚稻要插得深一些；例（9）指种田没有其他的妙招，关键在于施肥是否充足；例（10）说的是天气与收成之间的关联，与"十月份下霜，收成一定好"意思一样。

还有一些是人民群众对生活经验和常识进行总结而成的俗语，其字面意义和实际意义也表现出一致性。如：

（11）蜜蜂晚出早归巢，天气将雨早知道。

（12）日求三餐饱，夜求一宿安。

（13）晚饭少吃口，活到九十九。

（14）猪要吃叫，鱼要吃跳。

（15）吃了端阳粽，棉被上屋栋。

例（11）的意思简单明了，人们从蜜蜂"晚出早归"的反常行动中得出将要下雨的结论。例（12）指人的需求其实很简单，只要吃得饱睡得好就是幸福。例（13）是人们对养生之道的经验总结，即晚饭不要吃得过饱，吃少点才能健康长寿。例（14）是告诉大家要注意饮食，饮食应讲究新鲜。例（15）告诉大家端午节过后，天气已逐渐变暖，不需要盖厚厚的棉被了，主妇们可以将棉被收起来了。

二、字面意义和实际意义不一致

字面意义和实际意义不一致的意思是指俗语的实际意义不能简单地从构成它的字面材料（词）和结构关系推导出来，这类俗语数量较多。从表意方式来看，俗语的字面意义和实际意义互为表里、对立统一、不分主次，但俗语的"字面意义只是表达实际意义的导体，不具有实际的交际表义功能"[①]。根据前文所说，这种具有双重意义的俗语应该属于隐喻性俗语，它"往往是从身体对物理事件的感知而获得的，是直观的、熟知的、较易理解的，跟直接的身体体验密切相关，而形成的概念或这些概念折射的语义是不易理解和较抽象的"[②]。如：

（1）要学蜜蜂采蜜，不学蜻蜓点水。

这句俗语来自人们的生活感受，表层意义是对"蜜蜂采蜜"行为的赞许，对"蜻蜓点水"行为的不认可，其深层意义是学习要勤奋。分析其中的隐喻结构，可以发现"蜜蜂""蜻蜓"是动物认知域中的两个组成部分，但在这句俗语中，它们与目标域"人"这个概念相联系；"蜜蜂采蜜"这个动作映射人学习知识时的努力勤奋，"蜻蜓点水"这个动作映射人在学习时的浅尝辄止。这句俗语让大家直观明白地知道了人在学习中应像蜜蜂采蜜一般不辞辛苦，才会有收获。

（2）只见和尚分馒头，不见和尚受戒苦。

这句俗语来自人们对生活事件的观察，表层意义是对"和尚分馒头"行为清楚认知和对"和尚受戒"行为的忽视，其实际寓意为只看到别人的收获和成功，没看见别人的付出和辛苦。"馒头"是食物认知域中的组成部分，映射的目标域是收获、成功；"受戒"是佛教领域的一种宗教仪式，映射的目标域是付出、辛苦。人民群众从大家熟悉的事情中获知了一个抽象的道理：看到别人成功的同时，也要看到别人为此付出的代价。[③]

①王勤.俗语的构成和意义（俗语论之二）[J].湘潭大学学报（哲学社会科学版），1998（1）：24-28.
②寇福明，高彩凤.从体验哲学角度探讨谚语语义生成的认知理据[J].外国语文，2013（2）：95-98.
③马建东，温端政.谚语辞海[Z].上海：上海辞书出版社，2017：1465.

（3）上山要防花脚蚊，下山要防水蚂蟥。

这句俗语来自人们的生活经验，表层意义是上山要提防"花脚蚊"，下山要提防"水蚂蟥"，其实际寓意为做事之前要对可能发生的危险做好防范。"花脚蚊"会传播很多疾病，给人的健康带来危害；"水蚂蟥"叮人吸血后容易引起感染，危害人的身体健康。这句俗语中，赋予了"花脚蚊"和"水蚂蟥"隐喻义，其映射的目标域就是危险。

（4）勤是摇钱树，俭是聚宝盆。

这句俗语是人们的人生感悟，其实际寓意很好理解，就是勤俭节约能生财致富。"摇钱树"的字面意义是"摇落金钱的树"，实际意义是"喻指钱财滚滚"；"聚宝盆"的字面意义是"聚敛财宝的盆"，实际意义是"喻指钱财数不胜数"。"摇钱树"映射目标域"勤"，意思是辛勤工作能创造财富；"聚宝盆"映射目标域"俭"，意思是节约开支能积累财富。人们通过具象的"摇钱树"和"聚宝盆"映射抽象的"勤"与"俭"，使勤俭才是致富根本的抽象道理变得浅显明白。

（5）三斤子姜，当不得一斤老姜。

这句俗语来自人们的生活经验，其字面意义是说"子姜（嫩姜）的食疗价值比不上老姜"，实际意义常常是说"年轻人在很多方面比不上年纪大的人，因为年纪大的人经验更丰富，做事更周全"，也就是"姜还是老的辣"。俗语中选用人们生活中常见事物"子姜""老姜"分别映射年轻人和老年人，反映出年轻人的稚嫩和老年人的老到。

总而言之，俗语的内容涉及了人们生活中的诸多方面，是人们的认知与客观世界互动的结果。非隐喻性的俗语字面意义与实际意义是基本相同的，而隐喻性"俗语的字面意义和实际意义是个别和一般的关系。字面意义所表达的只限定在某一具体形象事物或情节上。实际意义则不同，它具有概指的普遍意义"[①]。隐喻性俗语的意义植根于人类的日常感受和生活经验，其意义"双重性的实现是通过隐喻的发生作为媒介的，而且这种双重性的实现并不是某一个人认知的结果，是某一种语言长期发展的结果或者说是某个语言团体语言认知的结果"[②]。

---

①王勤.俗语的构成和意义（俗语论之二）［J］.湘潭大学学报（哲学社会科学版），1998（1）：24-28.
②寇福明，高彩凤.从体验哲学角度探讨谚语语义生成的认知理据［J］.外国语文，2013（2）：95-98.

第二节　　郴州俗语的色彩意义

王勤先生指出："从俗语意义构成方面来看，俗语有核心义和色彩义两类。俗语的核心意义是指俗语所含有的本义，俗语的色彩意义是指附着于本义之上的意义。俗语的色彩意义有三种：形象色彩意义、情态色彩意义和风格色彩意义。"[①]一般认为，"色彩意义是词义中可以做出独立分析的意义内容，但由于是客观对象次要属性的反映，不得不借助词汇意义的躯壳存在"[②]。俗语色彩意义丰富的内涵及其较强的变化性，使其蕴含了一种独特的韵味和格调。本书着重从形象、情态和风格三个方面探讨郴州俗语的色彩意义。

一、形象色彩意义：具体生动

丰富的形象色彩，是现代汉语语汇的一个可贵特色。形象色彩意义是指语言在表达一定的实际意义的同时所呈现出来的一种鲜明的形象感，也即当人们看到或听到某条俗语时，俗语中涉及的"客观事物的形象直接作用于我们的器官，反映在大脑中所产生的心理印象以及由此而产生的关于客观事物形象的联想"[③]。这里的"形象"既包括视觉形象，也包括听觉形象、触觉形象等。俗语中构筑出的形象主要是动态感很强的视觉形象。例如：

（1）苍蝇叼粒饭，也要追过三栋屋。

这句俗语是讽刺那种过分小气、"葛朗台"似的吝啬鬼。俗语中的"苍蝇""饭"和"屋"分开看形象单一，可一加上"叼"和"追"，顿时鲜活起来。整句俗语让人们眼前仿佛出现了一场闹剧：一只苍蝇嘴里叼着一点点饭在前面振翅疾飞，一个人在后面挥舞着手紧追不舍；那人一边追一边仿佛在喊："把饭还给

①王勤.俗语的构成和意义（俗语论之二）[J].湘潭大学学报（哲学社会科学版），1998（1）：24-28.
②杨振兰.词的色彩意义历时演变特点试析[J].山东大学学报（哲学社会科学版），2003（3）：43-46.
③孙维张.略论词义的形象色彩[J].吉林大学社会科学学报，1981（5）：87-94.

我！"平凡的事物、常见的动作、不常见的场面，通过联想产生了不平凡的讽刺效果，活灵活现地呈现了吝啬鬼吝啬至极的形象，产生了强烈的视听效果。

（2）螳螂背粒饭，拿沉香木去追。

此句俗语同样是讽刺小气鬼因小失大，到头来得不偿失的现象。俗语中的"螳螂""一粒饭""沉香木"，直接进入人的脑海，人们通过联想构筑出一幅"螳螂背上背了一粒饭，人们手拿沉香木去追它"的生动画面。整个画面如同一部微型滑稽影片，让人忍俊不禁。那"一粒饭"和"沉香木"在价值、体积上的巨大反差极好地凸显了戏剧化效果，使得小气鬼形象跃然纸上。

（3）跛子抬轿——闪不过。

这句俗语意指事情处理得不够妥当，有危险。"闪"字在有的方言里发音是"xian"，与危险的"险"字发音相同，意思是摇晃。"跛子"的腿有残疾，走起路来是上下起伏，他来抬轿，将会出现什么状况呢？人们仿佛看到：一个跛子在路上高一脚低一脚地走，他肩膀上抬着的轿子随着他的高低起伏在不停地上下晃动、左倾右倒，而轿内的人也早已是东倒西歪，苦不堪言。这一惊险画面让旁人看得是提心吊胆。此句俗语在人们头脑中形成了一幅动感十足的场景。

（4）不讨新妇急得跳，讨了新妇气出尿。

这句俗语形象地说明了一件事情具有两面性，有利也有弊。这里的"新妇"就是媳妇。看到这句俗语，人们眼前仿佛出现了两个对比鲜明的场景。场景一：老太婆上蹿下跳，为儿子讨媳妇一事心急如焚；场景二：媳妇进了门，老太婆却因与媳妇产生矛盾，气得尿都撒在身上了。此句俗语中虽未出现"老太婆"的字眼，却刻画了一个形象鲜明、前后反差巨大的老太婆形象，众人虽未见其人其景却如见其人、如睹其景。

（5）早上芝麻裹糖，中午全猪全羊，晚上吹吹打打。

这句俗语反映了旧时南方人民的贫困生活。那时粮食很少，依靠红薯充饥，有"红薯半年粮"之说。在缺粮之际，甚至一日三餐吃红薯："芝麻裹糖"是煮红薯稀饭，"全猪全羊"是蒸红薯，"吹吹打打"是煨红薯。"芝麻裹糖""全猪全羊"是用比喻手法再现了当时红薯的不同吃法和形状，形象具体可感；"吹吹打打"则用重叠手法再现了吃煨红薯时人们的一举一动。这句俗语饱含辛酸却又诙谐幽默。

（6）白日磨床脚，晚上磨凳脚。

这句俗语是批评有的人生活作息不科学，昼夜颠倒。按人的正常生物钟推理，应是"白日"搭配"凳脚"，"晚上"对应"床脚"，而俗语中却"反其道而行之"，让人看见了不合常理的两个场面：白天日上三竿，大家都在紧张地工作学习，有一个人却赖在床上蒙头大睡，对旁人的叫唤是充耳不闻；晚上漆黑一片，大家都已安然入睡，有一个人却端坐凳上目光炯炯，只顾着玩乐，而迟迟不愿上床休息。前后两个"磨"，"磨"出了不同的场面，也"磨"出了说者的厌恶之情。

"汉语俗语是一种非常独特的形态，是世世代代流传在汉民族口头上的内容广泛、通俗、凝练、鲜活的语言。与文字语言相比，俗语的接受主要靠听觉在头脑中形成图像认识和图像思维，而文字语言的接受主要靠视觉在头脑中形成逻辑思维。由于听觉接受相对于视觉来得慢，因此更加要求语言信息能易听易懂，这样才能迅速地形成反射。汉语俗语将声音与图像完美地结合在一起，人们听到一句俗语往往就好像看到一幅生动的画面。在日常生活中，俗语形象的表达能带给人们文学化的享受；而在文学作品中，俗语独特的图像性又能使人自然而然地产生艺术上的通感。"[1]大部分郴州俗语也具有较强的形象色彩意义，仿佛形可睹、声可闻，一句俗语就让人看见了一幅生动的画面，充满了生活气息，有的画面滑稽可笑，让人忍俊不禁。

俗语中蕴含的丰富的形象色彩意义，"通过蕴涵了形象要素的词语作为载体来表达创作主体对客观存在的主观感受和体验，从而引发审美主体的各种联想，再现或诱发一种潜在的形象感觉"[2]。"它作为色彩意义的一种类型蕴含在某些词的意义之中，从而使得该类词形象、生动，引人联想、令人回味，给人以鲜明深刻的印象。"[3]这种丰富的形象色彩意义使言语产生了强烈的形象感，同时也巧妙地传达出了言语使用者的内心情绪和主观感受。

---

①沈玮.论汉语俗语的文学图像［D］.华东师范大学博士学位论文，2010：1.

②杨敏黎.鲁迅小说词语的形象色彩义解读［J］.北京大学学报（哲学社会科学版），2005（2）：91-98.

③杨振兰.形象色彩与修辞［J］.山东社会科学，1997（6）：93-96.

二、情态色彩意义：褒贬分明

　　情态色彩意义（也就是感情色彩意义），是指语言在表达意义的同时，往往还表露了对所表达意义的态度和情感，有肯定和否定的态度，有爱和憎的情感，有褒和贬的评价，等等。"感情色彩是人类对真善美和假丑恶的是非、伦理、道德评判在词义中的反映。一般情况下，这种评判体现了全人类千百年来约定俗成的共同的情感认定标准，因而感情色彩是具备社会性和稳固性的词义内容的一部分。"①

　　众所周知，俗语出自民众，流传于民间，它常常针砭时弊，用最直接最简洁的方式体现出爱憎分明的情感态度，从而反映出民众的价值取向。作为现代汉语语汇的一个组成部分，俗语能真实地反映汉民族的宗法伦理观、道德人格观和社会人情观。在俗语中，既有对真善美的追求，对假恶丑的憎恶，也有对儒家传统价值观的认同，对"国民劣根性"的嘲讽。俗语的情态色彩意义大致可以分为以下四种类型：

　　1.厌恶型：表达一种反感的情绪。例如：

　　（1）吃饭吃一桶，走路要人宠（"宠"，土话，推的意思）。

　　（2）吃饭摸大碗，做事翻白眼。

　　（3）活人拜木头，蠢得像头猪。

　　（4）刮别人的油水，长自己的膘。

　　（5）打狗不晓得打，谈狗谈得出油。

　　例（1）和例（2）这两条俗语的意思差不多，都是表达对好吃懒做之人的厌恶之情。例（3）这句俗语是骂人之语，骂的是那种只拜菩萨不敬双亲的不孝子孙。例（4）这句俗语表达了对专干损人利己事之人的厌恶之情。而例（5）则表达了对只会花言巧语不会踏实做事之人的厌恶之情。

　　2.讥讽型：旁敲侧击地对他人进行挖苦、嘲笑。例如：

　　（1）打屁吹得火燃。

　　这句俗语运用夸张手法讥讽那些说大话、吹牛皮的人，从侧面反映出汉民族对"实干"精神的肯定。

　　（2）盐坦和尚好大吃。

　　这句俗语来源于湖南永兴的传说故事：据说有个石洞能冒盐出来，一个贪心的

①杨振兰.动态词彩研究［M］.济南：山东人民出版社，2003：169.

和尚想凿大出盐的石洞，结果一粒盐也得不到了。以此讥讽那些贪得无厌、追求一本万利的人。

（3）笋子上连（"上连"，瑶语，往上长的意思）节节空。

郴州本地的瑶族人常说"笋子上连节节空"，整句俗语是借笋子长成竹子后全是空心的自然现象来讽刺有的人年纪越大越不像话。

（4）鸭婆勒（"鸭婆勒"，瑶语，山路边一种带毛刺的草，学名叫"鬼针草"，人一挨就粘上了），挨不得。

这句俗语也是借物喻人，讽刺的是那种纠缠不休、死缠烂打之人。

（5）叫花子主不得隔夜米。

这句俗语的意思是指叫花子（乞丐）讨一天过一天，留不下隔夜的粮食，比喻那种做事没有计划的人。在具体语境中，一般带有讥讽之意。

3.称赞型：对某人某物某事的肯定和赞扬。例如：

（1）调还是花灯好看，歌还是伴嫁好听。

这句俗语中的"花灯"和"伴嫁"分别是指嘉禾县的"花灯戏"和"伴嫁歌"，整句话的意思是称赞嘉禾花灯戏好看，伴嫁歌好听。嘉禾的花灯戏别具特色，最早起源于田间歌舞，2008年被确定为湖南省第二批非物质文化遗产名录项目。"北有兰花花，南有伴嫁歌。"嘉禾伴嫁歌作为流传至今的传统民歌，是民族婚嫁活动中最古老、最完美、最有特色的一种艺术表现手法，于2006年被列入第一批省级非物质文化遗产名录。

（2）临武女子一枝花。

这句俗语最初是指旧时临武女子喜欢头戴一枝花，后来逐渐变成了一句赞扬语，称赞郴州临武县的女子长得漂亮。另外"讨亲要讨临武婆"同样肯定了临武女子的美丽。

（3）心底无私天地宽。

这句俗语是对心胸开阔、大公无私之人的肯定。

（4）国宁寺下的钟，初一敲了十五还在嗡（"嗡"，拟钟声）。

这句俗语是湖南永兴人赞许一个人说话有分量时所用。传说湖南长沙岳麓山的"飞来钟"就是从永兴鲤鱼塘国宁寺飞去的，钟大回音长，因此敲了之后要响较长的时间。

（5）女大十八变，变来变去观音面。

这句俗语往往用在称赞对方女儿之际，赞美女孩越变越漂亮。

4.中性型：是对生活现象、风俗习惯以及日常经验的客观描述，不带有明显的感情倾向。例如：

（1）外甥多似舅，侄女像姑妈。

这句俗语讲述了一种客观现象，外甥的容貌与舅舅相像，侄女的容貌则与姑姑相像。

（2）一把钥匙开一把锁。

这句俗语道出了一个道理，解决不同的问题需要不同的方法。

（3）吃米带点糠，吃饭嚼成浆。

这句俗语告诉众人一种生活常识，就是食用粗粮有益健康，细嚼慢咽有益消化。

（4）吃了端阳粽，棉被上屋栋。

这句俗语是指在南方地区端午节过后，天气已变暖，厚厚的棉被可以束之高阁了。

（5）老不入川，少不游广。

这句俗语是劝说老年人不要去四川，因为去四川道路崎岖，行走不便；劝说年轻人不要去广东，因为旧说广东常有患麻风病的年轻女子勾引外地少年男子，结局是女子病愈，而男子患病丢命。

郴州俗语中每个类型所囊括的俗语数量不等，其中中性型数量最大，讥讽型、厌恶型次之，称赞型较少。有些俗语的情态色彩意义是几种类型兼而有之的，在不同的语境中显现出不同的情态色彩意义。如"三个女人一台戏"如果是用在女性聚集，场面活跃热闹的语境里，带有赞美色彩，属称赞型；如果是用在女人不顾场合叽叽喳喳而让人厌烦的语境里，则带有厌恶色彩，属于厌恶型。

三、风格色彩意义：质朴多变

这里的"风格"就是指"汉语言风格"。黎运汉认为："汉语言风格是中华民族语言交际的产物，是交际参与者在主客观因素制导下运用汉语表达手段的诸特点综合表现出来的一种美感形态言语的气氛和格调。"[①]

---

①黎运汉.汉语言风格之文化审视的理据［J］.烟台大学学报（哲学社会科学版），2010（2）：112–119.

由人民群众创造，口耳相传的俗语，其语言内容来自民间，又使用在民间，从而形成了通俗平易、清新质朴的口语风格色彩。"但在统一格调的基础上，又呈现出多种不同的韵味，大体可分为含蓄型、明快型、幽默型、泼辣型等类型。"①

1.含蓄型：含蓄型俗语表意委婉含蓄，但内涵深刻。例如：

（1）跑了和尚跑不了庙。

这句俗语中的"庙"乃"和尚"的立身之所，通过"即使和尚跑了但庙还在"的意思含蓄地指出，一个人做了坏事，纵然暂时跑掉，但最后仍逃不过惩罚。

（2）米汤煮芋头，越煮越糊。

这句俗语表面指米汤和芋头煮在一起会越来越黏稠，实际上是借此现象委婉地指出事情不一件件解决，最终会纠缠在一起，越弄越糟。

（3）锅里的乌龟爬到死。

这句俗语以"乌龟"打比方，指出旧时贫苦人们虽然辛苦劳作了一辈子，却从未过上一天好日子，揭示了社会的不平等。

2.明快型：明快型俗语表意明白畅快，不拐弯抹角，易懂易理解。例如：

（1）千里拜观音，不如回家敬母亲。

这句俗语运用对比手法直截了当地指出"孝敬母亲"才是正理。

（2）喊破嗓子，不如做出样子。

这句俗语简洁明了，直接说出了"空喊不如实干"的真理。

（3）吃了你的有菜饭，耽误我的有菜工。

这句俗语直白明了，意思是说别人家的饭菜再好也是别人的，自己的衣食要靠自己的辛苦劳作才能获得。

3.幽默型：幽默型俗语形象生动、有趣好笑但意味深长。例如：

（1）火神庙里来点灯。

这句俗语中的"火神"顾名思义就是掌管光明的神，在"火神"的住所里竟还要点灯，岂不是多此一举？让人联想到那些喜欢画蛇添足之人。

（2）苍蝇拄根棍也站不稳。

"苍蝇"会"拄棍"？当然不会，人们在这句俗语中用拟人手法生动描绘了苍

①王勤.俗语的构成和意义（俗语论之二）[J].湘潭大学学报（哲学社会科学版），1998（1）：24-28.

蝇拄拐棍的可笑形象，并使人联想到一个油光光、滑溜溜的头，以讥讽那些油头粉面之人。

（3）大字墨墨黑，小字认不得。

这句俗语塑造了一种腹内空空、嘴上逞强的人的可笑形象。

4.泼辣型：这类俗语言语泼辣，掷地有声。例如：

（1）吃了桐油呕生漆。

这句俗语中的"桐油"是制造油漆的主要原料，"生漆"加"桐油"可以改善性能。表达了人们对贪官污吏的恨之入骨，因为痛恨所以诅咒，诅咒他们"吃了不该吃的"进去会加倍地"呕"出来。

（2）宁肯死崽，不肯立庙。

这句俗语来自一则故事：旧时一老人因儿子遭受了不白之冤去告官，贪官却暗示老人给自己立庙表功，以此作为免除老人儿子罪责的交换，但老人宁可让儿子蒙冤而死也不愿意给贪官立庙。整句俗语不拐弯抹角，不隐晦含蓄，而是用掷地有声的话语表示了决不妥协的决心和立场。

（3）人正心正，与鬼共凳。

这句俗语的意思是一个人只要行得端、坐得正，即使与鬼同坐也不怕。铿锵有力的语言道出了心中的坦荡无私，体现了一个人的光明磊落。

比较而言，在郴州俗语中，明快型的居多，含蓄型和泼辣型的次之，幽默型的最少。究其原因，与使用者和表达方式有关。

第三节　郴州俗语色彩意义的动态变化

如前所述，俗语的意义包括理性意义和色彩意义。本书认为，俗语的色彩意义相对于理性意义而言，在表情达意方面作用更为明显一些，因此本节主要论述郴州俗语色彩意义的动态变化。

汉语词汇色彩意义附着于理性意义存在，是一种静态存在形式，但同时它又是一种社会现象，它会因社会时代及其使用者的不同而产生动态的变化。"色彩意义作为一种类型化意义不同于词汇意义的个体性质，也有别于语法意义的类型化特点。每一种色彩类聚的内部都呈现对立的色彩分布，两两相对或三三相对，这种对立的关系使色彩意义的历时演变呈现对转性特点。"①色彩意义的动态变化，使俗语在使用过程中，其色彩意义随着意义、语境及交际对象等因素的变化而产生变化，甚至有时会取代理性意义而占据主导地位。因此，在错综复杂的应用中，使用者在运用俗语表情达意时应充分考虑色彩意义的语用效果。

一、分清褒贬

有一些俗语的字面意义与实际意义不太一致甚至完全相反，其蕴含的感情色彩也有褒贬之分，在使用过程中必须弄清感情色彩后再予以运用，尤其是对那些含有贬义色彩的俗语更要注意。例如：

（1）十七十八汉，抖倒田塍（田间的界路）踩崩塄：这句俗语从字面上看是夸奖年轻小伙子有力气，似乎含有褒义，其实是讥讽年轻人有力气不花在正道上，带有贬义色彩。

（2）十粒谷冇一粒米：这句俗语的字面意思是十粒稻谷都是瘪壳，剥不出一粒米，实际上是指桑骂槐，骂对方一无是处、一文不值，含有贬义。

（3）耍把戏：这句俗语原来是指杂技艺人的表演，后来常常用来指"搞名堂"或"故弄玄虚"，含有贬义。

（4）捡摊子：这句俗语原意是指"收拾局面或场面"，后来引申为"丧命"，意义同"一命呜呼"，含有贬义。

（5）打摆子：这句俗语原指"患疟疾"，现在的常用义是指"没做什么事，或做了无用功"，含有贬义。

（6）老师傅：这个称呼一般表示对年纪大或经验丰富之人的尊重，但在湖南汝城县则指称那种性经验丰富的男人，不含褒义只有贬义。

二、注意场合

俗语说"到什么山唱什么歌"，使用俗语时应该区分场合。一方面，由于俗

①杨振兰.词的色彩意义历时演变特点试析［J］.山东大学学报（哲学社会科学版），2003（3）：43-46.

语口语性强，所以大部分不适合正式、严肃、庄重的场合，一般只适合非正式场合使用。例如，"扯卵谈"、"打平伙"、"打飞脚"（指飞快地跑）、"扯麻纱"（闹别扭）、"捧卵脬"（拍马屁）、"米汤煮芋头，越煮越糊"、"锅里的团鱼爬到死"等俗语在非正式场合使用可以使语言形象生动，增强语言的表达功效，但如果用于正式场合，则不太适合。尤其是有些俗语较粗俗，如"打拐屁"（胡说），则非常不适合在正式场合中使用。

另外，饭桌上不宜说"身上有屎狗跟踪"（比喻身上有缺点，坏人就会想方设法利用你）、"懒人屎尿多"等带"屎""尿"的俗语；看望病人时或在喜庆场合不能说带"死"等不吉利的字眼的俗语；等等。

俗语虽然具有较强的口语性，不太适合运用于书面语体，但在报告、演讲等书面语体中如能正确使用，同样可以增强言语的表达效果。正如毛泽东同志在《反对党八股》中说："我们很多人没有学好语言，所以我们在写文章做演说时没有几句生动活泼切实有力的话，只有死板板的几条筋，像瘪三一样，瘦得难看，不像一个健康的人。"在正式场合恰当使用俗语，就是在说"生动活泼切实有力的话"。例如老师讲课时批评调皮学生"像'飞天蜈蚣'"，就十分生动地刻画出学生过于活跃、调皮捣蛋的形象。有些生活经验丰富的人在演讲和写文章时喜欢使用"吃不穷，穿不穷，不会打算一世穷"，"本分为人天不亏"，"一桶水不响，半桶水哐啷"等生活气息浓、富有哲理性的俗语，增强了语言的表达力，缩短了交际双方的心理距离。

三、符合交际对象的身份和关系

话语交际是交际对象相互之间的活动，交际对象对话语交际起着十分重要的制约作用。人们在运用俗语进行交际的过程中，一般会根据自身的身份进行选择性的运用。例如同样是揭示阶级差别，木匠、裁缝会说"木匠屋里冇凳坐，裁缝屋里冇衫穿"，卖油的会说"卖油娘子水梳头"，卖鱼的会说"卖咸鱼的吃咸鱼屎"，农民会说"放下禾镰冇米煮，摘了棉花冇衣穿"，等等。再如文化程度较高、有一定社会地位的人往往不会说"屎臭也有三分米气"，"狗拐上刮膏"，"扯卵谈"等粗俗的俗语，他们往往认为使用这些粗俗的俗语，会有损自己的身份。

在言语交际中，交际双方的关系决定了俗语的运用。例如，人们常说的

"懒人屎尿多""打拐屁",一般用在交际双方处于平行关系的人之间,如同事之间、战友之间、同辈之间,或长辈对晚辈,多半带有开玩笑的性质。但这句俗语一般不用于晚辈对长辈、下级对上级,如果使用了,会显得不尊敬。同时,带"卵""拐""屎"等字的俗语不宜在女性面前说,一则太粗俗,二则让人怀疑有不良动机。再如年纪大的人常称小孩为"豆崽鬼",对方听后往往并不生气,这是因为话中有亲昵成分,有夸小孩聪明机灵之意;但吵架时或两家关系不好时就不宜说,毕竟"豆崽鬼"中有个"鬼"字,是骂人的话。

俗语色彩意义丰富,它通过描绘具体可感的事物形象,传递了爱憎分明的思想情感,体现了清新质朴的言语风格,其动态性的使用让语言具有了丰富的表现力和感染力。作为词义内容的一个组成部分,它始终处在发展演变的过程之中。对色彩意义的研究,不仅是语义学研究的重要课题,也是修辞学、风格学和语用学研究的重要内容。

第五章 ┃ **郴州俗语的语法分析**

据前文调查可知，郴州俗语以杂言体为主，其中又以 7~14 字为最多。因为尚未发现独具郴州特色的俗成语，所以本书语料以谚语、歇后语、惯用语为主，尤多谚语。谚语、歇后语一般以句子形式出现；惯用语虽然短小，但也经常单独成句表意。因此，本章主要从句法结构上来分析郴州俗语。

第一节　郴州俗语的句法结构

俗语在结构上一般是表示一个完整意思的句子。依据结构复杂程度的不同，可分作单句和复句两种形式。

一、单句

单句由若干句子成分直接构成。根据句子中是否包含主语和谓语，可以将单句分为非主谓句和主谓句。

（一）非主谓句

非主谓句是由主谓短语之外的其他短语或单个词语加上语调形成的句子，如"下雨了！""同志！"都是非主谓句。郴州俗语中的非主谓句主要是动词性非主谓句和名词性非主谓句，形容词性非主谓句和特殊型非主谓句未见。

1.动词性非主谓句。例如：

（1）放大炮。

（2）打擦边球。

（3）敲边鼓。

（4）不要踩人家的痛脚趾。

（5）没有熏不黑的灶屋。

（6）摆门面。

（7）喝迷魂汤。

（8）摆迷魂阵。

（9）过筛子。

（10）随风倒。

动词性非主谓句中以动宾式常见，偶见状中式。上述例句中例（1）至例（9）就是动宾式动词性非主谓句。例（1）"放大炮"的引申义主要是扣住"大"字进行，"大"可以引申出"空"的意思，所以"放大炮"可以指说话不切实际，也就是说空话、说大话；"大"也可以引申出"厉害"的意思，所以"放大炮"也可以表示言语具有强烈的攻击力和震慑力。例（2）"打擦边球"的表层意义一般是指打乒乓球时，碰巧擦在球台边缘的得分球；深层意义有钻政策法律空子而得利的说法，也有说话做事没有切中要害重点的意思。例（3）"敲边鼓"的表层意义"敲打鼓的边缘"很少使用，人们口中常用"敲边鼓"来表示旁敲侧击进行提醒或者在一旁帮人说话助势的意思。例（4）"不要踩人家的痛脚趾"意思是做人要厚道，不要落井下石，"得饶人处且饶人"。例（5）"没有熏不黑的灶屋"意思是长期受到不良影响，会产生不好后果。例（6）"摆门面"本指门面讲究装饰，后引申为做事讲究排场。例（7）"喝迷魂汤"指受人迷惑或任人摆布。例（8）"摆迷魂阵"指采取或使用手段迷惑他人。例（9）"过筛子"意指对人对事情要仔仔细细地筛查，要精挑细选。例（10）"随风倒"是说一个人没有自己的主见，容易受他人影响而改变主意和立场。

2. 名词性非主谓句。例如：

（1）过路财神。

（2）叫鸡公。

（3）一锅粥。

（4）搅屎棍。

（5）鸟叽嘴巴。

（6）旧脑筋。

（7）红眼病。

（8）狗耳朵。

（9）缩头乌龟。

（10）大手大脚。

名词性非主谓句一般是定中式，偶有例外。如上面例子中的例（2）从字词结构来看，似为动宾式，不属于名词性非主谓句；实际上"叫鸡公"不是"叫"+"鸡公"，而是整体表意，指称某类人，属于名词性非主谓句。例（1）"过路财神"的另外一种说法是"过手钱"，意思是大笔钱款只是由自己经手，却不属于自己。例（2）"叫鸡公"就是"公鸡""雄鸡"，但在指称人时会有褒贬差异。有的地方指称某人为"叫鸡公"时，意指那人喜欢出风头，常常大喊大叫，带有贬义。但是在宜章县天塘一带，"叫鸡公"则是指称那些足智多谋、能说会道，响当当的人物，含有褒义。例（3）"一锅粥"是形容事情或场面被弄得乱七八糟，一塌糊涂。例（4）"搅屎棍"则是讽刺那些喜欢搬弄是非的人，这种人只会将事情越弄越糟。例（5）"鸟叽嘴巴"常用意义有二：一是指某人特别能说会道，说话像鸟叫一样很中听；二是指有的人特别会吃，净选好的吃。例（6）"旧脑筋"很明显是说某人思想观念落伍，跟不上时代，贬义色彩很明显。例（7）"红眼病"不是医学所指眼睛有炎症发红，而是戏指某些人心胸狭隘，嫉妒他人的好。例（8）"狗耳朵"的意思是说某个人的耳朵特别灵，即听力特别好。

例（9）"缩头乌龟"很明显就是戏指胆小怕事、遇事就躲的那类人。例（10）"大手大脚"不是手脚长得大的意思，而是指花钱用物随意，没有节制，不注意勤俭节约，反之则说"小手小脚"。

郴州俗语中谚语是非主谓句的数量相对较少，名词非主谓句尤其少见。郴州俗语中非主谓句一般是惯用语，究其原因，可能与惯用语的表意方式和指称对象有关。惯用语"常以口语色彩较浓的固定词组表达一个完整的意思"[①]，这个完整的意义通常是指某一事物或某一行为，但常用比喻等方式获取转义，带有形象色彩和修辞效果。

（二）主谓句

主谓句是由主谓短语形成的单句，俗语中有大量的主谓句。主谓句根据谓语性质的不同，可以分为动词性谓语句、名词性谓语句、形容词性谓语句以及主谓谓语句四种类型。郴州俗语中，以动词性谓语句居多，名词性谓语句和主谓谓语句次之，形容词性谓语句则十分少见。

1. 动词性谓语句：句子的谓语成分由动词性成分充当。例如：

（1）片瓦也有翻身日。

（2）鬼画符。（指字写得非常潦草，极难辨认。）

（3）抓狗蚤都要拜师。

（4）江湖郎中，卖的是口水膏药。

（5）隔夜的冷饭，捏不成团。

（6）十月麦，不消哇（"哇"，土语，说的意思）。

（7）寡婆子的房，黄花女的床，千万挨不得。

（8）天晴要防落雨。

（9）过河先要试深浅。

（10）一菜难合百人味。

2. 名词性谓语句：句子的谓语成分由名词性成分充当。例如：

（1）老鼠子眼睛一寸光。

---

①中国社会科学院语言研究所词典编辑室. 现代汉语词典（第7版）[Z].北京：商务印书馆，2017：484.

（2）新官上任三把火。

（3）程咬金三把斧。

（4）人活一张嘴。

（5）半斤的鸭子八两嘴。

（6）虾子煎蛋两重晕（"两重晕"，指亲上加亲）。

（7）伤筋动骨一百天。

（8）好牛十八春。（意思是耕牛养得好，可以干上十七八年的农活。）

（9）场面（"场面"，指乐队）半台戏。

（10）一口唾沫一口钉。（意思是说话算数。）

3. 主谓谓语句：句子的谓语成分由主谓短语充当。例如：

（1）酒水米饭人客吃。

（2）新开的茅坑三日鲜。

（3）万事开头难。

（4）寡妇门前是非多。

（5）懒人屎尿多。

（6）懒人借口多。

（7）聪明人寿不长。

（8）白露枣子两头红。

　　在郴州俗语中，句子的谓语成分由形容词性成分充当的谓语句，也就是形容词性谓语句十分少见。在目前掌握的语料中，只有"白鸡仔打眼"一句属于形容词性谓语句，这句俗语中的"打眼"是土话，它的意思是"显眼""突出"。整句话的表层意思是"白色的小鸡因毛色特别而突出"；深层意思根据实际使用灵活变化，可以是赞扬一个人的长相出众，也可以是评价一个人的能力突出，也可以是指容易暴露目标，等等。除此之外，尚未搜集到其他的形容词性谓语句。总体而言，郴州俗语的主谓句形式简短，结构简单，便于口耳相传，体现了俗语的口语化特点。

　　另外，郴州俗语单句中还有一些兼语句，例如"吃了狗肉当棉被"，"狗肉"是"吃"的宾语，是"当"的主语。"养起狐狸来咬鸡"，"狐狸"是"养"的对象，是"咬"这一动作的实施者。"六月蚊子找扇打"，"蚊子"找"扇子"，"扇子"打"蚊子"，言简意赅。郴州俗语单句中也有一些连动句，例如"掩起鼻子呷酸酒"，意思是先捂住鼻子然后喝酸酒，前"掩"后"呷"，动作一先一后，连贯进行。"拔出萝卜带出泥"，先"拔"后"带"，动作有先后之别。

总而言之，郴州俗语单句中主谓句比非主谓句多，非主谓句主要是惯用语，主谓句主要是谚语。郴州俗语中动词性谓语句比名词性谓语句、主谓谓语句多，而形容词性谓语句极其少见。究其原因，与俗语的表意内容及群众的表达习惯有关。这一结论与李丽颖、曾芳以及谷晓恒等学者的研究结论大体一致。如李丽颖、曾芳在《湖南湘乡方言谚语的句法结构分析》一文中说道："湘乡方言中单句型谚语，按照句子的结构成分和结构方式，又可分为主谓句和非主谓句两种，非主谓句型的数量很少，主要是主谓句型谚语。"①如谷晓恒在其《青海汉语方言谚语的句法结构及语义特征分析》一文中说道："由于受谚语自身语义和地方方言的影响，单句型谚语大多是动词性谓语句型，名词性谓语句型和形容词性谓语句型的单句谚语偶或一见，在句型上呈现出单一性的特点。"②

二、复句

复句由两个或两个以上的分句构成，分句之间意义上密切联系，结构上互不包含。郴州俗语中有大量的复句。这些复句都比较简短，多数没有关联词或省略了关联词，因为俗语具有较强的口语色彩，只要意思表达明白就可以了。这也符合俗语来源于民间、主要在人民群众中间流传的特点。俗语复句中包括基本复句、多重复句和紧缩复句三类。

（一）基本复句

"目前复句分类最通行的做法，是把复句按结构关系先分出联合（并列、等立）与偏正（主从）两大类；再按语义差别，在联合复句内部细分出并列、连贯、递进等；在偏正复句内部细分出因果、目的、条件等。"③本书采用这一体系。

1.并列复句

并列复句是说前后句分别叙述有关联的几件事情或同一事物的几个方面。例如：

---

①李丽颖，曾芳.湖南湘乡方言谚语的句法结构分析［J］.兰州教育学院学报，2011（2）：27-28+48.
②谷晓恒.青海汉语方言谚语的句法结构及语义特征分析［J］.青海民族学院学报（社会科学版），2007（4）：127-131.
③张谊生.现代汉语［M］.北京：中国人民大学出版社，2016：337.

（1）吃饭摸大碗，做事翻白眼。

（2）人怕理，马怕鞭，蛇怕用火烟。

（3）没有过不去的路，没有爬不上的坡。

（4）十个手指有长短，一树果子有大小。

（5）头要冷，心要热。

例（1）的前后句用"吃饭贪多""做事不动"两种截然不同的行为，刻画出一个懒汉的形象。例（2）中的三个并列关系的分句运用三个生活常识去说明一个道理，即一物降一物。例（3）从反面说明只要有决心，一切困难都能够解决，因为办法总比困难多。例（4）运用比喻辞格以"手指有长短""果子有大小"来说明人与人之间是有区别的，不能要求完全一致。例（5）是从"冷""热"两个方面说明如何才能做好工作，即头脑要冷静，内心要热爱。

2. 顺承复句

顺承复句也叫连贯复句、承接复句，是说前后句按时间、逻辑事理上的顺序说出连续的动作或相关的情况。例如：

（1）七月长球，八月长油。

（2）一日客，二日主，三日砍柴又挑水。

（3）三年不上门，是亲也不亲。

（4）穷了富不得，富了看不得。

（5）刮别人的油水，长自己的膘。

例（1）从时间上描述油茶的生长情况。例（2）是说随着时间推移，客人逐渐融入主人家。例（3）既从时间上说明了亲情的变淡，也从事理上说明了亲情变淡的原因所在。例（4）按事情发展过程道出某些人从"穷"到"富"的变化。例（5）是从逻辑事理方面讽刺某些人的损人利己。

3. 选择复句

选择复句中有的分别说出两种或几种可能的情况，让人从中选择；有的说出选定其中一种，舍弃另一种。例如：

（1）喊破嗓子，不如做出样子。

（2）三斤子姜，不如一斤老姜。

（3）宁可床上盖帐子，不可人前丢面子。

（4）宁可明亏，不可暗亏。

（5）宁可菜园荒，不可篱笆倒。

例（1）至例（5）都明白无误地做出了选择。例（1）和例（2）通过"不如"告知听话者，前句行为是说话人舍弃的，说话人的选择在后句，语气比较委婉。例（3）至例（5）通过"宁可"和"不可"表明了说话者的立场和选择，语气比较坚定。

4. 因果复句

因果复句中的偏句说出原因，正句说出结果。郴州俗语因果复句中以前偏后正形式为主。例如：

（1）一朝被蛇咬，三年怕黄鳝。

（2）冇烧过香，见不到菩萨。

（3）情意好，水也甜。

（4）没有梧桐树，难招凤凰来。（家有梧桐树，招来金凤凰。）

（5）芋头怕痒，越摸越长。

例（1）至例（5）都是前句说出原因，后句说出结果。郴州俗语中的因果复句一般都不出现"因为……所以……"等关联词，主要凭借语义的内在联系来表明因果关系。

5. 假设复句

假设复句中的偏句提出一种假设，正句说明结果。例如：

（1）老辈不讲古，后人会失谱。

（2）塘里没有水，缸里没有米。

（3）出门不弯腰，进屋冇柴烧。

（4）要得畜生钱，要和畜生眠。

（5）若要人下水，自己先脱衣。

例（1）至例（5）的前句为偏句，提出假设；后句为正句，说明结果。后句中的结果是从前面的假设中推导出来的。前后句之间一般不用关联词，偶尔使用"若"，让语句更简洁，使用更便捷。

6. 转折复句

前后句的意思相反或相对，即后头的不是顺着前头的意思说下来，而是转了一个弯。例如：

（1）万两黄金容易得，知心一个也难求。

（2）门外打到小麻雀，屋里丢了老鸡婆。

（3）秤砣虽小，能压千斤。

（4）吃半筒米饭，操一斗米的心。

（5）雷声在响，雨又冇落。

郴州俗语中的转折复句，一般是前句承认某种现象或事实，后句却话头一转，与前句的常态语义趋势相反或相对。一般而言，转折复句中也不使用或少使用"虽然……但是……"等关联词，使语句更简洁。

郴州俗语中除了上述基本复句的类型外，还有解说复句、递进复句、条件复句以及目的复句等。如，解说复句有"富人享福三宗好：讨老婆、进学堂、挖耳朵"，"懒人会享福：茶壶、酒壶、水烟壶"，"不怕慢，只怕站；站一站，二里半"等；递进复句有"远亲不如近邻，近邻不如对门"，"听过不如见过，见过不如做过"，"一年不垦草成行，两年不垦减产量，三年不垦叶子黄，四年不垦茶山荒"等；条件复句有"只要志相同，四海一家亲"，"众人一条心，黄土变成金"，"水利不修，有田也丢"等；目的复句有"现在慢干，为了将来大上"，"政策不能随意，一切为了人民"等。

总而言之，郴州俗语中的基本复句类型多样，形式简单；分句之间少使用关联词，民众多用意合法进行理解。

（二）多重复句

多重复句是指有两个或两个以上结构层次的复句，也叫多层复句。郴州俗语中有一些多重复句。例如：

（1）若要精，人前听；若要好，问三老。

（2）家有贤妻，助夫一半；家有逆妻，替夫加担。

（3）千选万选，选了个烂泥碗；千拿万拿，拿了个篾梳夹。

（4）不怕天，不怕地，就怕群众不满意。

（5）吃不穷，穿不穷，不会打算一世穷。

例（1）第一层是并列复句，"若要精，人前听"和"若要好，问三老"之间构成并列关系；"若要精"与"人前听"，"若要好"与"问三老"之间是第二层，都为假设复句。例（2）第一层是并列复句，句中分号让层次分明；而"家有贤妻"与"助夫一半"之间、"家有逆妻"与"替夫加担"之间是第二层，都是假设复句。例（3）同样用分号区分出第一层，是并列复句；"千选万选"与"选了个烂泥碗"、"千拿万拿"与"拿了个篾梳夹"之间是第二层，都是转折复句。例（4）和例（5）的表现形式与前三例不一样。例（4）中的"不怕天，不怕地"与"就怕群众不满意"之间构成第一层，是转折复句；"不怕天"与"不怕地"之间构成第二层，是并列复句。例（5）中的"吃不穷，穿不穷"与"不会打算一世穷"之间构成第一层；"吃不穷"和"穿不穷"之间构成第二层，是并列关系。

郴州俗语中的多重复句常为二重复句。究其原因，与俗语对形式与内容的要求有关。俗语常常是通过口耳相传来代际传承，如果表达内容偏多，内在逻辑关系偏复杂，就难以顺畅流传。

（三）紧缩复句

紧缩复句一般由复句紧缩而来。"紧缩"的具体表现是：取消分句与分句之间的语音停顿，省略某些句子成分或关联词。郴州俗语中有一些紧缩复句。例如：

（1）酒满茶寡。

（2）画形容易画神难。

（3）各人洗澡各人凉。

（4）人勤地不懒。

（5）大蛇拦路天将雨。

例（1）中"酒满"和"茶寡"之间是并列关系，意思是酒要斟满，但茶不要倒满了，此为待客之道。例（2）中的"画形容易"与"画神难"之间构成转折关系，说明表面形式容易学，但内在精髓难以学。例（3）中的"各人洗澡"与"各人凉"之间构成顺承关系，指自己干好自己的事，最终受益的是自己。例（4）中的"人勤"与"地不懒"之间构成条件关系，意思是只要人勤于耕作，土地就会给予丰厚的回报。例（5）中的"大蛇拦路"和"天将雨"之间构成因果关系，从动物的反常行为得出天气将变化的结果。

郴州俗语中的紧缩复句形式短小，表意精练；运用凝练简洁的句子承载了生动丰富的内容，达到了形式和内容的高度统一。

综上所述，郴州俗语的句法结构灵活多变、种类丰富。总体而言复句数量要多于单句数量，其中单句中主谓句多于非主谓句，复句中基本类型复句和紧缩复句要多于多重复句。另外复句中少用关联词语，多用意合法，使表意形式更简单。郴州俗语的句法结构表现与湖南湘乡方言俗语的表现具有一致性。吴春波、刘云在《湖南湘乡方言俗语初探》一文中的研究结论是："就表层的句法结构形式而言，湘乡方言俗语的句法形式是不平衡的，以复句形式为主。在其单句形式中，主谓式占优势，……湘乡方言的复句型俗语中，意合式俗语占绝对优势，较少使用关联词语，其逻辑关系主要是从语意上判断，关联词语的省略，体现出鲜明的口语化特点。"①

第二节　郴州俗语的结构变化

郴州俗语的结构变化是指人民群众根据时代变化和使用需要，在一定范围内对俗语进行调整或修改，以满足表意需要，增强语言的修辞效果。具体而言，俗语的结构变化包括变形和异形。

一、郴州俗语的变形

俗语变形指的是同一俗语在运用过程中产生不同变体。例如：

第一组：

（1）早餐扒冬水，中餐烧架香，晚餐三打三吹。

（2）早上芝麻裹糖，中午全猪全羊，晚上吹吹打打。

这组例句反映了旧时郴州人民的贫困生活。粮食很少，依靠红薯充饥，有"红薯半年粮"之说。在缺粮之际，甚至一日三餐吃红薯："扒冬水""芝麻裹糖"是

---

①吴春波，刘云.湖南湘乡方言俗语初探［J］.学习月刊，2011（12）：48-50.

煮红薯稀饭，"烧架香""全猪全羊"是蒸红薯，"三打三吹""吹吹打打"是煨红薯。类似的说法在宁远、邵阳等地也有流传，但顺序和用词稍有不同："早上全猪全羊（蒸红薯），中午芝麻裹糖（红薯丝掺米饭，一说'三个红薯抬粒米'），晚上吹吹打打进房（煨红薯，通过吹打去掉灰尘）。"[2]不同县（市）的用词有所不同，换用了宾语中心词，但句子结构、中心意思和表达效果一样。这组俗语饱含辛酸而又诙谐幽默，凸显了人民群众的智慧和乐观。

第二组：

（1）大江上捞油，鸡肠里刮膏。

（2）菩萨身上刮金，鸡肠子上刮油。

（3）鸡肠上刮膏——小气鬼。

这组例句全都是用来形容小气鬼的，通过比较极端的行为来刻画某些人的贪婪和吝啬。上述例句在构成成分和结构关系上会有稍许调整，如"大江"和"菩萨"的替换，"捞油"和"刮金"的改变，"膏"和"油"的变化，这都是因为俗语在流传时，会受到使用人群、用语习惯等因素的影响，会因各地各时的不同需要而做出相应的变化，体现了俗语的口语性和民间性特点。另外这组俗语尽管表现形式不一样，前两例是谚语，第三例是歇后语，但"殊途同归"，明眼人还是能一眼看出表意实质，因为"万变不离其宗"。

第三组：

（1）一朝被蛇咬，三年怕草绳。

（2）一朝被蛇咬，三年怕黄鳝。

这组例句中变化的是每句俗语中的第二个分句里面充当宾语成分的名词。例（1）里出现的是"草绳"，这是一种事物；例（2）中出现的是"黄鳝"，这是一种动物。"草绳"和"黄鳝"之所以可以变换，是因为二者在形体上有相似之处；而"草绳"和"黄鳝"之所以可以与前一分句的"蛇"构成联系，也是因为二者与"蛇"在形体上十分相似。由此可见，百姓在创造和改变一些俗语时，常会选择生活中常见之物，并利用相似点产生联想。

第四组：

---

①罗昕如.湖南方言与地域文化研究［M］.长沙：湖南师范大学出版社，2001：59.

（1）狗嘴里吐不出象牙。

（2）狗嘴里长不出象牙。

（3）狗嘴里没象牙。

这组例句中的三句俗语意思都是"坏人说不出好听的话，也干不出人事"[1]。不变的是主语和宾语，变化的是谓语中心词，例（1）是"吐"，例（2）是"长"，例（3）换成了"没"。尽管谓语中心词变了，但这组俗语意思未变。同样的意思在其他地方还有"狗嘴吐不出莲花"的说法。

第五组：

（1）不选三大件，只选一条汉。

（2）不要三百担，只要英雄汉。

（3）只要英雄好汉，不要冰箱彩电。

这组俗语中的例（3）与前面的例（1）例（2）相比最大变化是在语序上做了调整，导致选择结果出现的顺序发生变化，选择结果放在了前句而非后句；另外构成成分也有变化，如不要的对象由"三大件""三百担"变成了"冰箱彩电"。这组俗语的变化体现了俗语是具有时代性和稳定性特征的：时代性体现在彩礼的不同；稳定的是择偶的标准，即无论时代怎么变化，女嫁郎不看重对方的彩礼，关注的重点是男方是否具备真才实学和过人胆识。

郴州俗语根据使用区域、使用人群和使用时代的不同，词语、语序也会有稍许的变化和调整，以便更贴合语境、贴合对象、贴合时代。

二、郴州俗语的异形

俗语的异形是指不同的俗语指称同一语义，也就是不同的俗语形式表达同样的概念内涵。例如：

第一组：

（1）走了千里路，舍不得栖凤渡。

（2）苏仙升了天，化鹤又还乡。

（3）调还是花灯好看，歌还是伴嫁好听。

---

[1]马建东，温端政.谚语辞海［Z］.上海：上海辞书出版社，2007：304.

这组俗语中的三个句子说的是三件事情，但传达的是一个意思，那就是对家乡、故土的眷恋之情。例（1）中的"栖凤渡"是郴州的一个乡镇，此地最有名的是"栖凤渡鱼粉"。整句俗语是从游子外出千里对故土难舍的角度，体现思乡之情。例（2）中的"苏仙"是郴州人敬仰的神仙，苏仙所居之地就是现在郴州非常有名的5A景区苏仙岭。整句俗语是借苏仙成仙后仍返回故里眺望乡土的传说体现思乡之情。例（3）中的"花灯调""伴嫁歌"是郴州桂阳、嘉禾人喜唱的曲调，具有浓郁的地方色彩。整句俗语借家乡特有的娱乐活动，体现对故土的思念之情。总而言之，这组俗语是郴州人民用富有地方特征的词语表达对家乡的眷恋之情。

第二组：

（1）软泥巴好踩，忠厚人好欺。

（2）人善被人欺，马善被人骑。

这组俗语中的两个句子都是指善良的人容易遭受他人的欺负。例（1）中用"软泥巴"作比，例（2）中用"马"作比。两句俗语选择的喻体不同，本体说法不同，但实质是一样的。

第三组：

（1）杀猪杀到喉，帮人帮到头。

（2）摆船摆到岸，救人救到底。

（3）救人要救活，扑火要扑灭。

这组俗语虽然所说的事情不同，"杀猪""摆船""扑火""帮人""救人"，但实质一样，都指做事帮忙不能半途而废，既然做了就要坚持到底。

第四组：

（1）树要根好，人要心好。

（2）人好不在身上，马好不在鞍上。

（3）面容再好，不如德行好。

（4）外表美易逝，心灵美常存。

这组俗语中的四个例句是从四个不同侧面说明心灵美比外表美更为重要。

第五组：

（1）金娃配银娃，冬瓜配南瓜。

（2）鱼找鱼，虾找虾，乌龟王八结亲家。

（3）什么佛贴什么金，什么人结什么亲。

（4）暴扁担配烂谷箩。

这组俗语中的四个例句虽然是用不同事物、动物作比，如"冬瓜""南瓜""鱼""虾""乌龟"等，但寓意都是指向一个中心，即婚恋双方要般配，要讲究门当户对。

郴州俗语中的变形和异形现象比较多，充分体现了俗语的灵活性特点。灵活性是相对于定型性而言。所谓俗语的定型性，是指人们口耳相传中比较固定的、大家公认的、普遍常用的说法。所谓俗语的灵活性，是指某些俗语的形式不拘于一，表达同样意义内容的俗语其措辞可以有所不同。俗语既然是产生于人民群众之中，在流传的过程中就不可避免会被修改、增删、加工，在表达同样的意思时，不同时间不同地域的人们在用词上往往会有所不同，因此俗语从构成成分和结构关系上表现出一定的灵活性，而这种可变性、灵活性为俗语的使用提供了方便。

第六章

郴州俗语的修辞方式

修辞方式，也叫修辞格，或简称为辞格，属于积极修辞范畴。美国的罗伯特·休斯在《文学结构主义》中说："传统的修辞学不仅注定灭亡、已经灭亡，而且也不可能再复活。但是修辞格存在着，并且经常有益地作为进入文学文本的一种方法得到研究。"①陈望道先生在《修辞学发凡》中指出："积极修辞是具体的体验的，对于语言一则利用语言的概念因素，一则利用语言的体验因素。对于情境也一常利用概念的关系，一常利用经验所及的体验关系。一只怕对方不明白，一还想对方会感动、会感染自己所怀抱的感念。"②

俗语本身通俗易懂，善于化抽象为形象，化深奥为浅显，化陌生为熟悉，能给人们留下鲜明深刻的印象。这些特点与俗语句式的安排、词语的选择是分不开的，但俗语中修辞手段的多样化也起到了非常重要的作用。语言学家郭绍虞先生在论及汉谚时说：谚语在民众艺术上所以有留存的余地，与其说由于它内容幽玄深邃，不如说是由于它形式的奇峭警拔，整齐而流丽。语言形式的奇峭、警拔，与运用各

---

①张谊生. 现代汉语［M］. 北京：中国人民大学出版社，2016：380.
②陈望道. 修辞学发凡（新3版）［M］. 上海：上海教育出版社，2001：53.

种修辞方式、巧妙的遣词造句有着密切的联系。语言要接受文化模式、文化传统的影响和制约，运用修辞手段，调度语言要素表达对事理的认识和态度，当然也离不开文化模式和文化传统的影响和制约。汉民族思维能力很强，尤其擅长具象思维，喜欢在万事万物之间发现某种联系，甚至包括非逻辑的联系进行联想和想象。这样的思维倾向形成汉民族审美观念，就是以形象为美，以含蓄为美。比喻、起兴、借代、比拟、象征等修辞手段的运用都表现了汉民族的这种思维模式，所以这些修辞手段在汉谚语中显得特别活跃。

郴州俗语重视辞格运用，如运用比喻、比拟、借代、夸张、对比、对偶、排比、反复、反语、反问、设问、顶真、回环等多种修辞格，不仅使俗语语言富于表现力，更使得俗语所传授的知识、事理具有艺术吸引力，让人们在美的表达中吸收知识、学习经验、明白事理。下面着重介绍郴州俗语中常见的几种修辞格。

第一节　比喻与比拟

比喻是认知的一种基本方法，是用常见的事物来比喻抽象、陌生的事物，并达到认识了解抽象陌生事物的结果。比喻是最富有表现力，应用最广的一种修辞格。比拟则是借助丰富的想象，或让事物形神毕现栩栩如生，或平添情趣饱含讽喻，也是民众喜用的一种修辞格。

一、比喻

比喻，也叫"打比方"，"就是在心理联想的基础上，抓住并利用两种或两种以上的不同事物的相似点，用其中一个事物来展现、阐释、描绘相关事物，交相辉映，混为一谈"[1]。俗语中比喻形式比较多样，本体、喻体为常见之事物，也就是说俗语取材于日常生活和平常事物。这充分反映出俗语的口语性和民间性，同时也

[1]王希杰.汉语修辞学（修订本）［M］.北京：商务印书馆，2004：390.

充分体现出人民群众的聪明智慧。一般来说，比喻分为三种基本类型：明喻、暗喻和借喻。本书还会涉及另外一种类型：引喻。

（一）明喻

明喻的典型格式是 A 像 B，A 是本体，B 是喻体，"像"是喻词，喻词还有"似的""像……似的""有如""犹如"等。郴州俗语中常用喻词是"如""比""似"等。例如：

（1）拾粪如拾金，挖土如挖参。

此句俗语中将"拾粪"喻为拾金、"挖土"喻为挖参，二者之间的相似点在于"贵重"："粪""土"对于农民而言是贵重的，它能增加田地肥力、提高农作物产量；"金"与"参"对于常人而言是贵重的。

（2）锄头扒得勤，棉花白如银。

此句俗语意为只要经常给棉花松土除草，就能收获高品质的棉花。用"白如银"比喻棉花的色泽、品质。

（3）作田不养猪，好比秀才不读书。

此句俗语是将前句"作田不养猪"作本体，后句"秀才不读书"作喻体，二者的相似点在于没有做自己应该做的本职工作。生活中也有根据需要将前后句调换顺序的情况。

（4）六月水似膏（"膏"，油）。

此句俗语将"六月水"比喻为"膏（油）"，相似点在于六月里的水与百姓家里的油一样珍贵。

（5）烧柴如烧沉香，挑水如挑肉汤。

此句俗语的前句将"烧柴"比作"烧沉香"，是将常人眼中不值钱的"柴"看作比较名贵的"沉香"，人为地用"贵重"将"柴"和"沉香"联系在一起，意指在烧火的时候要节约用柴；后句将"挑水"比作"挑肉汤"，同样是用"贵重"将"水"与"肉汤"相提并论。整句话体现的是勤俭之风气、节约之美德。

运用明喻修辞格的俗语还有很多，如："身上有了屎，就像十二月的蛤蟆难开口""病来如山倒，病去如抽丝""家有一老，如同捡到宝""吃饭像骆驼，做事像田螺""路上行人口似碑""成家有如针挑土，败家犹如浪推沙""人心似铁，执法如炉"，等等。这些明喻式谚语用平常普通的事物使抽象的事物和道理形象化，化抽象为形象，通俗易懂，适合普通民众的需求。

（二）暗喻

暗喻是指本体、喻体都出现而比喻词不出现的比喻，可以用"是"连接本体和喻体。例如：

（1）学识是身体，口才是衣服。

（2）经验是个宝，不用是把草。

（3）酒是杀人虎，色是杀人刀。

（4）和睦是根，幸福是果。

（5）耳朵不能信，眼睛是杆秤。

（6）扁担是条龙，一世吃不穷。

（7）春天孩儿面，一日有三变。

（8）临武（郴州的一个县）女子一枝花。

（9）三个女人一台戏。

（10）枕边的话蜂蜜罐，不听也得听一半。

（11）男子三十一枝花，女子三十老冬瓜。

例（1）至例（6）的本体和喻体之间用"是"连接。例（7）至例（11）的本体喻体紧密相连，中间没有停顿，也不用"是"连接。这些暗喻式谚语一是形式简单，适合传诵；二是意思明了，充满乡土气息。

（三）借喻

借喻是指不出现喻词、本体，直接用喻体来代替本体，二者的关系比暗喻更进了一步。俗语中使用借喻手法的较多。例如：

（1）鱼找鱼，虾找虾，乌龟团鱼结亲家。

（2）木门对木门，竹门对竹门。（瑶族）

（3）筒古配箄箄（"箄箄"，瑶语叫瓜箄，即瓜瓢）。（瑶族）

（4）手掌手背都是肉。

（5）只有冻死的苍蝇，没有冻死的蜜蜂。

（6）溜光的南瓜没粉（"没粉"，土话指果实里淀粉少，不好吃）。

例（1）至例（3）都是比喻婚嫁讲究门当户对。具体来看，例（1）用鱼、虾、乌龟、团鱼作喻体代男女双方，例（2）用木门、竹门作喻体代男女双方，例（3）用筒古、箪箪作喻体代男女双方，三句俗语都只出现喻体不见本体。例（4）喻指对待儿女要一视同仁。例（5）用"冻死的苍蝇"比喻一味依靠他人是行不通的，用"冻不死的蜜蜂"比喻一个人只要勤劳肯做事是不会走投无路的。例（6）整句俗语喻指徒有外表而无内涵的人。

这些借喻式谚语，由于喻体直接处于本体的地位，"因而喻法更为含蓄，表义更为深沉"[①]。

（四）引喻

引喻是指本体和喻体同时出现，不用比喻词，形成并列复句，"有人叫它并列式比喻"[②]。这类比喻"类似引用喻句来为本句的观点立论，故称'引喻'。……一般是本体句在前，喻体句在后，但也有喻体句在前，本体句在后者"[③]。例如：

（1）恶人心，海底针。

（2）好崽不上庵，好树不打桩。

（3）人无志，刀无钢。

（4）嫁出的女，插下的禾。

（5）孔明吊周瑜，猫儿哭老鼠。

（6）公不离婆，秤不离砣。

（7）人无横财不富，马无夜草不肥。

（8）满架葡萄一条藤，天下朋友一条心。

（9）检屋（修整房屋）趁天晴，读书趁年轻。

（10）三十晚养猪，临考场读书。

例（1）至例（7）的前句是本体，后句是喻体，中间不出现喻词。例（8）至例（10）的前句是喻体，后句是本体，中间同样不出现喻词。

比喻修辞方式的大量使用，基于本体和喻体之间存在相似点。这种相似之处并不一定是完全客观真实的，如"男子三十一枝花，女子三十老冬瓜"就不一定符合

①武占坤，马国凡.谚语（修订本）［M］.呼和浩特：内蒙古人民出版社，1983：52.

②刘继超，高月丽.修辞的艺术［M］.北京：石油工业出版社，2002：101.

③武占坤.汉语修辞新论［M］.沈阳：白山出版社，1999：94-95.

客观实际。但它反映了不少人的主观认识和心理感受，认为女子不同于男子，年龄稍大一点就会变丑而不再漂亮。

　　俗语中的比喻以常见事物打比方，可以让抽象的事物具体化，深奥的道理浅显化，让赞扬嘲讽含蓄化，表情达意诙谐化。

二、比拟

　　比拟是一种众人熟知的修辞格。一般分为两类：一类是拟人，即把物比作人；一类是拟物，即把人比作物。在俗语中常出现的是拟人手法。所谓"拟人，就是把生物或无生物当作人，给它们以人的思想感情，具有人的声情笑貌。……这就是'人格化'，使没有生命的东西栩栩如生，使有生命的东西可爱可憎，如同人类一样，引起读者的共鸣"[①]。例如：

　　（1）有雨云戴帽，无雨云拦腰。

　　（2）雷公先唱歌，有雨冇好多。

　　（3）星星眨眼，下雨隔不远。

　　（4）石头出汗，大雨在望。

　　（5）乌蛇洗澡，大雨就到。

　　例（1）至例（5）都是将事物比作人，所说之意都与"雨"有关。例（1）把"戴"帽、"拦"腰这些描写人的动作赋予了"云"这种非生物。例（2）把"唱歌"这种描述人的行为赋予了"雷"，还指称"雷"为"雷公"。例（3）中的"星星"会"眨眼"，例（4）中的"石头"能"出汗"，例（5）中的"乌蛇"还"洗澡"，十分生动有趣。

　　从上述俗语可知，拟人辞格的运用能让本无生命的事物变得生动活泼、栩栩如生，使难以表达的抽象概念变得简单动听，通俗易懂。俗语中的气象谚和农谚中经常使用拟人辞格。例如：

　　（6）老鸦笑猪黑，自己不觉得。

　　（7）老鼠子偷了谷，还唱快乐歌。

　　（8）麻雀嫁女，叽叽喳喳。

　　（9）人勤地不懒。

---

①王希杰.汉语修辞学（修订本）［M］.北京：商务印书馆，2004：403.

（10）狗不嫌家贫。

（11）赖抱鸡婆讨崽带。

（12）猫洗脸，有雨降。

（13）吊蟆蝈撑布伞——难看。

（14）猫教老鼠——假慈悲。

（15）乌龟请客——尽是王八。

例（6）把"笑"这种人的愉快表情赋予了"老鸦"，例（7）把"偷""唱快乐歌"这种人的不良动作和表达开心的行为赋予了"老鼠"，例（8）把"嫁女"这种人类婚俗赋予了"麻雀"，例（9）把"懒"这种人的行为赋予了"地"，例（10）把"嫌"这种人类心理活动赋予了"狗"，例（11）把"讨""带"这种人的行为赋予了"正在孵蛋的母鸡"，例（12）把"洗脸"这种人的行为赋予了"猫"，例（13）至例（15）把"撑""教""请客"这些人的动作和行为分别赋予了"吊蟆蝈（癞蛤蟆）"、"猫"和"乌龟"。这些俗语都用了拟人手法，都是把物比作了人，赋予了物人的动作行为和心理活动，使它们具有了人的声情笑貌，具有了人的动作行为和心理活动，利用联想在亲切自然的表述中达到了描述和讽喻的效果。

第二节　对偶与双关

对偶结构工整，内容凝练，是汉语中特有的修辞手法，历来为民众所喜爱，对联、广告、相声等都常用对偶。双关一语二意，充满智慧，是一种饶有情趣的表达形式，同样深受民众喜欢。

一、对偶

对偶是把一对结构相同（或相似）、字数相等的句子（或词组）连接起来表达相关或相对的意思的一种修辞格。

俗语中常使用对偶句，因为对偶句能充分利用音节的语音因素，使语句富有节奏感，富有音乐美，体现出十分鲜明的口语化特色。一般而言，对偶分为宽式和严式两大类。严式对偶也叫"工对"，规定很严，不仅要求字数相等、结构相同，而且要求词性一致、平仄相对，避免同字，如"海阔凭鱼跃，天高任鸟飞"，这种形式在俗语中很少见。而宽式对偶较常见，因为它是宽松的、不严格的对偶，只需要结构相同或相近，不讲究平仄，不避免同字，甚至可以半对半不对，口语色彩较浓，适合普通民众使用。

对偶就上联和下联在意义上的联系可大致分为正对、反对、串对三种。

（一）正对

正对是指从两个角度、两个侧面说明同一事理，以并列关系的复句为表现形式。在内容上两句相互补充，表示相似、相关的关系。例如：

（1）灯火烤不暖，串食吃不饱。

此句俗语的前后句都是主谓结构，从两个侧面来说明一个人好吃懒做、游手好闲是行不通的。

（2）财主靠吃药，穷人靠烫脚。

此句俗语的前后句结构相同，都是主谓宾结构，用"吃药"和"烫脚"这两件事说明富人、穷人各有各的保健方法。

（3）打不上掌，称不上两。

此句俗语的意思是打你不够一巴掌，称你又不够一两重，从两个角度极言对他人的蔑视，言外之意就是他人微不足道、毫无分量，看不起对方的意思。

（4）调还是花灯好看，歌还是伴嫁好听。

此句俗语中的"花灯调""伴嫁歌"是嘉禾、桂阳人常唱曲调，乡音乡曲寄乡情，饱含着对家乡的深厚感情。

（5）上山要防花脚蚊，下水要防水蚂蟥。

此句俗语中的"花脚蚊""水蚂蟥"是劳动人民上山砍柴、下田干活时常遇见的两种吸血的动物，它们体型虽小，但十分厉害。此句俗语用劳动人民日常生活中常做的两件事情共同说明了一个道理，即做事要谨慎，要注意提防各种危险。

（6）普乐人吃泥，大塘人吃糍，全洒人吃席，壕里人吃石。

此句俗语中的四个分句结构完全相同，其中"普乐、大塘、全洒、壕里"均为地名，均在桂东县。据说这四个地方的人分别靠做泥工、做糍粑、编草席、烧石灰来养家糊口。

（二）反对

反对是由两个意思彼此对立或彼此相反的对称句子（或词组）构成的对偶，多是通过映衬或对比突出语义。例如：

（1）运来了，门板挡不住；人背时，麻蝈也咬脚。

此句俗语中的"麻蝈"是土语，指青蛙。整句俗语将"走运"时的顺风顺水与"背时"时的心烦气躁进行了鲜明的对比。

（2）福来铁树能开花，祸到咸盐也生蛆。

此句俗语运用对偶将"铁树开花"和"咸盐生蛆"形成鲜明对照，将"福来"与"祸到"两个结果进行了强烈对比。

（3）有情好比糖拌饭，无情好比水捞油。

此句俗语中用"糖拌饭"形容有情甜蜜蜜，用"水捞油"形容无情空落落；一正一反的对比将"有情"与"无情"进行了鲜明对照。

（4）有钱话当真，无钱话不灵。

有钱时，假的也是真的；没钱时，真的也是假的。此句俗语通过对比将"金钱至上"的观点赤裸裸地表现出来。

（5）大人不说真，小孩不说假。

此句俗语将"大人"与"小孩"进行对比，将"真"与"假"进行对比，对比之下突出了大人的虚伪、小孩的纯真，也体现了社会的复杂性。

（6）有商有量，一个心肠；冇商冇量，打狗散场。

此句俗语将"有商有量"与"冇商冇量"进行对比，将"一个心肠"和"打狗散场"进行对比，教育我们注意区分知心朋友和酒肉朋友。

（7）寒霜打死独根草，狂风难毁大树林。

此句俗语指出"独根草"易夭折，"大森林"难摧毁，两相对比充分说明个人的力量小，集体的力量大，百姓要团结。

（三）串对

串对又叫流水对，是由两个内容连贯或相互间有选择、因果、假设等关系的对称句子（或词组）串联起来构成的对偶。例如：

（1）宁拆十座庙，不破一门亲。

此句俗语的前后句具有选择关系，意思是宁可拆掉十座庙，也不破坏一门亲事。用"十座庙"和"一门亲"作对比，在"宁拆"和"不破"中有选择，说明婚姻的重要性，不允许轻易拆散。

（2）宁交双脚跳，不交眯眯笑。

此句俗语中的前后句具有选择关系，"双脚跳""眯眯笑"运用了借代修辞格，用动作、表情指代人。整句俗语意指宁可结交直来直去、当面指责的人，也不结交满脸堆笑、虚情假意的人，告诉大家应该结交什么样的朋友。

（3）冇见人吃过庙会，也见人抬过菩萨。

此句俗语中的前后句是假设关系，意思是指即使没有亲身经历过，但也见识过，有一定的了解。与"没吃过猪肉，还没见过猪跑？"的意思相同。

（4）只要立成志，蚂蚁能搬山。

此句俗语中的前后句是条件关系，意思是指一个人只要有志向，就一定能克服种种困难干成事。

（5）在家不会迎宾客，出外方知少主人。

此句俗语中的前后句是因果关系，意思是指在家不会为人处世之道，不会热情招待客人，等到出门时就会发现没人会热情地招待自己。此句俗语有时会换成"在家不会迎宾客，出外方知少故人"等其他说法。

（6）不是那只鸟，不进那个笼。

此句俗语中的前后句也是因果关系。意思是指不是有缘分的人或者脾气性格相投的人，不会聚在一起。

对偶，从形式上看，音节整齐匀称；从内容上看，凝练集中，概括力强；从特点上看，具有鲜明的民族特点和特有的表现力。总而言之，对偶作为汉语特有的辞格，使语义表达得更加透彻，文笔更加简练。对偶使俗语富有较强的节奏感，念起来朗朗上口，听起来清脆悦耳，既容易记忆，也便于传诵，因而被广泛使用。

二、双关

双关是指利用语音或语义条件，有意使语句同时关顾表面和内里两种意思，从而达到言在此而意在彼的语义效果的辞格。

（一）谐音双关

谐音双关是指利用音同或音近的条件使词语或句子语义双关。例如：

（1）十字路口打锣——四方闻鸣（名）。

这句俗语表面上是指锣声很响，实际上"鸣"和"名"是运用了同音相谐，比喻某件事或某个人很出名。

（2）观音岩的狮子——明现（显）。

这句俗语中的"明现"与"明显"是运用了音近相谐，意指事情如永兴观音岩前的狮子一样一目了然，真相十分清楚。

（3）踔子抬轿——闪不过。

这句俗语中的"闪"是土话，意指摇晃或危险。这句话表面上是说踔子一脚长、一脚短，抬起轿子就摇摇晃晃，实际上是运用了同音相谐，揭示了事情的危险性。"闪"字在郴州方言里的发音是"xian"，与危险的"险"字发音一模一样。

（4）灯盏无油枉费芯（心）。

此句俗语表面指灯芯，实际指人心，意指做了无用功，白费功夫。

（5）麻袋换草袋——一袋（代）不如一袋（代）。

此句俗语表面是指用"麻袋"来交换"草袋"，是一种赔本的生意，实际是指一代比一代差，子孙比不上祖辈。

（二）语义双关

语义双关是指利用词语或句子的多义性在特定语境中形成双关，比起谐音双关来，语义双关更为常用。例如：

（1）三十晚上的砧板——有得空。

这句俗语表面上是指大年三十晚上全家团圆，因要做出一桌丰盛的年夜饭所以砧板会被高频率地使用，砧板没有空闲的时候；实际上常常用来喻指某些人太忙了，没有片刻休息。

（2）七个铜钱两人分——不三不四。

这句俗语表面是指两个人要想完全平分七个铜板是不可能的，其最后结果不是三个就是四个，实际喻指那些不正派、成天游手好闲的人，语带贬义。

（3）粘肉蒙到饭下吃。

这句俗语里的"粘肉"是指米粉蒸肉，把米粉肉藏到米饭底下，旁人轻易察觉不到。这句俗语表面是讲一种吃饭行为，实质是通过"蒙"这种行为暗指做事不声张的那类人。

（4）桐油罐子。

这句俗语表面是说装桐油的罐子，实际上有褒贬两种含义。褒义是称赞某些人处事老到，办事灵活；贬义则是说有的人流里流气，屡教不改。

（5）一个萝卜一个眼（"眼"，洞、坑）——没有多余。

这句俗语表面是说一个萝卜一个洞，没有多余的洞，实际上是说一个位置安一个人，没有多余的位置。

在俗语中恰当运用双关手法，一方面可使语言幽默风趣，另一方面也能适应某种特殊语境的需要产生言在此而意在彼之妙，使表达含蓄曲折，生动活泼，增强言语的表现力。双关在俗语中的运用还体现了俗语创造者和使用者的聪明与睿智。

第三节　反复与夸张

在俗语中，反复是一种使用频率很高的辞格，民众常常使用反复来加强语义、增强情感。夸张修辞格则是用言过其实的语言传递信息，充分体现了运用者的想象能力，增强了语言的感染力。

一、反复

为了突出某个意思，强调某种情感，特意重复某个词语、句子或段落，这种辞格叫反复。分为连续反复和间隔反复两种。

（一）连续反复

连续反复，也叫连贯反复，指接连重复相同的词语或句子，中间没有其他词语出现。连续反复在俗语中出现次数不多。如：

（1）懒惰懒惰，餐餐挨饿。

（2）学问学问，要学要问。

（3）朋友朋友，有钱就友，没钱就没友。

例（1）中的"懒惰"连续出现两次，强调了说话者对懒惰者的强烈不满。例（2）中"学问"的连续出现，增强了语意，突出对学问的重视程度。例（3）中重复出现的"朋友"，体现了说话者对那种只图钱财朋友的气愤和蔑视。

（二）间隔反复

间隔反复是指相同词语或句子间隔出现，即有别的词语或句子隔开，不是连续出现。"间隔反复通常是通过添加或更换句子中的某一部分来实现间隔性的反复。"①间隔反复在俗语中出现频率很高，这与俗语的生存土壤有着密切关系。间隔反复一般是通过更换的方式来实现，"即在后续句中，更换前句的某一成分，从而造成所保留成分的间隔反复"②。例如：

（1）鬼怕恶人，蛇怕棍。

此句俗语中"怕"这个词间隔出现，后续句中更换了"怕"的发出者和对象。"怕"的重复出现是鼓励人民群众要有胆有识，勇于与邪恶势力作斗争。

（2）管天管地，管不到屙屎放屁。

此句俗语句首的"管"间隔出现，更换的是"管"的对象。利用"管"字的重复出现增强了对爱管闲事之人的嘲讽之意。

（3）自己做枷自己戴。

此句俗语中的"自己"反复出现，更换的是"自己"的行为。整句俗语的意思是本想陷害他人，没料到竟然搬了石头砸自己的脚，反倒害了自己。"自己"的重复出现起到了强调作用。

（4）一时风，一时雨。

---

①刁晏斌.文革语言中的反复辞格［J］.运城学院学报，2008（1）：37-39.

②刁晏斌.文革语言中的反复辞格［J］.运城学院学报，2008（1）：37-39.

此句俗语中的"一时"反复出现，后句将"风"换成了"雨"。整句俗语的意思是指有的人缺乏主见或立场不够坚定。"一时"的反复出现，强调了主意或立场改变的快速与随意，增加了讽刺效果。

（5）鸡一嘴，鸭一嘴。

此句俗语中重复出现的"一嘴"位于句末，后续句将"鸡"换成了"鸭"，比喻七嘴八舌，场面混乱。"一嘴"的反复出现，营造出了一个七嘴八舌的混乱场面。

（6）天上一句，地下一句。

此句俗语中重复出现的"一句"位于句末，前句的"天上"换成了后句的"地下"，形容说话没有头绪，东拉西扯。"一句"的反复出现，让人感受到了语言的混乱不着调。

（7）有理三十大板，无理大板三十。

此句俗语的意思是不管有理没理，都一样处理，指不问是非曲直。"三十"和"大板"重复出现，并出现了语序的调换，增强了语意的讽刺性。

（8）桐油罐就是桐油罐，茶油罐就是茶油罐。

此句俗语通过"桐油罐""茶油罐"的巧妙组合和搭配，强调一个人的本性是难以改变的。

（9）用菩萨求菩萨，不用菩萨骂菩萨。

此句俗语中的"菩萨"在"用"与"不用"两种情况中反复出现，突出反映了某些人过河拆桥的恶劣本性。

（10）水是故乡绿，山是故乡青；酒是故乡醇，人是故乡亲。

此句俗语从"水""山""酒"和"人"四个方面说"故乡"，四个分句中都出现了"故乡"，通过"故乡"一词的多次重复，强调了对"故乡"的想念和依恋。

反复之所以能得到人民群众的喜欢，在俗语中大量使用，是因为它除了能有效地突出思想、强调感情，还能加强节奏感，产生形式美。"'反复——就是同一事物底层见叠出，如其从它底构成材料而言，其实就是齐一。'这种反复或齐一的法则，一旦得到应用，便会'取得一种简纯的快感。如同样的街树排行地种植了，便有了道路的美观'。而反复辞格，不论是连接反复还是间隔反复，均建立在以上规律的基础上。"①事实确实如此，俗语中"反复"辞格的大量使用，给人以整齐划一的感觉。

二、夸张

夸张是为了表达上的需要，故意言过其实，对客观的人、事物尽力作扩大或缩小的描述。夸张的语义生成机制是"表达者从带有一定主观性的视角认知客观情景，选择合适的语言形式主观化地展现人和物的关系，使夸张带有夸大、缩小的特性。接受者通过语用推理，领悟主观化形式蕴含的带有主观性的夸张修辞幻象"②。夸张重在主观情感的渲染，而非客观事实的记录。从古到今，夸张都是民众使用的一个重要的修辞方式。例如：

（1）千斤大的力，当不得针嘴大的笔。

这句俗语极言力之大，笔之小，于对比中凸显学问的重要性。

（2）一口水淹死一屋人。

从理论上而言，俗语中说到的这种现象根本不可能存在，但又使人感到真实。这句俗语运用夸张的修辞手段极力强调谣言的可怕，"一口水"相当于一句谣言，"一句"谣言可以害死"一屋人"，真是"人言可畏"。

（3）隔岭看得见泥鳅眨眼。

"泥鳅"本身就很小，它的眼睛就更小了，有人竟然能隔着山岭看见它眨眼睛，这岂不是"睁着眼睛说瞎话"？这句俗语以此讥讽那些信口开河、言过其实的人。

（4）吃水都要塞牙齿——背时。

喝进嘴的水岂能堵住牙齿？夸张的说法，强调"人不走运"时会碰见各种意料不到的倒霉事情。

（5）树叶子落下，怕打破脑壳。

"树叶子"会有多重？竟然有人怕它打破自己的脑袋。夸张的说法，将某些人的胆小谨慎放大到了非常可笑的程度。

---

①陈望道.陈望道学术著作五种［M］.上海：复旦大学出版社，2005.转引自宗廷虎，陈光磊.汉语修辞格的特征与形成基础［J］.湘南学院学报，2017（3）：67–72.

②高群.广义修辞学视域下的夸张语义生成机制和语义特征研究［J］.阜阳师范学院学报（社会科学版），2013（4）：20–25.

（6）老虎嘴里敢拔牙，青龙头上敢取珠。

对于一般人而言，在老虎嘴里拔牙是万万不敢的；在青龙头上取珠也是根本做不到的，世上没有龙。但这句俗语却让一个豪气冲天、无所畏惧的英雄形象出现在大家的脑海里。夸张的说法虽然言过其实，但却能给听者留下深刻的印象。

第四节　顶真与回环

顶真使话语条理清楚、环环相扣，如"名不正则言不顺，言不顺则事不成"。回环使话语整齐匀称、循环往复，如"信言不美，美言不信。善者不辩，辩者不善"。顶真与回环在形式上有一定的相似之处。

一、顶真

"顶真是用前一句的结尾来做后一句的起头，使邻接的句子头尾蝉联而有上递下接趣味的一种措辞法。"[1]因俗语以单句和双句为主，所以其结构形式大体是"ABC，CDE"。例如：

（1）隔山不隔水，隔水不隔心。

这句俗语的上句末尾的"隔水"是下句的开头，运用顶真手法表达了即使与朋友隔着千山万水，心灵也是息息相通的。

（2）穷人望崽大，崽大有世界。

这句俗语是说做父母的往往会将希望寄托到自己的孩子身上，希望孩子快快长大。孩子大了就能改善家庭状况，提高生活质量，这样日子才会有奔头。

（3）面子不如杯子，杯子不如票子。

这句俗语是说人与人之间的情面不如酒席上的吃喝实在，而吃喝又比不上钱财实在，体现出注重实用的一种心理。句中"杯子"在事理上进行了衔接。

---

①陈望道.修辞学发凡（新3版）［M］.上海：上海教育出版社，2001：220.

（4）小船不可重载，重载必沉；小人不可得意，得意忘形。

这句俗语反映了事物之间的内在联系，说明了事物之间的相互作用。整个句子语意连贯，语势贯通。

（5）交心才能知心，知心才能贴心。

这句俗语中出现的"交心—知心—贴心"，通过在顶真构成中起纽带作用的"知心"一词，将与朋友相交相知的三个步骤环环相扣地说了出来，显得层次清晰，言语流畅，富有循环美。

（6）斧打锉，锉打木。

这句俗语的意思是一物降一物。句中通过中间物"锉"将前"斧"后"木"在空间上进行了联系，使事物与动作具有连贯性。

顶真是一种具有浓郁的汉民族文化色彩的修辞格，它在俗语中的运用既使语句首尾蝉联，形成了顺畅循环的语流，富有形式美，同时还能使语意清晰完整，完成意义的前后衔接，具有连贯美。

二、回环

回环是指两个词语相同而排列次序不同的言语片段紧紧连在一起，给人以循环往复之情趣的一种修辞格。"回环格在日常生活中是个很活跃的辞格，由于它视觉上能给人以美感，口感上韵味无穷，又能以灵活的形式表现深刻的内涵，因此深受各阶层人士的喜爱，运用非常广泛。"①回环修辞格包括完全回环和不完全回环两类。

（一）完全回环

完全回环，也叫严式回环，字数和结构完全一样，仅变动语序，不变换内部词语。其形式通常是"ABC，CBA"。例如：

（1）久雨 必有 久晴，久晴 必有 久雨。
　　　A　　B　　C　　C　　B　　A

这是一句天气谚，说的是天气规律，"晴"久了一定会"下雨"，"雨"下久了一定会"天晴"，这是自然规律，无法更改。

---

① 钟敏.回环辞格的文化意蕴与结构特征［J］.南通大学学报（社会科学版），2007（2）：75-79.

（2）油 <u>不沾</u> <u>水</u>，　<u>水</u> <u>不沾</u> 油。

　　　A　B　C　　C　B　A

　　这句俗语字面意思是水和油是属于两种不同的物质，二者不可能融为一体；实际意义是说明做人不能混淆是非的道理。

（3）<u>羊</u> <u>咬</u> <u>狗</u>，　<u>狗</u> <u>咬</u> <u>羊</u>。

　　　A　B　C　　　C　B　A

　　这句俗语运用回环手法，让"羊""咬""狗"循环出现，通过动物之间的行为达到讥讽某些人是非不分的表意效果。

（4）<u>知理</u> <u>不</u> <u>怪人</u>，<u>怪人</u> <u>不</u> <u>知理</u>。

　　　　A　B　C　　　C　B　A

　　这句俗语在形式上与前述例子一样，但在理解时要注意"怪人"一词，尤其是"怪"的词性变化。"怪人"一词在前后句中的结构和意义有所不同，前句中的"怪人"是动宾结构，"怪"是动词，意指"责备他人"或"将错误推到别人身上"；后句里的"怪人"则是定中结构，"怪"是形容词，表面解释是"奇怪的人"，在郴州本地话中是指那种不讲道理的人。

（二）部分回环

　　部分回环比完全回环的要求宽松很多，除了语序变动，词语也会有部分更换。有时除了要求重点词语保留回环往复的特点外，在字数和结构的要求上都比较宽松，有的甚至可以隔开，格式也丰富多样。例如：

（1）<u>大道理</u> <u>管</u> <u>小道理</u>，<u>小道理</u> <u>服</u> <u>大道理</u>。

　　　A　B1　C　　　C　B2　A

　　这句俗语中的"大道理"与"小道理"循环出现，"大"管"小"、"小"服"大"体现了事理之间的内在关系，并给人以循环往复的旋律美。

（2）<u>黑暗中</u> <u>孕育着</u> <u>光明</u>，<u>光明中</u> <u>伴随着</u> <u>黑暗</u>。

　　　A1　B1　C1　　C2　B2　A2

　　这句俗语除变动了"黑暗"与"光明"的语序之外，还将"孕育"更换为"伴随"。整句话体现了唯物主义的辩证观。

（3）脚 不打 草鞋，草鞋 还要打 脚。

　　A　B1　C　　C　　B2　A

　　这句俗语变动了"脚"和"草鞋"的语序，将"不打"更换为"还要打"，语意的一正一反，对比鲜明，讥讽了那些不知好坏、不分是非之人。

（4）污水 不流， 流水 不污。

　　A1 B C1　　C2 B A2

　　这句俗语词不多，一共6个词，字数不多，一共8个字；但词语的结构与词性的变化比较多。前句中双音节词"污水"在后句中变成了单音节词"污"，词性由名词变成了形容词。前句中的单音节词"流"在后句中变成了双音节词"流水"，词性由动词变成了名词。整句俗语的语言饶有情趣，有助于深刻揭示事物之间的逻辑关系。

（5）爹娘 不嫌 崽女 丑，崽女 不嫌 爹娘 穷。

　　　A　B　C　D　C　B　A　E

　　这句俗语将"爹娘"和"崽女"的语序互换，并根据二者之间的相关性将"丑"更换为"穷"，回环往复的词语道出了一家人的相亲相爱，勾画出了一幅充满温馨的家庭成员关系图。

　　汉语是分析性语言，十分重视语序的重要作用。回环正是利用词语在句中的语序变化来产生特殊修辞效果的。回环的适当运用能有效强调语意、阐明事理、表达情感，同时提升语言的音律美。

　　郴州俗语里除了上述常见的八种修辞方法，还有很多。如"出门不问风浪事，怎能打得大鱼回？""留得五湖四海在，何愁无处下金钩？"运用了反问修辞格；"吃人不留扣子"，"买个炮竹给别人放"运用了借代修辞格；"好事不出门，坏事传千里"，"学好千日不足，学坏一日有余"运用了对比修辞格；"上等人家贴钱嫁女，中等人家量钱嫁女，贫穷人家卖儿卖女"，"早起梳头好看，日中梳头难看，夜晚梳头鬼看"运用了层递兼排比修辞格；等等。

　　俗语中使用了大量的修辞方式，"一是给人以生动的形象感"；二是"给人以形式上的美感或新奇感"；三是"给人以弦外之音的婉曲感"；四是"具有左右人们心灵的力量感"①。修辞方式之所以能产生上述修辞效果，从认知的角度分析，是因为"辞格的产生和使用总是基于一定的认知心理和修辞目的的。辞格的使用是为了适应特定的言语交际情境以追求特定的表达效果，它的形成与表达者特定的修辞目的密切相关，当客观对象作用于表达者的感官，引起不同的情感波动，形成不同的心理状态，会影响到表达者的修辞行为。联想、想象、注意、追求对称美等心理活动是辞格产生的心理基础"②。

---

① 吴士文 . 修辞格论析 [M] . 上海：上海教育出版社，1986：8.
② 李颖 . 认知视角下的现代汉语辞格系统研究 [D] . 暨南大学博士学位论文，2014：57.

第七章 ┃ **郴州俗语的文化特征**

        语言与文化有着十分密切的关系。语言是一种符号，"人类的全部文化（文明）依赖于符号。正是由于符号能力的产生和运用才使得文化得以产生和存在，正是由于符号的使用，才使得文化有可能永存不朽。没有符号，就没有文化，人就仅仅是动物而不是人类了"①。一方面语言是信息的载体，另一方面语言本身就是信息，这信息量就是民族文化积淀。"语言是文化的活化石，是反映文化差别和变迁的重要指标。语言为文化的研究提供了材料，是文化的核心，文化是指导人们行为的符号体系。研究和认识一种文化就是对这套符号体系进行描述和解释，层层递进挖掘出语言内容中反映的文化经历和价值观。"②从语言作为符号系统的角度来看，语言是文化的载体，文化是语言的内蕴，任何民族语言都负荷着该民族深厚的文化内涵。郴州俗语作为郴州文化的载体，充分体现了郴州的文化内涵，是反映郴州文化差别与变化的重要指标。

---

① 常敬宇.汉语词汇与文化［M］.北京：北京大学出版社，1995：1.
② 言岚.方言谚语的地域文化解读［J］.船山学刊，2009（2）：41-43.

第一节　郴州俗语的农耕文化特征

　　郴州农业资源丰富，自然环境优越，境内山、丘、岗、平地相间，降水充沛，阳光充足，适合农业发展。秦汉以后，郴州的农业生产得到长足发展，逐渐形成了有特色的农耕文化。《桂阳州志》引《衡湘稽古》的话说："《管子》曰：神农种谷于淇田之阳。"又云："天降嘉谷，神农拾之，教耕于骑田岭之北，其地曰禾仓，后以置县。"历史典籍记载表明郴州的嘉禾县是炎帝神农氏发现"嘉谷"、教民耕种的神奇地方，是中华民族农耕文化的发祥地之一。在郴州的北湖区、嘉禾县、安仁县、汝城县、资兴市等各县（市）都流传着有关"神农"的传说：神农讨（找）稻种，骑田岭下开农田，竹鞭伏蟒保耕牛，禾谷满仓分天下，剩秧码放万华岩石田谢神农，等等。[①]另外，郴州各地还保留着许多与农耕文化有关的习俗活动。如安仁有"赶分社"（春分节前三天或后三天为社日，也称春社，在社日举行祭祀活动，俗称"赶分社"）的活动，保留了祭祀神农、交换开耕物资的习俗；苏仙有"水牛开耕"的活动，在每年的正月十四为耕牛披红戴花，让耕牛开工动土，祈祷风调雨顺、五谷丰登；临武金江一带有庆祝"牛王诞"的活动，在每年的农历四月初八为牛庆贺生日，用精心煮制的"黑饭"供奉"牛神"，以此表达人们对耕牛辛勤劳作的感激之情；桂东民间有以"六月六"这天作为灭虫子和祭祀的"禾苗节"的活动，据说湘南一带曾闹过多次大蝗灾，人们为使农田丰收，避免虫害，只有祈求神灵庇护，于是产生了"六月六禾苗节"。其中安仁"赶分社"习俗，已被联合国教科文组织列入人类非物质文化遗产名录。众多的故事传说以及地方习俗都充分证明，郴州是中华民族农耕文化的发祥地之一。

　　"嘉禾嘉禾，天降嘉禾"，"勤耕得嘉谷"，"牛耕田，马吃谷"，郴州俗语作为郴州人们在长期生产生活中积淀下来的文化载体，自然透露出浓烈的农耕文化特征。在长期的农业生产中，郴州人们总结出许多与农业生产有关的俗语。例如农业生产与天气变化有着非常密切的联系，人们就十分关注"天老爷"的脸色，并依据

---

①毛健，胡祥苏.郴州／郴江幸自绕郴山［M］.北京：社会科学文献出版社，2019：30.

它的变化来行事。

立春。为春的开始，也是一年的开始。郴州在秦之前，地属楚国荆州，受楚文化的影响多信鬼神，在立春这一天要举行迎春礼仪，期盼一年风调雨顺。如果立春之日是晴天，大家便会欢欣鼓舞，认为这是一个好兆头，预示农业大丰收。大家相信"立春晴一日，农夫不费力"。

上元。就是正月十五，有"雨打残灯碗，早稻一把秆"之说，指元宵节下雨就预示当年庄稼收成不好。其实这种说法缺乏科学根据，但正月十五那天，人们要舞龙耍狮，祭祀灶神门神，祈祷神佑，自然希望天气晴朗。

惊蛰。所谓"春雷惊百虫"，惊蛰之时正是春雷始鸣、草木复苏、蛰伏动物开始活动之时，自古以来我国人民就很重视惊蛰这个节气，把它视为春耕开始的节令。

春社。一般农家在此日下谷种。谷种下地，无雨则不丰，人们常说"春社无雨莫耕田，秋社无雨莫种园"，"惊蛰早，清明迟，春分播种正当时"。

清明。清明节在郴州人心中是个仅次于春节的日子。这时有两大事情：一是踏青扫墓，祭祀祖先；二是农家进入春耕的大忙季节。因此"清明要晴，谷雨要淋"。

立夏。"立夏雨滴，蓑笠上壁；立夏天晴，蓑笠满畇。"郴州到了夏季，不是干旱就是水涝，雨水过多过少都会给农业生产带来不便。但桂东到处是梯田，所以它流传的是"立夏不下（雨），高山且罢"。

小满。"小满不（下）满，芒种不管。"小满一般在农历四月，正是农民插田的时节，插田之际需要水，所以农民希望能来一场大雨，灌满田垄。

端午。又叫端阳节。这一天，郴州人家家户户将艾叶、菖蒲悬挂门上，包粽子，喝雄黄酒，洗药澡。永兴、资兴等沿河地方有赛龙舟之俗，人们认为"端阳有雨是丰年"。

夏至。"夏至雷鸣六月旱。"正值梅雨季节，农家以夏至日来估计米价，有"夏至五月头，边食又边愁；夏至五月终，耽搁粜米翁"之说。

六月六。"六月六日阴，稻草贵如金；六月六日晴，大猪不吃粥。"人们以这天的阴晴定丰歉。

立秋。"六月秋，要到秋；七月秋，不到秋。"指农历六月立秋，早稻早熟；七月立秋，早稻晚熟（过去的早稻通常在立秋后成熟，与今日早稻或双季稻不同）。

中秋。人们以月亮的明暗来预测第二年上元的阴晴，因为"云掩中秋月，雨打上元灯"。

重阳。人们认为"重阳无雨到立冬，立冬无雨晴一冬"。

冬至。"冬至暗一日，农夫不费力。"冬至天气阴暗，一般认为冬日严寒，来年会有好收成。

小寒大寒。"小寒大寒，冷水成团。"人们喜雪，认为"一雪蝗自空，二雪年大丰"。

上述郴州俗语的取材和内容多涉及农耕生产，足以证明郴州人对农业的重视。与农谚数量众多形成鲜明对比的是关于商业、手工业等经济方面的俗语则屈指可数，而且人们的言语中含有蔑视之意味。如："穷不读书，富不学艺"，只因旧时艺事被人们看不起，富家子弟无人学艺，而穷人家的孩子迫于生计，不得不为之；"徒弟徒弟，三年奴婢"，道出了学徒地位的卑微；"打死狗仔来讲价"，"撑要猪仔照娘价"，说出了商人的奸诈，以及人们对商人的厌恶；"三年出个状元，难出个会做生意的"，说明郴州自古以来做生意的人不多，而有经济头脑，会做生意的人则更少。

从农业与商业方面的俗语在数量上与言语感情色彩的比较可以看出，郴州的农耕文化有个显著的特征，就是重农轻商。这种传统的自给自足的小农经济模式，造就了郴州人"自足"的性格，也带来了较为封闭保守，安于现状、不思进取的缺点。因此，类似"远走不如近巴（近巴，土话，贴近之意）"，"别人的金窝银窝，不如我自己的草窝"等俗语常常出现在郴州人的嘴里。

第二节　郴州俗语的山水文化特征

俗话说山水相连，高山自会有好水。郴州的山，不可胜数，在约 1.94 万平方

---

①郴州市水利局.郴州水资源［DB/OL］.郴州市水利局网站.2020-04-1.http://slj.czs.gov.cn/zwgk/slgk/content_533602.
　html.

公里的广袤土地上，80%左右为山地和丘岗。郴州市分属长江和珠江两大流域，三大水系，即赣江、湘江和北江。集雨面积大于 10 平方千米的河流有 423 条。^①山以水为分野，水以山为背景；山因水而雄奇，水因山而秀美。韩愈在《送廖道士序》中说："衡之南八九百里，地益高，山益峻，水清而益驶。其最高而横绝南北者岭。郴之为州，在岭之上……又当中州清淑之气……"高峻的郴山、清淑的郴水，孕育了郴州的山水文化。

郴州"八山半水分半田"的地理环境造就了郴州人的"乐山乐水"。郴州拥有东江湖、苏仙岭、万华岩、莽山国家森林公园等名胜风光。郴州人"靠山吃山，靠水吃水"，认为充满灵秀的郴州山水不但会给自己提供丰富的物质财富，还会给自己带来子孙满堂，带来连连好运，于是说"山旺人丁水旺财"。郴州人常年保护森林植被，常年坚持植树造林，2018 年森林覆盖率达到了 67.87%，出现了"绿上荒山头，山下清水流"的喜人景象。如今的郴州有"四面青山绿翠屏，山川之秀甲湖南"之美誉，满眼的绿让游客们流连忘返。"山上有花山下香，桥下有水桥面凉"，青山、鲜花、小桥、绿水构筑了一个令人神往的世外桃源。

郴州的人们依山傍水，深知自己的命运与山水紧密相连，山上林木的繁茂程度与家业的兴盛程度息息相关，老人们常说"住山吃山，管好山"，"后山青，家业兴；后山坏，家业败"。而当看见有人放火烧山时，老人们会痛骂"一年烧山十年穷"。郴州人民深爱着郴州的每一座山，"过一山，住一山；住一山，爱一山"是郴州境内的瑶族乡亲常说之语。"郴州是一个大分散、小聚居的多民族地区，有瑶、畲、苗、侗、回等少数民族 42 个，少数民族人口 10 万余人，其中瑶族是主体少数民族，人口占 90%以上，主要分布在汝城、资兴、北湖、桂阳、临武、宜章等县市区的 10 个民族乡镇。"^①在旧中国，瑶民由于不堪忍受统治者的歧视与压迫，举家躲进大山之中，过着游耕游居的艰辛日子，"过一山，住一山；住一山，爱一山"就道出了旧时瑶族人的生活状态和乐观精神。

郴州人与山水朝夕相伴，从山水中明白了许多人生哲理，郴州俗语中与山水有关的比较多。如："高山岭上有黄金，就怕懒人不用心"告诉人们只要勤奋肯干，一定能致富；"志在高山，可摘月亮；志在丘垄，抓个泥巴坨"让人明白，志向高

---

①郴州市人民政府 . 郴州市民族宗教情况简介［DB/OL］. 郴州市人民政府网站 .2018-08-24.http://www.czs.gov.cn/html/zjcz/czmz/content_2059967.html.

低不同决定一个人的成就高低；"山高不为高，人心更是高"与"山高不算高，人心比天高"的意思一样，道出了人的欲望是永无止境的；"河里鱼多水不清，山里石多路不平"表面是说河里鱼多水不会清澈，山里石头多路就不会平坦，实际上是告诉大家要学会观察；"水深不响，水响不深"意思是真正有学问有本事的人不会到处宣扬自己，反倒是那种缺少真才实学的人才会自我吹嘘；"水不流变臭，人不学变呆"告诫人们要勤于学习，否则就会变蠢；"井水舀不干，知识学不完"提醒人们井水舀不完，知识学不完，学知识要孜孜不倦；"上山要防花脚蚊，下水要防水蚂蟥"则道出了一个生活哲理，即做事情之前一定要对可能出现的危险做好一切防备。

　　郴州俗语中有大量与"山""水"有关的地名，地名在俗语中的出现也体现出浓郁的山水文化特征。如"苏仙升了天，化鹤又还乡"，这句俗语中暗含的"苏仙岭"，是郴州非常有名的一座山。苏仙岭自古享有"天下第十八福地"和"湘南胜地"的美誉，是湖南省人民政府首批公布的省级风景名胜区之一。这句俗语指的是苏耽成仙后化身仙鹤返乡之事，人们借"苏仙升了天，化鹤又还乡"表达了深切的思乡之情。"五盖山（郴州山名）脱帽，雨天快到"，"要它晴，狮子口（郴州山名）上一朵云；要它雨，狮子口上脱云脚"，"五指峰（汝城县山名）戴帽，不是屎就是尿"这三句俗语都是通过观察高山上云层的位置来判断天气的变化。"不翻舜头岭（郴州山名），不知挑盐难"说的是旧时官府对盐实行专卖制度，官运官销，但是，由于北方淮盐质量差，价钱又贵，因此，湘南一带的老百姓多到广东贩盐，而贩盐全靠肩挑盐箩，徒步翻山越岭，异常艰辛。民间曾流传着一首描写运盐挑夫艰辛的歌谣："挑担哥哥真可怜，起早摸黑去挑盐。扁担一条箩一担，一双草鞋一双肩。上岭腰巴如扭索，下岭两脚如钉钉。过了一亭又一亭，鸡毛挑成铁样沉。肩头皮肉辣辣戚，移步脚底如生根。牙关咬得咯咯响，汗湿衣衫水淋淋。""走了千里路，舍不得栖凤渡（郴州古渡名）。"栖凤渡又作西凤渡，《大清一统志·郴州》：栖凤渡"在州西北，路出永兴县"。这句俗语的意思是即使离家千里，依然想念自己的家乡，即故土难舍。"重阳无雨看十三，十三无雨枯东江"中的"东江"就是东江湖。东江湖风景区位于郴州市东北部的资兴市境内，是湖南省唯一一个国家 5A 级旅游区、国家级风景名胜区、国家生态旅游示范区、国家森林公园、国家湿地公园、国家水利风景区"六位一体"的旅游区。东江湖融山的隽秀、水的神韵于一体，挟南国秀色、禀历史文明于一身，被誉为"人间天上一湖水，万千景象在其中"。这句俗语的意思是"重阳""十三"如果不下雨，就会干旱，东江湖就会枯水。上述俗语或与山有关，或与水相连，由此可见郴州人民与山、水结下了不解之缘。

浓郁的山水情结，造就了郴州人的刚强与淳朴。据载，"古时，郴地偏僻，民性剽悍，民风淳朴"。郴州人性格刚强，注重忠信，富有正义，敢于斗争。郴州人认为"本分为人天不亏"，"大路不平有人铲"，与人相交"心换心，一条心"，"宁可失钱，不可失信"，"要的只能是本分，让的只能是人情"。郴州人有着雪亮的眼睛，看清了"癫子戴帽还是癫子，麻婆涂粉还是麻婆"，"豺狼变不成家狗，敌人变不成朋友"。郴州人性格倔强，争强好胜，"吃肉不论，砍肉争秤"，"人情送匹马，买卖争毫厘"，"官司场上无父子，买卖场上无爹娘"，"待客杯杯满，打酒争一分"，"挑起牛肉街上卖，卖完牛肉再认亲"，"四舍五一，一分钱争出屎"。他们不轻易服输，即使"没有脑壳，肩膀也要顶几下"，"头上插了野鸡毛（野鸡毛，指山寨强人），也要把它折下来"，就算"跌倒在地上，也要啃口泥"，知道"蜈蚣再毒有公鸡，耗子再鬼有猫咪"，明白"水牛打架角对角，公鸡打架啄脑壳"。

第三节　郴州俗语的移民文化特征

郴州独特的地理环境和适宜的气候，有利于招徕移民。《郴县志》记载："公元前 221 至前 206 年，秦始皇徙囚徒 50 余万，修筑郴粤驰道……"这是现有文献记载中郴州历史上的第一次人口大迁徙。汉代连年征战到晋代永嘉之乱，致使北方移民浪潮波及江南各省，影响到郴州。他们将各地语言文化带入郴州，西南官话因其自身特点加上使用人数较多，成为郴州方言中最有影响的语言。后来，唐代安史之乱，又一次迫使汉族人民大规模南迁，这种状况一直延续到明清，其中"江西向湘南地区进行了大量移民，使湘南的湘语染上了客赣方言的色彩"[①]。移民的大量

---

①曾献飞.湘南土话与南部吴语［M］// 鲍厚星.湘南土话论丛.长沙：湖南师范大学出版社，2004：40.

迁入给郴州方言带来了很大的影响，造成方言的多样复杂性，也给郴州俗语注入了新鲜血液，提供了厚实多元的基础，使郴州方言形成了西南官话为主，湘语、赣语、客家话和其他各种土语交相融合的格局，造就了独具特色的移民文化。

从郴州俗语中的词汇来看，这种移民文化特征表现得十分突出。

一、西南官话影响显著

郴州本地人一般能同时使用两种方言，对内使用土话，对外使用官话，形成土话和官话并用的双方言现象。而官话作为湘南地区各县的通用语，对土话的影响尤其显著。郴州人常会受到西南官话读音的影响，或直接使用西南官话中的词语来表情达意。尤其是一些书面色彩浓的词语和新词语，土话往往照搬官话，从官话中直接借入。例如"蚂蟥听到水响——跟着来"中的"蚂蟥"，"白糖拌苦瓜——又苦又甜"里的"苦瓜"，"瘦死的骆驼比马大"里的"骆驼"，等等。

二、湘语色彩浓厚

来自湘语的"崽"和"婆"在郴州俗语中大量存在。例如：

（1）养崽不要多，一个抵十个。

（2）娘爷不嫌崽女丑，灶眼不嫌柴火陋。

（3）老子打崽，走还不走。

（4）乌龟背时连累壳，娘爷倒霉崽遭殃。

（5）老子老娘疼满崽，公公婆婆疼长孙。

例（1）至例（4）中的"崽"字在湘南土话和湘语中都普遍指称儿子，是湘南土话和湘语共有的一个特征词。[①]"崽"源于古方言，扬雄《方言》卷十："崽者，子也。"湘语区、湘南土语和赣语区都称儿子为"崽"。罗昕如经过调查认为："'崽'最早为湘语词，赣语中的'崽'是受湘语的影响。"[②]例（5）中除了"满崽"的"崽"体现湘语色彩外，"满"也是来自湘语，表示"最小的"[③]。

（6）鸡婆不会生石头，石头不会变鸡崽。

①北大中文系语言学教研室.汉语方言词汇［M］.北京：语文出版社，1995：141.

②罗昕如.湖南方言与地域文化研究［M］.长沙：湖南师范大学出版社，2001：48.

③北大中文系语言学教研室.汉语方言词汇［M］.北京：语文出版社，1995：141.

（7）白鸡仔打眼。

（8）麻雀鸟崽做媒人。

例（6）至例（8）中的"崽/仔"与例（1）至例（5）中的使用对象不同。据罗昕如的考证："崽"在湘南土话中运用十分广泛，除儿子叫"崽"外，小辈男性也可叫"崽"，幼小的动物均可叫"崽"，有的地方"崽"或写作"仔"。她认为，"'崽'的广泛使用形成湘南、粤北土话与湘、赣语在词汇上的一大突出特色"①。

（9）穷单身，富寡婆。

（10）冬瓜奈不何，奈何芋头婆。

（11）屋外打到小麻雀，屋里丢了老鸡婆。

例（9）至例（11）里的"婆"，是湘语中能产性较高的一个构词语素，是湘语中的一个特色。"婆""从来源看虽不是湘语词，但作为构词语素在湘语中能产性强，构成一大批带'婆'的词语，形成了湘语的一个特色"②。"婆"字在郴州方言中也普遍存在，如"鸡婆""鸭婆""偷油婆"等，体现了湘语对郴州方言的影响。

三、客赣语影响较大

例如：

（1）三月三，脱烂衫。

这句俗语中的"衫"主要见于客家话、粤语、闽语，③郴州人常用"衫"指衣物。

（2）不翻舜头岭，不知挑盐难。

这句俗语中的"舜头岭"在郴州临武与广东省清远连州市交界处，是旧社会挑盐人必须经过的大岭。"岭"即山，在郴州俗语中非常常见，其直接来源于客家话。④客家话对湘南土话的影响最直接。郴州境内还有"苏仙岭""王仙岭"等。

（3）死后坟上烧灵屋，不如生前四两肉。

这句俗语中的"坟"字则属赣语。⑤

（4）日头生毛，雨水泡泡。

①罗昕如.湘南土话特色词例析［J］.湖南师范大学社会科学学报，2003（2）：80-87.

②北大中文系语言学教研室.汉语方言词汇［M］.北京：语文出版社，1995：141.

③北大中文系语言学教研室.汉语方言词汇［M］.北京：语文出版社，1995：141.

④罗昕如.湘南土语词汇研究［M］.北京：中国社会科学出版社，2004：66.

⑤罗昕如.湘南土话词汇研究［M］.北京：中国社会科学出版社，2004：66.

（5）狗咬过的芋头，火烧过的柴头。

这两句俗语中的"头"字是客赣方言中的构词词尾。

四、古语词运用较多

例如：

（1）大江上捞油，鸡肠里刮膏。

这句俗语中的"膏"字，属古汉语词，《广韵》平声豪韵古劳切："脂也"，指脂肪。郴州方言中常用"膏"来表"脂肪"之意。

（2）送崽读书，不如带崽赶墟。

这句俗语中出现的"墟"，据周振鹤、游汝杰在《方言与中国文化》中考证，是唐宋时代少数民族语言，属古越语词，古汉语中本作"故城、废址"解，现指"集市"。在郴州的一些乡镇村落，现在还保留着赶墟的习惯。

（3）扯卵谈。

"扯卵谈"意思与"扯蛋"（另一种常见写法是"扯淡"）相同，意思是毫无事实根据地乱讲、造谣。此句俗语里的"卵"属于湘南土话中比较多见的古通语词（指见于古籍记载却又没注明使用范围的词）。"卵"在先秦古籍中比较常见，如人们比较熟悉的"以卵击石""危如累卵"等。

（4）马屎面上光，肚里一包糠。

这句俗语里的"面"意思与"脸"相同。这个词是"在湘南土话中普遍使用同时也见于其他方言（尤其是南方方言）的古通语词"[①]。

（5）清明要晴，谷雨要淋。

这句俗语里的"淋"同样是"在湘南土话中普遍使用同时也见于其他方言（尤其是南方方言）的古通语词"[②]。郴州方言中"浇水"会说成"淋水"。

（6）茅茨里的石头，又臭又硬。

这句俗语中的"茅茨"，也是古通语词，郴州方言中常用。"'茅茨'本为'茅屋'义，厕所多为简陋茅屋，故'茅茨'后世多指厕所。"[③]

[①]罗昕如.湘南土话中的古语词［J］.古汉语研究，2004（2）：87-92.
[②]罗昕如.湘南土话中的古语词［J］.古汉语研究，2004（2）：87-92.
[③]罗昕如.湘南土话中的古语词［J］.古汉语研究，2004（2）：87-92.

综上所述，郴州俗语中不仅有古语词的遗留和保存，同时也有多种方言交融，体现出明显的移民文化特征。

另外从郴州俗语表达的精神特质来看，这种移民文化特征也非常明显。

周兴旺在《湖南人凭什么》中说："移民不管来自哪里，其最根本的特点是有吃苦耐劳的心理准备和拼搏的精神。"[1]这一特征在郴州俗语中得到充分体现。如大人们教育小孩子"呷得苦中苦，才做得人上人"，"呷苦在先，才有后福"，"先苦后甜，杀猪过年；先甜后苦，打烂屁股"；他们信奉"撒网要撒迎头网，开船要开顶风船"，"不挑千斤担，练不出硬功夫"；他们"敢开剃头铺，不怕连孔胡（络腮胡）"，"变了鳅鱼，不怕糊泥"；他们相信"前面淹死人，后面还有过河的"，"你呷得三碗饭，我也呷得半斤米"。因此他们"没有芭蕉扇，敢过火焰山"，"有鱼冇鱼，车干水再说"。

第四节　郴州俗语的礼仪文化特征

中国自古就是"礼仪之邦"，中国人懂礼、习礼、守礼、重礼。《左传·昭公二十五年》中说："礼，上下之纪，天地之经纬也，民之所以生也。"礼仪文化是中华民族传统文化的一个重要组成部分。究其原因，是汉民族一直以儒家思想作为自己行为的基本价值原则，儒家思想是以"仁"为核心观念的，而且特别强调"礼"，把"礼"看作社会道德的标准。《郴州市志》记载：郴州人"尊儒学，尚礼仪；论排行，重乡情"，有着讲"礼"的优良传统。郴州俗语作为郴州礼仪文化的载体，充分体现了郴州礼仪文化特征。

一、卑己尊人，注重礼节

《诗经·鄘风·相鼠》："相鼠有皮，人而无仪！人而无仪，不死何为？……

①周兴旺.湖南人凭什么［M］.北京：新华出版社，2002：29.

相鼠有体，人而无礼！人而无礼，胡不遄死？"一针见血地指出一个人如果没有"仪"和"礼"，就不配在世间活着。同样，《论语·乡党》中说："乡人饮酒，杖者出，斯出矣。"《论语·八佾》中说："居上不宽，为礼不敬，临丧不哀，吾何以观之哉？"从中可以看出，讲礼不仅要注重外在的形式，更要看重情感的真诚。礼仪的根本在于发自内心的对他人的尊重和敬意。在郴州俗语中，讲礼的俗语比比皆是。例如：

（1）礼多人不怪。

（2）一礼还一拜。

（3）长短是尺布，轻重是个礼。

（4）人到礼到。

（5）在家不会迎宾客，出外方知少主人。

（6）宁可节省自己，不可怠慢客人。

（7）酒水米饭人客吃。

（8）小鸡重贵客。

（9）亏己得福，亏人惹祸。

　　例（1）至例（4）言简意赅地指出了郴州人在"讲礼"方面的具体表现：对待他人礼数周全，在礼节上丝毫不敢懈怠。例（5）则道出了"在家日日好，出门时时难"的人生感悟，也间接地从侧面促使人们重视礼节。从例（6）至例（8）可以看出：郴州人讲礼是发自内心的，一个重要表现就是——"卑己尊人"。郴州人宁愿亏待自己，也要厚待客人。旧时粮食紧缺，郴州人经常是"红薯半年粮"，以红薯充饥。但当客人来时，贤惠的家庭主妇会倾其所有，"酒水米饭"任客吃，"杀了小鸡"待贵客，而自家人往往是眼巴巴地在一旁看着。由此可见，郴州人对"礼"的重视程度非同一般。例（9）则反映了郴州人将"卑己尊人"与"祸""福"相连的思想，虽有唯心主义思想，但也体现了郴州人重礼的内心诉求和对幸福的强烈追求。

二、尊敬老人，看重亲情

　　"尊老敬老"是中国的优良传统，也是礼仪文化的重要组成部分。郴州有很多反映尊老敬老和亲情关系的俗语。例如：

（1）敬禾有谷，敬老有福。

（2）树老皱皮多，人老经验多。

（3）三斤子姜，当不得一斤老姜。

（4）量米要老斗，做事靠老手。

（5）不听老人言，吃亏在眼前。

（6）家有一老，如同捡到宝。

（7）父母健康，一家幸福。

如何正确对待老人是当今社会一个非常复杂的问题。固然，老年人的身体机能随着年纪的增长在逐渐衰退，他们的思想观念、心态情趣与社会主流会有所差异，但相比其他年龄阶段的人，老人们拥有自身的优势，那就是他们具有丰富的人生阅历和社会经验。"青年人所缺少的正是经验，而取得经验则需较长的时间"[①]，"因为通过经验，人们长上了一双看得正确的眼睛"[②]。例（1）至例（7）的郴州俗语表明：郴州人早已充分认识到了老人的重要性。郴州人知道：老人丰富的阅历和经验将会让年轻人少走弯路、多干正事、多出成绩，所以家有老人的人是有福之人。我们认为：老人既是一个家庭的"宝"，也是一个社会的"宝"，老人的健康不仅是一个"小家"的幸福，更是社会"大家"的幸福。

古时，"上阵父子兵，打仗亲兄弟"，血亲关系是人类最自然、最直接的人际关系。而家庭内部成员之间关系是否融洽，直接影响着一个家族的兴衰和名望。郴州人深知亲情的重要，认为"亲情"重于"金钱"，"父子""兄弟"是骨肉相连、血脉相通，无法割舍的。例如：

（8）金钱难买亲骨肉。

（9）亲人骨头香。

（10）不是黄泥不拦路，不是亲肉不巴骨。

（11）他养我小，我养他老。

亲情关系对于人类来说，具有非常重要的意义。所以，如何处理家庭成员之间

---

①亚里士多德.尼各马科伦理学［M］.苗力田，译.北京：中国社会科学出版社，1999：124.转引自李萍.伦理学基础［M］.

　　北京：首都经济贸易大学出版社，2009：113.

②亚里士多德.尼各马科伦理学［M］.苗力田，译.北京：中国社会科学出版社，1999：124.转引自李萍.伦理学基础［M］.

　　北京：首都经济贸易大学出版社，2009：113.

的关系也是郴州人经常思考的问题。就拿对小孩的教育问题而言，郴州人知道："儿孙自有儿孙福"，做长辈的不能溺爱孩子。如果对孩子娇生惯养，只会有"百害而无一利"。例如：

（12）儿孙自有儿孙福，莫替儿孙做牛马。

（13）温室里育不出劲松，糖水里泡不出志气。

（14）娇崽一时，害崽一世。

（15）养子不教如养猪，养女不教如养驴。

如今大部分家庭是"四二一"或"四二二"模式，孩子就是全家之宝，一家大人全围着孩子转，对孩子是"含在嘴里怕化了，拿在手上怕摔了"。重视孩子是应该的，但过度娇宠是不可取的。"不经历风雨"怎么能见"彩虹"？抚养孩子是父母及祖辈应尽的责任，而教育孩子则更是父母不可推卸的重任。"子不教，父之过"呀！千百年流传下来的谚语已经明明白白地告诉了我们："莫替儿孙做牛马。"

三、不偏不倚，追求和谐

《论语·学而》中说："有子曰：'礼之道，和为贵。'"礼仪文化的一个重要特征是追求和谐，"天时不如地利，地利不如人和"。和谐是整个中国传统文化的最高价值原则，"和气生百福"，所以"人和"又是和谐的最高境界。《礼记·仲尼燕居》中说："礼乎礼！夫礼所以制中也。"从古到今，人们一直在追求对"礼"的"度"的把握。在郴州谚语文化里，人与人之间的和谐主要体现在郴州人为人处世不偏不倚的态度上，也就是追求一个"中"字。例如：

（1）十分弓，不拉满了。

（2）直木先伐，甘井先竭。

（3）酒喝过量醉倒人，饭吃过量撑破肚。

（4）三条路走中间。

（5）三个客，不夹菜；夹了菜，会招怪。

例（1）从正面告诫人们说话做事都不要过于争强好胜，凡事要留有一定的余地。例（2）（3）则从反面论证了"枪打出头鸟"的道理，一个人不要锋芒太盛，风头太健将会招致不良后果。这三句谚语告诉人们：在与他人相处之时，一定要把握好言行举止的分寸；只有把握好尺度，才能做到与他人和谐共处。例（4）用简洁的语言道出了郴州人的处世哲学——不偏不倚。例（5）表面说的是待客之道，实际上是告诫人们：一个人做事一定要遵循"一碗水端平"的原则。

"言由心生"，语言表达的是一个人内心的思想情感。"乱之所生也，则言语以为阶"，"祸从口出"，所以要慎言。从心理学的角度而言，慎言体现了中国人追求"和谐"的心理；从语用学的角度而言，慎言符合言语交际的合作原则和经济原则。郴州人口头流传着不少反映慎言的谚语。例如：

（6）舌是是非本，口是祸害门。

（7）一百句话合不到人，一句话能得罪人。

（8）树直逗倒，口直逗恼。

（9）看人说话，看菩萨打卦。

（10）当面锣，对面鼓。

（11）鼓不打不响，话不讲不明。

（12）有话说到明处，有药敷到痛处。

（13）大话讲过头，冇个米过喉。

（14）豆腐多了一包水，空话多了不值钱。

（15）好言一句三冬暖，恶语伤人六月寒。

（16）一碗冷饭易吃，一句冷话难听。

例（6）（7）告诉我们：要慎言，注意说话内容。例（7）告诉我们"一句话可以成事，一句话也可以坏事"。说话要慎重，"说者无心，听者有意"，一个人开口之前先要动脑子，想想什么该说，什么不该说。例（8）至（14）告诉我们：讲话要注意交际对象和交际方式。"见人说人话，见鬼说鬼话"在有些场合是应该的。交际方式也是人们应考虑的因素：有的时候言语要遵循"礼貌原则"，有的时候则要遵循"合作原则"，有时要"打开窗子说亮话"，言语不能过于隐晦曲折，直接明白方能准确无误。例（15）（16）告诉我们：要与他人和谐共处，言语内容和态度很关键。只有注意"慎言"，才能使交际双方有效消除交际中存在的障碍，从而进行顺利的交流，保持交流中的和谐状态。

中国的礼仪文化是中国馈赠给世界的弥足珍贵的历史文化遗产。同样，方言俗语中承载着厚重的地方礼仪文化，是中国礼仪文化的重要组成部分，也是世界弥足珍贵的历史文化遗产。

第八章 ▏ **郴州俗语的运用及其现代价值**

习近平总书记高度重视中华优秀传统文化的继承和弘扬工作，他在党的十九大报告中明确提出，要深入挖掘中华优秀传统文化蕴含的思想观念、人文精神、道德规范，结合时代要求继承创新，让中华文化展现出永久魅力和时代风采。俗语是历代群众创造的口头语汇，它题材广泛，思想活泼，风格幽默，形式凝练，是亿万人民群众世世代代集体经验和智慧的结晶，是中华民族先进文化的组成部分。[①]经过时间检验后流传下来的俗语，不仅为历代文人墨客提供了丰富生动的语言材料，而且给后代子孙们留下了宝贵的精神文化遗产。

第一节　《芙蓉镇》中的俗语运用及其功能

"文学是语言的艺术，文学区别于其他意识门类的基本特征就在

[①]江蓝生."中国俗语大全"序［M］//温端政.俗语研究与探索.上海：上海辞书出版社，2005：2.

于它是通过语言来塑造形象，表现社会生活和人的思想感情的。"①俗语作为文学语言词汇的一个重要组成部分，它形成、流传于众人之口，集结了千百年来人民群众的经验和智慧。我们发现，俗语一旦进入文学作品中，除了反映当时人民群众的生活、习俗和地域色彩外，还有力地推动了作品主题的深化以及人物形象的塑造，较大程度提升了文学作品的语言魅力，有利于其形成独特的艺术风格。正因如此，文学作品中的俗语值得学术界关注和研究。

　　就拿我国当代"反思文学"的代表作《芙蓉镇》来说，这部文学作品在 20 世纪 80 年代一经问世，便引起了极大的轰动，不仅被改编成了戏剧、电影，还被译成了英、法、俄等多种语言，并取得了首届茅盾文学奖。这些巨大的成绩得益于两点："一是它对极左思潮的批判，二是它语言上的地方特色。"②的确如此，《芙蓉镇》的作者古华"十分熟悉湘南地区人民的语言特点习惯，注意从新鲜活泼的群众语言中汲取养料"③，他选用大量俗语、地方歌谣和方言土语为读者构筑了一个魅力四射的民间语言世界，谱写了"一首严峻的乡村牧歌"。据初步统计，《芙蓉镇》使用了两百余条俗语。这些俗语有的通行于全国范围，为大众所熟悉；有的则局限于湘南地区使用，带有一定的地域性。有的以大众熟知的原生态面貌毫无改变地出现在作品中，有的则在改头换面后以新面貌出现在作品中。《芙蓉镇》中出现的俗语与其作品中的叙述语言、人物语言达到了完美的融合，既是深化作品主题、丰满人物形象的有效途径，也"是最能体现地域民情风俗的方言材料"④，从而使《芙蓉镇》的语言具有了较强的艺术感染力和文学表现力。本书将从以下三个方面探讨俗语在《芙蓉镇》中的运用及其表现功能。

一、还原历史片段，深化作品主题

　　"语言忠实反映了一个民族的全部历史文化，忠实反映了它的各种游戏和娱乐，各种信仰和偏见。"⑤"方言俗语是民间口碑中的'风俗化石'，凝聚着丰富多彩的民间社会心理定势的信息。大多数方言俗语往往比歌谣在社会生活中

①赵炎秋，毛宣国.文学理论教程［M］.长沙：岳麓书社，2000：39.
②刘海波.《芙蓉镇》：当"现代性"遭遇"民间"［J］.理论与创作，2004（1）：68-72.
③杨守玉.试论古华《芙蓉镇》的语言风格［J］.延边大学学报（社会科学版），1986（S1）：14-18.
④罗昕如.从方言透视古华小说的地域文化特色［J］.中国文学研究，2001（3）：76-82.
⑤L.R.帕默尔.语言学概论［M］.吕叔湘，译.北京：商务印书馆，1983：139.

出现的频率高，传承扩布力强，而且反映现实迅速、直观。"①《芙蓉镇》"以一九六三、六四、六九、七九年等四个年代为核心时间，以'芙蓉姐'胡玉音的悲欢遭际为主线，表现了特定历史时期人民生活的升迁沉浮，揭露了'左'倾思潮的谬误危害"②。《芙蓉镇》"寓政治风云于民俗民情图画"，为读者还原了历史长河中诸多不同寻常的片段。俗语或本真出现或灵活变化使用，在给读者带来生动形象感的同时，也带来了那个时代特有的压抑沉重感，从而引发读者对历史的进一步深思，对作品主题的升华起到了画龙点睛的作用。

首先，《芙蓉镇》利用俗语揭示了"左"倾思潮下阶级斗争扩大化前后老百姓精神状态的变化。"左"倾思潮下阶级斗争扩大化之前，芙蓉镇的老百姓在自由平等的环境中和谐融洽地生活着。例如，圩场上，李国香与胡玉音的第一次交锋：

当李国香伸出戴了块"牛眼睛"（手表）的手要验胡玉音的营业证时，周围等着吃米豆腐的人纷纷帮腔："她摆她的摊子，你开你的店子，井水不犯河水，她又没踩着哪家的坟地！""今天日子好，牛槽里伸进马脑壳来啦！"……粮站主任谷燕山打了圆场："算啦算啦，在一个镇上住着，低头不见抬头见，有话到市管会和税务所去讲！"

面对外来干部李国香的霸道和野蛮，性情耿直的乡亲们毫不掩饰内心的反感与厌恶，想说什么就说什么，"井水不犯河水""牛槽里伸进马脑壳""低头不见抬头见"等通俗形象的俗语冲口而出。这些乡亲们常说的话语活灵活现地展示了农村生活场景的原汁原味，也真实具体地流露了当时老百姓对自由话语权的绝对拥有。朴质的俗语、直接的表达，让读者感受到的是：在政治运动来临之前，芙蓉镇上乡邻们爱憎分明、性格直爽、好打抱不平，邻里关系和谐融洽。

但随着"左"倾思潮下阶级斗争不断扩大化，代表着"左"倾主义的李国香们眼中的芙蓉镇已不是民风淳朴的小镇，而是藏污纳垢的场所，这里"庙小妖风大，池浅王八多"，居住在芙蓉镇上的普通干部群众不是善良百姓，而是"妖风""王八"，那些"五类分子"（地富反坏右）更是"茅坑里的石头，又臭又硬"。于是芙蓉镇曾拥有的平静祥和被"白色恐怖"的沉重压抑所取代。李国香的每次露面，都让芙蓉镇出现"一鸟进山，百鸟无声"的集体失声局面。她貌似善意的关照、提

---

①曲彦斌.论民俗语言学应用研究［J］.社会科学辑刊，1990（5）：147-152.
②张启才.从人物看古华《芙蓉镇》的反思意识［J］.安徽文学，2009（8）：207-209.

醒让芙蓉镇的人们面面相觑、屏声息气。她的一言一行给芙蓉镇的老百姓造成了精神上莫大的不安与惶恐。在李国香们的监管下，人与人之间的真诚融洽不复存在，弥漫在芙蓉镇上空的是浓浓的戒备，"我为人人，人人为我"变成了"人人防我，我防人人"。在李国香们的高压下，黎满庚发出了"胡蜂撞进了蜜蜂窝，日子不得安生"的感叹，谷燕山流露出"一粒老鼠屎，打坏一锅汤"的哀伤。但面对政治风云变化，黎满庚、谷燕山们是无法也不能掌控时态局势的发展和变化的，他们也是"泥菩萨过江——自身难保"，"逃不脱女组长的巴掌心"。《芙蓉镇》中运用的这些俗语，用词简单、结构寻常，但简单寻常中却浓缩了极其丰富的内涵，不但折射了李国香等人道德人格的分裂，为读者揭示了一段颠倒黑白、泯灭人性的真实历史，而且揭示了不正常的政治运动对正常人际关系的无情摧残，在一定程度上表现了阶级斗争扩大化的残酷。

其次，《芙蓉镇》中还选用了一些因特定历史环境而异化的民间俗语来批判人心的变化莫测，揭露社会的不正常。例如：黎满庚为保自己过关和小家利益，狠心与"富农婆"胡玉音划清了界限，上交了胡玉音托他保管的一千五百元钱。面对着黎满庚这个曾经信誓旦旦保护"干妹子"，最后却昧着良心出卖"干妹子"的男人，谷燕山借喝酒之际说出了一句寓意深刻的话："兄妹好比同林鸟，大难来时各自飞。"这句俗语的原型是"夫妻好比同林鸟，大难临头各自飞"。作者之所以将"夫妻好比同林鸟，大难临头各自飞"换成了"兄妹好比同林鸟，大难来时各自飞"，是根据主题和人物的需要而进行的灵活改变。改动虽小却足以深刻揭示出黎满庚个性中的软弱、自私，同时也揭示出在当时政治运动的高压态势下，人性中的"真善美"往往会被"假恶丑"所替代，从而使整个社会呈现出一种畸形的态势。读者看后，固然会痛恨黎满庚当时的无情无义、落井下石，却也能理解黎满庚当时的无可奈何和满腹辛酸。试问：在那种政治环境中，身为党员、人夫、人父的黎满庚除了出此下策，还能有什么万全之策呢？读者在痛恨无奈中看到了"兄妹好比同林鸟，大难来时各自飞"的惨痛结局：由于黎满庚的背叛，本已陷入孤苦无助境地的胡玉音失去了唯一赖以依靠的"大树"，身心俱伤的弱女子只能掉入一个备受他人欺凌羞辱的漩涡之中。

《芙蓉镇》中诸如此类异化了的俗语还有不少，例如"肚子瘪得贴到了背脊骨，喉咙都要伸出手"等。这些取材于生活实际情景的俗语以其形象通俗的表达不留痕迹地揭示出了特殊历史时期中社会现状、人际伦理的极度不正常，揭示出了过度的主观化决策已经使"文革"时期的社会发展偏离了正常的发展轨道而走向了另一个极端。

二、彰显人物特点，丰满角色形象

毛泽东同志在《在延安文艺座谈会上的讲话》一文中说："应当认真学习群众的语言。如果连群众的语言都有许多不懂，还讲什么文艺创造呢？"古华正是一位善于向民间语言学习"生动活泼切实有力的话"，善于选用非常纯朴活泼、生动有力的民间俗语来塑造人物形象、唤起读者想象的作家。《芙蓉镇》中大量形象贴切的俗语，起到了彰显人物性格、丰满角色形象的艺术效果。

《芙蓉镇》里刻画了众多个性鲜明、形神兼具的人物，其中有"长了副凶神相，有一颗菩萨心"，遇事总是"大事化小、小事化了"的"北方大兵"谷燕山；有"扶不上墙的稀牛屎""手指缝缝流金走银"的"二流子"王秋赦；有"天上的事情晓得一半，地上的事情晓得全"的"乐天派"秦书田；有"三锤砸不出一个响屁"的"屠夫"黎桂桂；等等。当然《芙蓉镇》中塑造最为成功的还是女性形象，其代表人物有"芙蓉姐子"胡玉音和"政治女将"李国香，其中"胡玉音代表着善良之爱、纯洁之爱，这也正是作者在浓郁的乡风民俗中呼唤的'新风'；而李国香则代表着丑恶之情、肉欲之爱，这是作者在字里行间处处批判着的'恶俗'"[①]。她们俩分属不同阵营，代表了人情美丑、人性善恶、品行高尚与卑鄙的两个对立面。

《芙蓉镇》里的胡玉音是"真善美"的化身。她待人和气：卖米豆腐时总是笑笑微微，牢记"买卖买卖，和气生财"，"买主买主，衣食父母"的家训。她不落井下石：看到落魄的秦书田觉得造孽，潜意识里认为"瘦狗莫踢，病马莫欺"。她性格刚强：知道"躲脱不是祸，是祸躲不脱"的朴素道理，敢于回到芙蓉镇来面对一切是非。她勇于担责：看到老谷遭受软禁心中不平，提出"一人犯法一人当"，面对淫威毫不退缩。作者运用俗语从不同侧面刻画了胡玉音这个湘妹子的性格特征：柔弱却不懦弱，热情却不滥情，和善却不卑劣。站在读者面前的是一个貌美心善、真诚坦荡、光明磊落的湘南女子。读者眼中的胡玉音"并不是那种陈旧的含冤

---

①张启才.从人物看古华《芙蓉镇》的反思意识［J］.安徽文学，2009（8）：207-209.

受屈、哀而无告的弱女子，而是有着强韧的生命力，在磨难中逐渐提高着识别是非的能力和与横逆抗争的颇有几分'霸蛮'气的新女性"①。

与胡玉音形成鲜明对比的李国香则是"假恶丑"的代表。她作风轻浮：搞恋爱像"猴子扳苞谷，扳一个丢一个"，在选择对象时尝遍了"酸甜苦辣咸"。她心理阴暗："人一变老，心就变丑"，眼见胡玉音不能生育时便冷嘲热讽对方是"抱不出崽的寡蛋"。她口蜜腹剑：一会儿声色俱厉地批判老谷这个"和事佬"的错误是"冰冻三尺，非一日之寒"，一会儿又丢出"敬酒好吃"等拉拢人心之类的话语。她善弄权术：既用"强龙斗不过地头蛇"挖苦王秋赦的"过河拆桥"，又用"一个篱笆三棵桩，一个好汉三个帮"等甜言蜜语收买王秋赦为她服务。她虽也是个女人，却"几乎具备了从潘多拉盒子里飞出来的所有负面人性，而且她身上以嫉妒、贪婪和虚伪为主要特征的幽暗人性的畸变，蕴含着丰富的社会、文化和人性内涵"②。

三、记录地方语言，体现地域色彩

钱乃荣曾说过，"文学作品要反映某地的民俗和生活习惯，尤其要使用本土有别于他地的、描写该习俗的独特词汇"③。有别于他地的独特词汇除了能给读者带来别具一格的新鲜感外，还能给作品增添独特的艺术感染力。据《嘉禾县志》记载，嘉禾方言既带有赣语、湘语、吴语、粤语及北方方言的某些痕迹，又保留了一些古语现象，形成了官话和土语并行的特点。④在《中国语言地图集》里，郴州市包括嘉禾县都是西南官话和土话并用的地区。古华笔下的《芙蓉镇》用方言土语、民间歌谣、地方俗语等为读者展示出了一幅具有浓郁地域特色的风情民俗画。方言俗语作为通行于方言区的代代相传的语言形式，一般取材于地方自然环境或风俗人情，能揭示出当地人们的文化价值取向和思维特征，具有较为鲜明的地方特色。这些方言俗语具有"地方色彩，也能增画的美和力，自己生长其地，看惯了，或者不觉得什么，但在别地方人，看起来是觉得非常开拓眼界，增加知识的"⑤。例如：

①杨汉云.湘楚文化映照下的古华小说创作［J］.船山学刊，2004（2）：54-56.
②颜敏.论《芙蓉镇》［J］.文艺争鸣，2009（10）：142-151.
③吴怀仁.对汉语方言写作的民俗审美观照［J］.陇东学院学报，2009（3）：39-41.
④嘉禾县志编纂委员会.嘉禾县志［M］.合肥：黄山书社，1994：551.
⑤鲁迅全集（第12卷）［M］.北京：人民出版社，1981：308.

（1）今天日子好，牛槽里伸进马脑壳来啦！

"牛槽里伸进马脑壳"是句带有讽刺意味用来骂人的地方俗语，书中意义是讽刺李国香管不好自己的饮食店，倒来插手胡玉音的米豆腐摊子，纯粹是多嘴多舌，多管闲事。牛、马皆是农耕地区常见的牲畜，"脑壳"是西南官话和湖南方言中所用之词。"牛槽"本是牛吃食之处，却挤进一个"马脑壳"，岂不是进错了门、来错了地、说错了话、管错了事？

（2）……现成的鸡鸭酒席由着他招手即来，摆手则去，连杯盘碗筷都不消动手洗呢。

这里的"招手即来，摆手则去"在《中国俗语大辞典》中的原型是"招之即来，挥之即去"。古华将众人皆知的"招之即来，挥之即去"进行了改动：一是将"之"改为"手"；二是用"摆"代替"挥"；三是将后句的"即"改成了"则"。改动后的语用效果更佳：一是减弱了原句用词的典雅之风，改动后更符合作品中描写对象王秋赦的身份；二是"摆"为湘南人常用之语，表示幅度较小的手的动作，这一改动既真实再现了王秋赦酒足饭饱后的慵懒之态，也符合湘南人们的用语习惯。

（3）那年月五岭山区的社员们几个月不见油腥，一年难打一次牙祭，食物中植物纤维过剩，脂肪蛋白奇缺，瓜菜叶子越吃心里越慌。肚子瘪得贴到了背脊骨，喉咙都要伸出手。

"肚子瘪得贴到了背脊骨"是一则极尽夸张的惯用语。《中国俗语大辞典》中收录的常见说法是"肚皮饿得贴脊梁""前肚皮贴后肚皮""前心（胸）贴后心（背）"等，其意思是指一个人非常之饿，肚中已没有一点食物。方言俗语中的一个"瘪"字，给读者带来了强烈的视觉冲击力，产生了鲜活真实的画面感，激起了读者无限的想象。另外，方言俗语中将普通话里的"脊梁"说成了"背脊骨"，就如同"颈骨"（脖子）、"牙巴骨"（下巴）等一样具有了较为明显的湖南方言色彩。

（4）三面红旗、集体经济，纵使有个芝麻绿豆、鸡毛蒜皮的毛病、缺点，你们也不应发牢骚、泄怨气。不要这山望着那山高，端着粗碗想细碗，吃了糠粑想细粮，人心不足蛇吞象。

"鸡毛蒜皮""人心不足蛇吞象"这两句俗语大家非常熟悉，意思是"事情极小""人贪心不足"。古华运用同义复现的形式将其进行增补，在"鸡毛蒜皮"前增加了"芝麻绿豆"，在"人心不足蛇吞象"前加上了"这山望着那山高，端着粗碗想细碗，吃了糠粑想细粮"。添加了同义句式的俗语一方面起到了凸显语意、强化情感的效果，另一方面体现了嘉禾的地理特征以及当地的饮食文化。对于地处五岭山区的嘉禾而言，"山"是其最常见的地形地貌；"芝麻""绿豆"是湘南地区常见的经济作物；"糠粑"则是物质极度匮乏时期当地人们最常吃的食物。另外"细碗""细粮"中用"细"表示"小"则是湖南方言区的表达习惯。

（5）烂箩筐配坼扁担。都上手几次了？

"烂箩筐配坼扁担"是句带有贬义色彩的地方俗语，表示的是"门当户对、般配"之义。这句俗语相比人们熟知的"郎才女貌""半斤八两"而言，带有极强的贬义色彩。其贬义色彩主要由"烂"和"坼"承担，其中"坼"为"开裂"的意思，破烂的箩筐、开裂的扁担自然都是不好无用之物。嘉禾是炎帝神农氏发现"嘉谷"，教民耕种的神奇地方，是中华民族农耕文化的发祥地之一，人们将身边常见、农耕常用的"箩筐"和"扁担"用在俗语中来喻人喻事是极为正常的，但像本例中如此搭配使用却未尝有过，从而给人带来新鲜之感。

古华在文学创作中巧妙合理地运用"植根于生活的土壤"[1]的俗语来传情达意、刻画人物、突出主题、反映历史，从而使《芙蓉镇》的语言充满了鲜活的形象性、别致的地方性以及旺盛的生命力，极大地增强了现代汉民族共同语的表现力。也正因如此，古华的《芙蓉镇》才"写出生活色彩来，写出生活情调来"，从而为读者建构起一个具有时代色彩和地域风情的审美空间。试想一下，如果《芙蓉镇》中缺少了这些反映生活色彩、语言神韵的俗语，其作品中构筑的民间语言世界还会有如此大的表现力和感染力吗？

俗语作为民间语言的一个重要组成部分，作为体现民族属性的重要载体之一，它像一面镜子反映着一个民族、一个地区特定的文化内容，蕴藏着丰富的语言学价值和社会学价值。但随着社会现代化进程的迅速加快、普通话的大力推广、多种文化的不断融合，目前俗语（尤其是地方俗语）的使用范围在不断缩小，使用频率在不断降低，从而处在急剧的演变和消失之中，引起了不少语言工作者的担忧。"我并不劝青年的艺术学徒蔑弃大幅的油画或水彩画，但是希望一样看重并且努力于连

①鲁迅全集（第12卷）［M］.北京：人民出版社，1981：222.

环画和书报的插图；自然应该研究欧洲名家的作品，但也更注意于中国旧书上的绣像和画本，以及新的单张的花纸。这些研究和由此而来的创作，自然没有现在的所谓大作家的受着有些人们的照例的叹赏，然而我敢相信：对于这，大众是要看的，大众是感激的。"①本书赞同鲁迅先生的观点，俗语就像"中国旧书上的绣像和画本"，虽然简单却凝结着人民的智慧和经验，虽然普通却承载着厚重独特的地域文化，虽然陈旧却展示着根深蒂固的民族属性。正如俗语在《芙蓉镇》中所绽放的光彩一样，它在其他文学作品中，尤其是方言文学、民间文学中也占据着显要的位置。俗语不能也不应该遭到排斥冷落，更不能也不应该消失在文学作品的视野中。我们坚信：对于这（俗语），大众是要看的，大众是感激的。

第二节　从俗语透视传统礼仪文化及其社会功用

古人说，"仓廪实而知礼节"。随着现代工业化进程的发展，人们的物质生活水平确实得到了前所未有的提高，但却出现了"仓廪实而不知礼节"，"衣食足却不知荣辱"的现象。"特别是近几十年以来，国人对于礼仪文化的认识却渐趋淡漠。在我们现代人看来，古圣先贤们所推崇的'繁文缛节'与高效的市场经济的运作似乎是格格不入的，是过时的'古董文化'。"②"曾经的'礼仪之邦'，而如今传统礼仪几乎荡然无存，礼教被彻底否定，失礼行为触目皆是。"③"礼义也者，人之大端也。"礼是做人最基本的东西，面对民族精神文化的不断缺失，有专家学者提出了"重建礼仪之邦"之说，认为有必要"以此唤起一种自觉的意识，陶铸一种自觉的行为；……来引导当代'礼仪文化'的健康发展，推进中国文化的现代化"④。

---

①鲁迅全集（第4卷）［M］.北京：人民文学出版社，2005：458.
②梁花.儒家传统礼仪文化的本质及其当代价值［J］.教育探索，2010（9）：5-6.
③路琴.礼仪教育的传统意蕴及其现代价值［J］.闽江学院学报，2009（4）：74-79.
④杨志刚.开掘中国传统礼文化的资源［J］.探索与争鸣，1998（8）：34-35+38.

　　众所周知，文化是语言的内蕴，语言是文化的载体。礼仪文化会积淀在语言中，而俗语就是载体之一。俗语作为汉民族代代相传的语言形式，它用质朴的语言全方位、多角度地记录着传统礼仪文化。可随着人们生活方式、思想观念的改变以及社会现代化的推进，"大量民俗及民族传统文化的载体正在加速地退出人们的日常生活，日益成为文化标本，失去了本身具有的文化意义。物质文化流失比较严重，传统文化的具体实物载体越来越少。另外，我们不难感觉到，现代很多人对本国的传统文化不感兴趣，而对外国的语言及行为方式极为推崇。民族精神文化体系日益瓦解的衰败景象，其传承道路曲折艰辛，其流失和断裂引人深思"①。年轻一代更愿意使用恐龙、斑竹、KKKK（快快快快）、886等网络语言传递思想与情感，而对负载着传统文化的语言形式——俗语不甚了解。而传统文化的传承是离不开其传播形式和使用群体的。我们认为重新解读俗语中的传统礼仪文化内涵，既有助于保护俗语这种具有民族特色的语言形式，为社会学和民俗学等的研究提供一些借鉴，又有助于推动当今社会精神文化的和谐发展，营造"礼仪之邦"的新风貌。

一、礼仪文化核心内涵——敬人与谦己

　　"礼不可缺"体现出"中国文化是礼乐文化，儒家是礼治主义者，礼是中国文化的核心。在儒家文化中，礼是人区别于禽兽、君子区别于小人的标志，是修身、齐家、治国、平天下的工具。礼是依据道德理性的要求制定的典章制度与行为规范，要求人心存恭敬，自谦尊人，内外兼修，文质彬彬，彼此尊重，以此成就自己的君子风范"②。自古以来，汉民族就重礼、守礼、讲礼，"礼"是社会习俗行为的准则，是社会道德风气的标准。《左传·昭公二十五年》中明确指出："礼，上下之纪，天地之经纬也，民之所以生也。"凡事"人将礼乐为先，树将花果为园"，为人处世将礼仪摆放在第一位，万事便有了一个好的开端。有的年轻人认为传统礼仪文化是阶级社会的产物，是已经过时的"古董文化"。这种观点毫无疑问带有一定的偏激性。诚然，传统礼仪文化是产生于阶级社会，是从宗教制度、贵贱等级关系中衍生出来的，它不可避免地带有了封建阶级愚忠迷信的成分，如君权至上、贵

①杜剑华.儒家礼文化对东北农村家庭教育影响的研究——以吉林省M村为个案[J].科技信息，2009（33）：
　　21+46.
②彭林.礼与中国人文精神[J].孔子研究，2011（6）：4-13.

贱有等、尊卑有别等消极因素，但不可否认的是传统礼仪文化中也含有礼敬老人、自卑而尊人等积极因素。凡事有利有弊，因此今人不能固守传统礼仪文化的一切，也不能摈弃传统礼仪文化的一切，而应当以科学的态度对待汉语俗语中传统的礼仪文化，取其精华而去其糟粕。"敬人"与"谦己"就是传统礼仪文化中的精华。

"敬人"就是尊敬他人。尊敬他人强调的不仅仅是外在行为的礼貌，更为侧重的是发自内心的真挚情感。《孟子·离娄下》曰："爱人者，人恒爱之；敬人者，人恒敬之。""敬人"的结果就是"被人敬"。"敬人"时所体现的另一面则为"谦己"。"谦己"就是放低自己的位置。放低自己并不意味着使自己卑贱，而是严格要求自己的言行。我们认为，"敬人"与"谦己"体现了中国人对他人与自我的不同要求，反映了汉民族对个人良好素养的追求，其最终目的是实现中国人对人格尊严的追求。"人的'尊严'是人格的支柱，只有人格尊严的觉醒，才能使人意识到自己与动物的区别，从而使人更具人性，才能把现存社会的伦理规范和道德转化为能持久发挥作用的内在机制。"①在人际交往中，"敬人"与"谦己"相辅相成，形成了传统礼仪文化的核心内涵。其具体表现如下。

1. 以礼待人。在人际交往中，汉民族一直遵循"以礼待人"的原则。"以礼待人"要求"人到礼到"，"礼多人不怪"。"以礼待人"时讲究待客礼数的周全，因为"人熟礼不熟""人恶礼不恶"。"以礼待人"会产生良好的交际效果，会形成良好的人脉资源。正所谓"一道篱笆三个桩，一个好汉三个帮"，我们是"在家靠父母，出门靠朋友"，"赵钱孙李虽强，还要拜周吴郑王"，否则可能出现"在家让客三圈椅，出外方知少主人"，"在家千日好，出门时时难"，"礼衰则客去"之后果。在追求待客礼数周全的过程中，汉民族也往往会沿袭"礼尚往来"的惯例，因为"人情一把锯，你一来，他一去"，所以常常是"一礼还一拜"。在这"你敬人一尺，人敬你一丈"的背后就是人与人之间的和平共处，从而达到"和气生百福"的社交目的。

2. 尊人卑己。《礼记·曲礼上》说："夫礼者，自卑而尊人。虽负贩者，必有尊也，而况富贵乎？富贵而知好礼，则不骄不淫；贫贱而知好礼，则志不慑。""自卑而尊人"是指与人相处时，把自己摆在一个相对次要的地位，而将对

①丁珊．礼仪文化与人格塑造［J］．渭南师范学院学报，2000（6）：45–47+94.

方放在一个相对重要的位置，给予对方充分的尊重。这样就能得到对方的善意与尊重，正所谓"原谅别人，就是善待自己，恭敬别人，就是庄严自己"。

"尊人卑己"的表现方式有很多，既有言语上的，如谦语"鄙人"和敬语"您"等，也有行为上的，如座次的排列等。俗语中表现"尊人卑己"的也有不少。就拿湘南俗语"小鸡重贵客""酒水米饭人客吃"来说，从动作行为上充分体现了湘南人对"尊人卑己"的诠释——"宁愿亏待自己，也要厚待客人"。旧时粮食紧缺，地处丘陵地带的湘南人常以红薯充饥，往往是"红薯半年粮"。可一旦有尊贵的客人来到家中，无论家中粮食如何短缺，贤惠的家庭主妇一定会热情地挽留对方在家吃饭，大家是"宁可节省自己，不可怠慢客人"。他们往往倾其所有："酒水米饭"任客吃，"杀了小鸡"待贵客，用过年时的丰盛真诚地款待贵客。与之对照的另一个场面则是：家庭主妇自家的孩子却是手拿红薯、离开饭桌，眼巴巴地盯着满桌的美味口水直流。如今时代虽已变化，一般人已吃穿无忧，但对他人之恭敬、真诚应该是不能改变的。

3. 尊老敬老。"尊老敬老"是中国的优良传统，也是传统礼文化的重要组成部分。《礼记》记载："居乡以齿，而老穷不遗，强不犯弱，众不暴寡。"随着老龄化社会的到来，如何正确对待老人成为当今社会一个非常复杂的问题。这里的"老"一是指父母；二是指其他老年人。我们知道，老年人的身体机能随着年纪的增长在逐渐衰退，他们的思想观念、心态情趣与社会主流会有所差异。有的人因嫌弃父母年老多病，而抱怨父母成为自己的包袱，对父母常常恶语相向甚至遗弃父母。但是"家家有老人，人人有老时；我今不敬老，老了谁敬我"？世间"人情莫亲于父子"，"他养你小，你养他老"，赡养老人是子孙们不可推卸的义务。人非草木，孰能无情？人们世代遵循着"人生百行，孝悌为先"，"不孝漫烧千束纸，亏心空爇万炉香"。要知道"金钱难买亲骨肉"，"不是黄泥不拦路，不是亲肉不巴骨"。有的人看不起老年人，认为他们已是老朽，对社会已没有价值。但"三斤子姜，当不得一斤老姜"，"量米要老斗，做事靠老手"。相比其他年龄阶段的人，老人们拥有自身特有的优势，"若要好，问三老"，"不听老人言，吃亏在眼前"。因为"树老皱皮多，人老经验多"。老人丰富的阅历和经验将会让年轻人少走弯路、多干正事、多出成绩。老人们通过岁月历练出来的丰富的人生阅历和社会经验，使得"家有一老，如同捡到宝"，"家有一老，黄金活宝"。老人们既是一个家庭的"宝"，也是一个社会的"宝"；老人的健康不仅是一个"小家"的幸福，更是社会"大家"的幸福。

4. 说话慎重。《周易》上说"乱之所生也，则言语以为阶"，因为"舌为利害本，口是祸福门"，"情知语是钩和线，从头钓出是非来"。那么在与他人的交往中，言语应该如何体现礼仪文化？其中重要的一点就是说话要慎重，也就是"慎言"。"慎言"表现之一：注意说话内容。有时"一百句话合不到人，一句话能得罪人"，真是"一句话可以成事，一句话也可以坏事"。"慎言"表现之二：注意交际对象。"见人说人话，见鬼说鬼话"，"看人说话，看菩萨打卦"未必都是"口是心非"，在有的交际语境中是可行的，甚至是必需的。"慎言"表现之三：注意交际方式。"树直逗倒，口直逗恼"，过于"心直口快"有时并不利于交际。"好言一句三冬暖，恶语伤人六月寒"，"一碗冷饭易吃，一句冷话难听"告诉人们言语要遵循礼貌原则，交流才会顺畅愉快。"鼓不打不响，话不讲不明"，"有话说到明处，有药敷到痛处"，"打开窗子说亮话"则告诉人们有时言语要遵循"合作原则"，交流方能准确无误。"慎言"表现之四：注重表达效果。"好话不用多"，关键在效果。"豆腐多了一包水，空话多了不值钱"，"大话讲过头，冇个米过喉"告诉我们：要与他人和谐共处，言语很关键。我们认为，"慎言"在某种程度上体现了儒家思想体系中的一个重要观点——"中庸"。"中庸之道并不是俗庸一流，并不是依违两可，苟且的折中。乃是一种不偏不倚的毅力，力求取法乎上，圆满地实现个性中一切而得和谐。"[①]

二、礼仪文化社会功用——和谐与复兴

《论语·学而》中说："有子曰：'礼之用，和为贵。先王之道，斯为美，小大由之。有所不行，知和而和，不以礼节之，亦不可行也。'""礼之用，和为贵"说明"礼"的根本功用在于"和"，即"和谐"。"和谐"是整个中国传统礼仪文化的最高价值原则。目前，我国正在大力构建和谐社会。和谐社会中的"和谐"一个重要表现就是社会关系的融洽与和谐，就是社会成员间彼此尊重、互相包容与互

爱互助，以最终实现社会的"和合"。①而要实现社会的"和合"，单靠"法治"是不可行的。"和合"的最好途径应当是"德治"加"法治"，双管并下，方为上策。俗语说："但存夫子三分礼，不犯萧何六尺条。"懂礼之人不会去触犯法律。"礼"能使民众产生羞耻之心而不断提升自身道德修养，从而自觉地遵守社会的规章制度，使社会呈现长治久安的和谐状态。中国思想家、教育家自古重教化，中华民族古老而又充满活力的传统美德，正是长期教化的结果。《论语·为政》中说："道之以政，齐之以刑，民免而无耻；道之以德，齐之以礼，有耻且格。"由于"礼"和"礼仪"具有追求和谐和秩序的价值内涵并凸显出其对治国安邦的特殊作用，历代当政者、思想者和教育者都把礼仪教育作为道德教育的基础加以重视。②

　　遗憾的是，近代以来，由于特定的历史背景，礼乐文化受到了不公正的过度的抨击，尤其以"文革"为甚，"打倒吃人的礼教"，"克己复礼就是复辟万恶的奴隶制"之类观点几乎成为举国上下的"共识"。③于是，我们既抛弃了"礼"的层面，又废除了"仪"的层面，行为失范和道德水准下降成为新的社会病。④礼文化作为中国传统文化已不再引起众人的关注，而一任西方礼仪文化长驱直入。"开门揖盗太麻痹，引狼入室遭祸殃"，"请神容易送神难"，这两则民间俗语用通俗的语言道出了丧失传统礼仪约束的严重后果：任何事情如果疏于防范就必将带来不可估量的损失。我国一旦放任西方文化在国人尤其是青少年中传播，就必将使年青一代的价值观和道德信仰受到影响，也将削弱汉民族精神文化在国际上的影响力。

　　当然，新时期的中国人也应辩证地对待传统礼仪文化，谨防传统礼仪文化中的不良内涵在现实生活中留存和蔓延，从而产生负面影响。例如在社会政治生活中，就有人念念不忘"君教臣死，臣不死不忠；父教子亡，子不亡不孝"，"男人是一层天"（旧指丈夫是妻子头上的"天"，妻子必须事事顺从丈夫，不能违抗）之说，不断强调贵贱有别、男尊女卑的等级观念。而这些从封建宗法制度、贵贱等级关系中衍生出来的糟粕内涵自然不合时宜，它根本"就不可能产生现代意义的平等观念和民主意识，有的只是对权力膜拜的官本位意识和唯命是从的绝对服

①梁花．儒家传统礼仪文化的本质及其当代价值［J］．教育探索，2010（9）：5-6.
②路琴．礼仪教育的传统意蕴及其现代价值［J］．闽江学院学报，2009（4）：74-79.
③彭林．礼与中国人文精神［J］．孔子研究，2011（6）：4-13.
④彭林．用传统礼仪重塑中华民族形象［J］．学习月刊，2008（1）：44-46.

从意识"[①]。显而易见，传统礼仪文化中的一些糟粕内涵与当今社会追求的民主政治、公平正义背道而驰，会在一定程度上成为和谐社会进程中的拦路虎和绊脚石。因此，新时期的中国人面对传统礼仪文化应采取扬弃的做法，发扬其先进、开明的一面，摒弃其落后、保守的一面，从而不断加强汉民族的文化力量。

常言道："凤爱碧梧鱼爱河，炎黄子孙爱中国。""没有皮，毛难生；没有国，家难存。""河再长有源，山再高离不开地面。"这些俗语都道出同一个真谛："民族文化是民族存亡之本。""礼"对于巩固家族、民族的团结，维系国家、社会的稳定有着不可替代的重要作用。一个民族的文化力量越弱，那么这个民族的凝聚力就会越弱。民族文化一旦消解，则民族将走向消亡……2000 年，联合国开发计划署发表《人文发展报告》指出："当今的文化传播失去平衡，呈现从富国向穷国传播一边倒的趋势……必须扶持本土文化和民族文化，让它们与外国文化并驾齐驱。"如今，越来越多的国家意识到民族文化不仅事关民族存亡，而且事关民族兴衰。20多年前，韩国有学者提出"文化领土论"的观点，认为在未来的世纪里，传统意义上的国界在实际上将不复存在，代之而起的是按照文化影响划分的领土，文化影响有多大，实际领土就有多大。[②]

"前人不说古，后人冇得谱。"随着寻根意识的觉醒，我们日益认识到"母语资源承载着民族的思维脉络，体现着民族的思维逻辑和精神特征，折射着民族的文化精神"[③]。

俗语作为礼仪文化载体之一，作为母语资源中的一部分，用它短小凝练、富有生活气息的形式传承着具有民族特色、体现民族追求的传统礼仪文化。《国家"十二五"时期文化改革发展规划纲要》明确指出："文化是民族的血脉，是人民的精神家园。"礼仪文化作为精神文化中的重要组成部分，越来越成为民族凝聚力和创造力的重要源泉，成为综合国力竞争的重要因素，也越来越引起了社会的关注。如近年兴起的"国学热"在较大意义上就是对"礼"的呼唤与回归。

传承汉民族礼仪文化的精神内涵是每一个中华儿女应尽的责任。因为"礼"本是文明对野蛮的超越，"礼"就是让人有敬畏心、有秩序、有规范。"'礼'的过程

①赖换初.传统尊卑观念的重新审视［J］.云梦学刊，2011（3）：70-76.
②彭林.民族文化与民族命运［J］.传承，2012（17）：45-47.
③曹迪.国家文化利益视角下的中国语言教育政策研究［D］.首都师范大学硕士学位论文，2011：49.

本身具有至高无上的作用，正是'礼'本身直接塑造、培育着人，人们在'礼'中使自己自觉脱离动物界。所以，似乎是规范日常生活的'礼'，却具有神圣的意义和崇高的位置。"① "隔山不隔水，隔水不隔心。"中华民族传统礼仪文化中的精髓不应因时代变迁而消失，不应因科技进步而削弱。中华儿女应尽自己最大的努力去保存、继承、传播并发扬我国极富特色的母语资源，通过传承礼仪文化的精髓去有效增强全球华人的凝聚力和自豪感，从而大幅度提升国家语言文化的软实力。

第三节　伦理型谚语的道德教化功能及其现代价值

语言作为一种人类用来传达思想、交流情感的符号系统，它与物质文化、精神文化有着密不可分、相辅相成的关系，发挥着维系社会秩序、沟通人们情感、促进社会发展的巨大作用。谚语是一个民族语言的重要组成部分，它短小精悍但寓意深刻，用词凝练但包罗万象，通俗易懂但雅俗共赏，内容复杂但生动形象。

从谚语的产生时代来看，它是中华文明起源伊始就存有的语言形态之一，并随着时代的交替转型而不断变更着自身的内容所指及使用法则。据先秦经典文献记载，孔子曾用"南人"流传的"人而无恒，不可以作巫医"② 来论证恒德对于成就个体生命的重要性；晏子引夏谚"吾王不游，吾何以休？吾王不豫，吾何以助？一游一豫，为诸侯度"③ 来论证休养生息的必要性。古代因生产力相对落后，社会分工、社会分层不明显。当时那种农、政、教合一的社会治理形态投射于谚语的创造和使用上，使之呈现出某种一体化的趋向，即政治治理与农耕生产、官方与民间往往共用同一套谚语。换句话讲，彼时谚语的描述对象与使用范围并不仅仅局限于民众的生活日常，也涵盖上层的政治法则，是雅俗同体的表达模式。待到春秋战国之际，随着生产工具的铁器化所带来的巨大经济效用，社会的分工和分层日益细化，

---

①李泽厚. 美学三书 [M]. 天津：天津社会科学院出版社，2003：229.
②朱熹. 四书章句集注 [M]. 北京：中华书局，2010：147.
③朱熹. 四书章句集注 [M]. 北京：中华书局，2010：217.

为政之道和农耕之事不再趋同，统治阶层和普通百姓开始分居社会两端。这时物质生产、政治治理的变革与分化，自然引发了文化层面的瓦解和重构，并导致统治阶层与被统治阶层在语言系统的选择与使用上不断分化。前者主要借用文字书写来颁布治国方针、制定社会法则，后者则主要依靠口头传诵来交流实践经验、传递行事规范。谚语作为民间用语，其传播模式自然逐渐偏向人与人、代与代之间的口口相传。谚语就成了"在民间流传的固定语句，（它）用简单通俗的话反映出深刻的道理"①。但谚语"表述某种推理或判断，传授某种知识（含经验）"②时，不是仅停留在事物的表面，或者只简单引述或描述事物的某种形象性质或状态，而是深入反映事物的本质和规律，具有知识性特征。汉语谚语凭借其以短语形式表述知识这一特性，与歇后语、惯用语等区别开来，确证了自身在适用和使用上的优越性。

一、伦理型谚语概述

从谚语的生成源头上看，其内容可涵盖自然谚和社会谚两大类别。其中社会谚又包括哲理谚、社会知识谚、思想修养谚，自然谚又包括生产谚、气象谚、风土谚、生活常识谚，等等。笔者认为，除了生产谚和气象谚之外，其他类型的谚语都或多或少涉及汉民族的人生观、世界观、价值观和道德观等思想信仰内涵，可以统一归为伦理型谚语。汉语中的伦理型谚语历史悠久、蕴涵丰富，运用普遍、传播迅速，具有极大的道德教化功能。它一方面以精练简短的语言浓缩着深奥丰富的人生道理和经验，引领着人们内在的价值理想；一方面以形象生动的语句传承着中华民族代代相传的伦理道德准则，规范着人们的外在行为。

从谚语范式的变更历程看，物质生产方式的变革则是其中的"始作俑者"。改革开放以来，随着社会主义现代化转型的不断加快、市场化的不断加速，中国的经济实力确实在日渐增强，在国际上的地位的确在不断提升。但在这经济繁荣的背后渐渐出现了传统文化的没落、道德伦理的失范以及价值导向的困惑等等不和谐现象。面对多元化的思潮冲击，今日的中国迫切需要建立一套满足大众需求的社会主义核心价值体系，引导民众树立正确的道德取向，来传承传统文化中所蕴含的正确价值导向和浓郁人文情怀，以维护中国现代社会伦理体系的正常延续。而大众需求

---

①中国社会科学院语言研究所词典编辑室.现代汉语词典（第七版）［M］.北京：商务印书馆，2017：1513.
②温端政.中国谚语大辞典［M］.上海：上海辞书出版社，2004：6.

的这种社会主义核心价值体系恰好与伦理型谚语的深刻内涵及作用高度吻合。因此，本书希冀通过对伦理型谚语的介绍与解读，分析出其与当下中国特色社会主义的文化建设及公民价值引导之间的契合点与差异处，以便使其更合理高效地为社会民众达到精神道德上的高度和深度而服务。

二、伦理型谚语的内涵与旨趣

据先秦典籍记载，言语教化体系早在三代之际便已初成规模，国家设立专门的部门和人员对教化事务进行管理，并以伦理规范为主要内容来教化大众。《学记》中说："古之教者，家有塾，党有庠，术有序，国有学。"[①]孟子也说："人之有道也，饱食、暖衣、逸居而无教，则近于禽兽。圣人有忧之，使契为司徒，教以人伦：父子有亲，君臣有义，夫妇有别，长幼有序，朋友有信。"[②]后来连"洒扫、应对、进退之节，爱亲、敬长、隆师、亲友之道"[③]也都被详尽地记入了相应文献之中。诸如此类的众多言说无不印证着中华文明教化体系的早熟和完整。伦理型谚语作为民间教化的重要形式之一，其教化的内容和目标在很大程度上正是参照官方、学理等正规性言语教化体系而得。正是由此，下文将以南宋理学家朱熹及其弟子共同汇编的有关社会人伦道德、礼仪规范的经典蒙学教本《小学》的文理框架为蓝本，从"立教""明伦""敬身"三方面来阐述伦理型谚语的内涵与旨趣。

首先，伦理型谚语蕴含丰富的"立教"思想，其内容包括道德教化过程中的施教主体与受教主体、施受双方关系及教学方法等多个维度。中国传统社会是典型的农耕文明，其教育方式主要是代际传承。普通民众主要是通过家庭血亲及所处区域内长者的传授来习得各种生产、生活知识，因此个体生命道德教育同样是主要依附于所在家庭和社群进行，通过知识的传承来明晰自身的行为规范和价值取向。我们发现，伦理型谚语在施教主体、施教阶段、施教风格、施教方式及其效用机制等方面都给出了一个明晰的导向。

在家庭中，与受教者关系最亲近，最容易施以影响的主体是其父母。正所谓"子不教，父之过"，"爱子当教子"，父母能否自觉承担起施教者的责任，与受

---

①孔颖达.礼记正义［M］.上海：上海古籍出版社，2008：1426.

②朱熹.四书章句集注［M］.北京：中华书局，2010：259.

③朱熹.朱子全书（第十三册）［M］.上海：上海古籍出版社；合肥：安徽教育出版社，2002：393.

教者的人生前途息息相关。另外，中国的祖父辈因与子女辈、孙辈共同居住或来往密切，其对孙辈也负有次一级的施教责任，如不能承担施教责任，则可能会出现"为老不正，带坏儿孙"的不良后果。道德教化宜早不宜迟，人们常说"月里婴儿娘引坏"，道德教化在受教者孩童阶段就应该慎重开展。而"言教不如身教"，由于此时受教者心智幼稚，父母在这一阶段以身教为主。父母应当通过自身端正的德行，对儿女的品性施以正确的引导。随着受教者心智的逐渐成熟，施教者更要牢记"慈母多败儿""父不慈则子不孝"的道理，更为主动地秉持严肃的教育风格对受教者言行进行规范与矫正。这时的施教方法是既身教也言教，施教者只有双管齐下方能深化稳固受教者的道德取向和行为规范。当然，由于传统社会家庭"男女有别"，施教者与受教者之间的效仿学习机制在不同的家庭角色及责任体系中有所差别。所谓"娘勤女不懒，爹懒儿好闲"，"婆婆有德媳妇贤"，即指出了家庭内部"爷爷—父亲—儿子""婆婆—母亲—女儿"两种联动教化关系。

其次，伦理型谚语蕴含深刻的"明伦"道理，围绕日常生活中最为核心的五伦关系，阐述了与之比配的道德原则与行为规范。这套伦理观念体系主要有三个特点：一是五伦关系的确立主要以人与人之间血缘的亲疏、恩情的厚薄为根据；二是父子关系在五伦关系中最为根本，而兄弟关系、君臣关系、师徒关系可视为父子关系在其他不同层级的血亲关系及社会关系中的投影；三是五伦关系内部的道德规范是双向的，关系双方虽有明显的单向从属特征，但又有注重节制均衡的一面。

以五伦关系中最根本的父母与儿女的关系为例来看伦理型谚语中蕴含的"明伦"道理。人们常说"父母之恩，犹天地也"，"人情莫亲于父子"，父母与儿女之间的关系正如宇宙造化与人之间的天然联系，至高无上而又纯粹。世人常说"金钱难买亲骨血"，"不是黄泥不拦路，不是亲肉不巴骨"，父母子女之间存在的是"打断骨头连着筋"的血缘之情，今生来世都无法割舍。父母对子女是一种无私的爱，正如"父母爱子女，十指痛连心"，"儿行千里母担忧"。作为父母，疼爱子女为人之常情，但家中父母之道主导着儿女之德行，这种爱不是溺爱，应当遵循一定的分寸和原则，所以说"父不骂孝子，母不打勤儿"，"父母德高，子女良教"。作为子女，则应知道"父母毋亲跟谁亲，父母毋敬敬何人"的伦理规范，与父母相处时遵循"百善孝为先"的准则。正所谓"孝悌为仁本，应知百福全"，子女在人世间最应亲近与孝敬的是自己的父母，"孝"是人道德修养的开端和根本。

而"父母在，不远游"，"父母有疾，人子忧心"，"厚养薄葬乃孝道"等体现出了子女对父母尽孝道的具体行为。自然，孝敬父母并不是一味地盲从，而是"明理"地顺从，正所谓"父有过，子当诤"。"父慈子孝"，只有当父母与子女之间确立了双向、均衡的相处原则，其道德情感和行为才会朝着良性运转的方向发展。

最后，伦理型谚语蕴含丰富的"敬身"原则。上述"立教"与"明伦"两方面内涵主要是从社会关系的角度来阐释相应的伦理教化，"敬身"则是要求受教者回归自身，以一己的自省、自觉来进行身心修养，最终将外在的人伦规范和道德内化为一己的良知、良能，从而达到"从心所欲而不逾矩"的自在之境。

"敬身"先立志。正所谓"爹娘养身，自己长心"，"父母生身，自己立志"，在心态与志向方面，个体生命只有对自身的修养要求存有自觉心，才能有效摆脱对外在力量的依赖，去追求更高的人生境界。"敬身"要正心。正所谓"船靠舵正，人靠心正"，"理正不怕官，心正不怕天"，个体生命之心只有立于不偏不倚之地，才能始终坚守正理。"敬身"须宽容。正所谓"功不独居，过不推诿"，"量大福大，心宽屋宽"，个体生命在面对生活中的是非得失、吉凶祸福时，以一颗宽容心理性面对，防止欲望与情绪的过度膨胀，就能获得更大的福报。"敬身"须敬人。正所谓"若要人敬己，先必己敬人"，"严于责己，宽于待人"，个体生命遇事应先从自身做起，学会谦让他人。真正将外在道德伦理规范转化为内心规矩的个体生命会在衣食、起居、言行、丧祭等日常生活的具体领域中遵循道德指向，如"衣贵洁，不贵华"，"食不语，寝不言"，"居家要俭，行旅要慎"，"言必信，行必果"，"言顾行，行顾言"等。这些指导普通百姓生活规范的谚语构成了言行举止的直接准则，推进着民间习俗的不断确立和强化。

上述伦理型谚语在立教的阶段性计划、五伦的具体道德规范、敬身的内化外显等方面的表述也许不那么详尽，但它们配合紧密、相辅相成，不知不觉间便巧妙地传递出一套具有共同价值取向的伦理道德观念。正是因为伦理型谚语具备简洁却有效、零散又整体的道德教化功能，才得以在漫长的历史进程中不被湮没而世代流传。

三、伦理型谚语在现代的定位与价值

自鸦片战争开始，中国传统的经济、政治结构便面临着重构，传统文化也遭遇西学的冲击而需要转型。待到新中国成立，中国社会对政治制度的探寻有了答案，改革开放的成就，则预示着新的经济制度的正式确立。然而，文化层面的建构却迟迟未见成效，传统的思想因不断的意识形态革命几近断层，西方的伦理又因其独特的生成背景难以真正深植人心，以致今日广大民众在信仰和规范层面陷入了"真空"状态。社会达尔文主义大行其道，人与人之间的关系变得冷漠，真、善、美等人之为人的本真追求也遭受冷落，整个社会充斥着浓烈的拜物教及虚无主义的价值倾向，个体生命逐渐异化为金钱或物品的附属，甚至是奴隶。尤其是在广大相对落后的乡村地区，因为缺乏文化的支撑效用，市场经济所引发的不良后果更甚，村民们脱离世代居住和耕种的土地投奔到市场经济的大潮之中，不仅在空间上离乡背井，在思想上也开始背离纯朴的传统，为利益左右而难以自拔。

正是基于上述时代背景，近些年政府大力提倡社会主义核心价值，宣扬传统文化的复兴，以期营造一个公正、和谐的社会环境，引导民众成为一名遵循法制崇尚道德的合格公民。伦理型谚语作为传统社会伦理教化体系的构成部分，其对于引导民心、民性，维系乡土社会的秩序曾发挥过巨大的正面效应。今日中国的经济生产能力、水平以及社会的组织结构，虽然已经与过去大不相同，但人心、人性的取向却依旧存有大量的相似之处。这一点纵观伦理学学科的发展历程便可明了。现代伦理学研究的诸多问题和范畴其实早在古希腊时期便被提出和探究，而且，对于这些问题和范畴的探究和解答也将成为人类生命的永恒议题。同理，伦理型谚语所主要包含的立教、明伦和敬身三大主题，照样可以超越时空的限制运用到现代社会的治理当中，为公民道德的树立、人格的塑造发挥积极的功用。

具体而言，伦理学谚语对现下社会风气的积极引导可归纳为以下两方面：第一，伦理型谚语将有助于培育民众的正确道德取向，使民众得以继续传承传统文化中正确的价值导向和浓郁的人文情怀。现代社会生活节奏的日益加快，往往使得个体生命在道德取向上发生变化，其自身承受着巨大的生存负担和心理压力，这一情形在一定程度上投射到人们的日常用语中，或多或少地表现出低俗与暴戾的倾向。尤其是在网络世界中，人们得以戴着面具躲进虚无的世界中，便自觉或不自觉地用一些不文明的用语来释放内心的黑暗，如"卧草"，"我日"，"尼玛"，"你妹"，"碧池"，"小婊砸"，"滚粗"，"屌丝"，"fuck you"，"shit"等的使用。人民网舆情监测室2015年所发布的《网络低俗语言调查报告》指出，一方面一些生活中的污言秽语经由网络变形而广泛传播，输入法造词产生的象形创造、英文词汇的中文化、方言发音的中文化也产生了不少秽语新词；另一方面，网民自我矮化、自我丑化的一些词汇也在网络间疯狂生长。[①]这些不雅用语远不止流传于网络，诸多网民在现实交流中一样出口成"脏"。这些现象的存在和发生无疑会对个体品性和人格的塑造带来巨大的负面影响，其危害对世界观和人生观正处于萌发阶段的青少年而言尤为严重。相形之下，那些经过世代相传的伦理型谚语通俗却不低俗、易懂却不媚俗、简单却不恶俗、顺口又富含哲理，若是能将之灵活且充分地融于现代的家庭、学校和社会教育之中，不仅能更为便捷、清晰地传达某些积极的人生道理，也可以促进国人对传统语言和文字魅力的领悟，使其在语言和道理的浸润之中来安顿自己的生命与言行，远离低级趣味，造就文明环境。

第二，伦理型谚语将有助于构建社会的伦理规范，引导和维护中国现代社会伦理体系的建构。当下社会各个领域的伦理规范大都出现了或多或少的失调：孝道的陨落、夫妻的离心、朋友的失信、市场的欺诈、官员的贪污等现象时常占据着各大新闻和网站的版面。如何让个体生命摆脱拜物、虚无的困境，重树人之为人的价值信仰和人格追求，已然成为政府和社会的核心议题之一。伦理型谚语作为传统文化，尤其是儒家的礼乐制度的压缩体，其所界定的伦理法则曾维系着传统乡土社会两千多年的秩序，将之运用在当下社会诸般伦理乱象的纠偏中无疑会大有裨益。伦理型谚语所包含的对于父母的教育责任、对于子女的孝悌义务的精辟论证，有助于推进孝道在现代社会的传承和发扬。伦理型谚语所主张的夫妻相处之道，则能够指导夫妻间相亲、相爱与相守，有助于社会家庭生活的稳定、美满。《后汉书·宋弘传》载："时帝姊湖阳公主新寡，帝与共论朝臣，微观其意。主曰：'宋公威容德器，群臣莫及。'帝曰：'方且图之。'后弘被引见，帝令主坐屏风后，因谓弘曰：'谚言贵易交，富易妻，人情乎？'弘曰：'臣闻贫贱之知不可忘，糟糠之妻不下堂。'帝顾谓主曰：'事不谐矣。'"宋弘回以谚语"贫贱之知不可忘，糟糠之妻不下堂"来反驳"贵易交，富易妻"，对于今日夫妻关系的维护无疑具有重大的启示意义。

此外，伦理型谚语对于当下各类社会关系的和谐发展也有极大的启迪作用。朋友之间的相处原则，市场交易的活动法则，官员理政的行为风气，若是能依照"敬

---

①国家语言工作委员会中国语情与社会发展研究中心.网络低俗语言调查报告全文发布［DB/OL］.来源：人民网.2015-06-20.http://ling.whu.edu.cn/yuqing/001/2015-06-20/1026.html.

身"所包含的立志、宽容、敬人等原则来对待，自然有助于纠正当下社会所存有的诸多不正之风，使得个体生命重新审视自我的人格追求和行为规范，最终促成朋友有信、市场有序、官场有直的良性社会的营造。

当然，依循前文对于谚语变革所作的分析可知，传统谚语所适用的范围主要是农耕生产支配下的乡土社会，此一社会形态的特征主要在于缺乏流动和经验优先，现代中国虽然依旧以农业为第一产业，但其生产方式却是以科技为主导，社会人员的大规模流动也成为一种常态。社会生产及组织模式的调整，必然引发谚语所述知识的适用合法性问题，伦理型谚语所主张的诸多道德规范自然也有必要根据时代需求进行重新的审视与变革。因为，"人类所有的知识都受到时空的限制，都是有限观察和思考的总结"，若是时空或者世界发生了变化，知识体系自然也须相应改革，否则便会陷入"牛头不对马嘴"的尴尬境地。①就伦理型谚语的现代使用来讲，其所主张的亲亲、尊尊可以拿来直接使用，但以年龄长短来论证知识的可靠性的论断，如"不听老人言，吃亏在眼前"等观念，却不尽然符合现代社会日新月异发展所引发的知识权和话语权的转变。伦理型谚语中围绕父子、夫妻、社会的等级划分等所作的部分论断，如"龙生龙，凤生凤，老鼠生的儿子会打洞"等，则与社会主义核心价值体系中的公平、平等等理念相悖。此外，过去社会治理强调德主刑辅，现代社会则是建基于法治，因此伦理型谚语当中对于"礼"的某些阐释也需要加以转变，以适应依法治国的基本国策。

概而言之，传统文化在中国绵延数千年，作为汉民族的道德准则和行为规范，扎根于每一个中国人的心中。谚语作为传统文化载体之一，为传统文化的保留和传承做出了自己的贡献。它用自己短小凝练、富有生活气息的形式传承着具有民族特色、体现民族追求的传统文化。传统礼文化虽存在一些不合理的因素，但其合理内核仍能净化心灵、提升修养、和谐社会；历史长河中的谚语虽有糟粕，但其精华历经岁月洗刷仍是"时代的镜子"。我们应"择其善者而从之"，以健康的心态去传承和发扬传统文化以及传统文化的载体，使其"隔山不隔水，隔水不隔心"，最大限度地增强全球华人的凝聚力，增强中华民族的文化自豪感，从而实现文化的复兴、民族的复兴。

---

①费孝通.乡土中国［M］.上海：上海人民出版社，2013：129.

第九章 **郴州俗语的使用情况和发展对策**

"我们知道，活的语言永远都是在运动和发展着的，同样，语言的词汇也永远都是一个运动着的整体。虽然词汇有静态和动态两种存在形式，但是词汇的静态形式是相对的，只有动态形式才是绝对的。"[①]对俗语进行深入、全面的研究，绝对不能仅仅停留在对俗语本体的静态研究上，而要关注俗语在运动发展中的变化。随着时代的发展变迁，有的词汇会快速消失，有的会慢慢消亡，有的则会逐渐成熟、逐渐稳定。那么，俗语的使用现状如何、人们对俗语的态度如何、俗语会呈现怎样的变化也就成了本书关注的问题。

对当前俗语的使用和发展情况，学术界有着不同的看法和观点。有学者认为俗语正在急剧消失，面临发展危机。如吴建生认为"随着时间的推移和社会现代化的推进，带着泥土芳香的万荣俗语也处在急剧的演变和消失之中"[②]；杨月蓉认为"方言俚俗语的使用频率大大降低，使用范围大大缩小，很多青少年已不懂父母辈所说的俚俗语，有些俚俗语已经从人们口语中消失了。目前语言学界有专家正在疾呼

---

①葛本仪 . 词汇的动态研究与词汇规范［J］. 辞书研究，2002（3）：12-16.
②吴建生 . 万荣俗语初探［M］// 温端政 . 俗语研究与探索 . 上海：上海辞书出版社，2005：217.

'抢救方言'，呼吁为后人留下一份宝贵的文化资料，我们认为，对方言俚俗语的调查研究也应是其中一项重要内容"[①]。也有研究者认为俗语在茁壮发展，而且越发稳定。如景瑞鸽认为"千百年来社会在不断地进步和发展，俗语作为语言单位也在这个过程中不断地吸取精华，弃其糟粕，充实提高，完成自身的调整与转变。也正是因为它自身拥有的调整功能才使它成为人们喜闻乐见的一种语言单位，在语言系统中扎根发芽，茁壮成长，并不断走向成熟、稳定"[②]。

那么，当今郴州俗语是在不断稳定发展还是面临发展危机？为了更好地了解郴州俗语的使用情况和发展趋势，也为了给研究方言和民俗人员提供有一定价值的第一手资料，本书进行了一次较大规模的问卷调查。

第一节　郴州俗语使用情况调查及分析

一、调查材料、对象和方法

（一）调查材料及问卷内容

1. 调查问卷所用语料说明

本次调查的主要目的是了解地方俗语的具体分布和使用情况，所以，问卷所选语料必须是地方比较通行的俗语。我们首先通过访谈和问卷的方式对不同生活环境、不同年龄阶段、不同文化程度的郴州人的俗语使用情况进行了调查，既获得了感性认识，又搜集了部分语料。然后以俗语的定义为语料选择标准，并综合考虑其语义、语用、结构、来源等各方面特点，根据研究的需要选出语例100条，制作成《郴州俗语使用情况调查问卷》。

调查问卷所选语料共100条，一部分来自《郴州民间谚语集成》，一部分来自11个县（市、区）的地方志，一部分来自何琦教授的《郴州文化溯源》，还有一

---

①杨月蓉.从重庆方言俚俗语看俚俗语与地方文化［J］.重庆工商大学学报（社会科学版），2006（2）：146-150.

②景瑞鸽.《黄河东流去》俗语研究［D］.山东大学硕士学位论文，2010：47.

部分来自先期自制的《郴州本地俗语调查表》（见附录二）收集到的语料。

2. 调查问卷内容

调查问卷内容包括四个部分。

第一部分是受访者的个人资料。包括受访者的出生地、性别、年龄、身份、文化程度、职业、生活环境（城镇或农村）、家庭环境（父母的职业及文化程度）。

第二部分是受访者对郴州俗语总的看法。包括是否听过、是否使用、是否喜欢三个方面。

第三部分是俗语的使用情况。包括三方面：一是熟悉程度，在每条语例后面列出听说过、没听过两个选项，要求调查对象作出选择；二是使用频率，有经常说、偶尔说、不说三个选项，要求调查对象作出选择；三是喜欢程度，有喜欢、不喜欢、无所谓三个选项，要求调查对象作出选择；四是要求列举出 10 条未见于调查问卷表的郴州俗语。

（二）调查对象

此次调查先后在郴州市、桂阳县、嘉禾县、永兴县、桂东县、宜章县进行。调查对象涵盖了郴州 11 个县（市、区），包括公务员、大中小学生、教师、护士、电视台电台记者编辑、农民、个体户、宾馆服务员、移动公司职员和部分退休老同志等，文化程度涉及了大专及以上、中学、小学和文盲等范围。本书假定影响俗语使用的社会因素主要是年龄、生活环境、性别、文化程度等，因此，以这些因素为自变量。调查对象共 682 人，具体情况如表 1。

表 1　郴州俗语使用情况调查样本信息表（N=682）

样本类型		人数	占比（%）	样本类型		人数	占比（%）
性别	男	330	48.4	年龄	15 岁以下	126	18.5
	女	352	51.6		16—25 岁	224	32.8
文化程度	小学及以下	32	4.7		26—55 岁	262	38.4
	中学 / 中专	366	53.7		56 岁以上	70	10.3
	大专及以上	284	41.6	生活环境	农村	356	52.2
					城镇	326	47.8

由表1数据得知，本次调查对象涉及面较广，其中男女比例大致相当，女性略多于男性；调查对象的年龄主要集中在 16 至 25 岁和 26 至 55 岁两个阶段，因为这两个年龄阶段的受访者与外界接触交流比较频繁，阅历比较丰富；文化程度以中学（包括初中、高中）及以上学历居多；生活在农村的人数稍多于生活在城镇的人数。

（三）调查方法

在调查方法上，根据研究的需要，同时限于调查的时间和人力，本书采取了较大范围的问卷调查和小规模的访谈记录相结合的方法。本次调查采取滚雪球抽样的方式，共发放问卷 800 份，收回有效问卷 682 份，有效率为 85.3%。调查的结果，为后续的统计分析提供真实依据。访谈记录所得信息，则可进一步检验问卷调查的可信度。采用访谈方式，还能了解到一些问卷调查中难以反映的情况。

二、调查结果分析

调查表明，影响郴州俗语分布和使用的社会因素很多，年龄、生活环境、性别、文化程度等因素造成个体（个人或言语社团）之间的差异，交际场合、交谈话题、交际双方关系等因素则造成个体内部的变异，而各种社会因素又往往是交互作用的。俗语自身的特性（语义、色彩及其所反映的文化）也影响到说话者，使其在使用俗语时有很大的选择性。

（一）郴州俗语使用情况的影响因素

本书主要从年龄、生活环境、性别和文化程度等四个方面来具体分析郴州俗语的使用情况。

1. 年龄因素

社会语言学认为，人在不同的年龄段会受不同社会因素的影响。在不同的年龄段，其语言在运用上也会有所不同。调查中，将调查对象分为四个年龄段，分别是：15 岁以下、15—25 岁、26—55 岁以及 56 岁以上。调查结果采用百分比的方法统计，文中"百分比"是受访者各个调查项目统计数目与每一年龄阶段语料总数之比。调查问卷中共有八个选项，其中"听说过""没听过"两个选项的百分比代表着熟悉程度的高低，"经常说""偶尔说"和"不说"三个选项的百分比代表着使用频率，"喜欢""不喜欢"和"无所谓"三个选项的百分比代表着喜欢程度。本书力求通过分析数据得知年龄因素对俗语的使用有何具体影响。具体调查数据见表 2。

表 2　不同年龄阶段俗语使用情况

使用情况 年　龄	熟悉程度（%）		使用频率（%）			喜欢程度（%）		
	听说过	没听过	经常说	偶尔说	不 说	喜 欢	不喜欢	无所谓
56 岁以上（70 人）	78.63	21.37	32.74	29.80	37.46	51.43	0	48.57
26—55 岁（262 人）	64.02	35.98	14.85	25.47	59.68	25.19	3.82	70.99
16—25 岁（224 人）	36.33	63.67	5.10	11.92	82.98	14.29	5.36	80.35
15 岁以下（126 人）	20.08	79.92	1.19	3.28	95.53	14.29	12.70	73.01

　　从表 2 数据可以看出：56 岁以上年龄段的调查对象对郴州俗语的熟悉程度、使用频率、喜欢程度最高，15 岁以下年龄段的调查对象对郴州俗语的熟悉程度、使用频率、喜欢程度最低。由此可见对俗语的熟悉、使用和喜欢程度与年龄成正比。

　　从具体数据来看，在"听说过"郴州俗语选项中，比例最高的是 56 岁以上人群，占比 78.63%；其次是 26—55 岁人群，占比 64.02%；排在第三位的是 16—25 岁人群，占比是 36.33%；排在最末的是 15 岁以下人群，占比只有 20.08%。在"经常说"郴州俗语选项中，比例最高的是 56 岁以上人群，占比 32.74%；其次是 26—55 岁人群，占比 14.85%；排在第三位的是 16—25 岁人群，占比是 5.10%；排在最末的是 15 岁以下人群，占比仅为 1.19%。在"喜欢"郴州俗语选项中，比例最高的还是 56 岁以上人群，占比 51.43%；其次是 26—55 岁人群，占比 25.19%；16—25 岁和 15 岁以下两类人群并列第三，占比都是 14.29%。可知年龄越大的人对俗语的熟悉、使用、喜欢程度越高；越年轻的人对俗语的熟悉、使用、喜欢程度就越低。

　　而在"不说"郴州俗语选项中，比例最高的是 15 岁以下人群，占比高达 95.53%；排在第二位的是 16—25 岁人群，占比为 82.98%；排在第三位的是 26—55

岁人群，占比是 59.68%；比例最低的是 56 岁以上人群，占比为 37.46%。在"不喜欢"郴州俗语选项中，除了 56 岁以上人群没人选择外，从高到低的排列顺序分别是 15 岁以下人群、16—25 岁人群以及 26—55 岁人群。由此可知，年龄越小的人对郴州俗语的使用频率越低，不喜欢的程度越高。

另外，不容忽视的是"无所谓"选项的数据都不低，56 岁以上人群的比例将近一半，其他三个年龄阶段人群的比例都超过七成，其中 16—25 岁人群的比例达到了八成。由此可知，受访者对郴州俗语的关注度不高，喜欢程度偏低；尤其是青少年和中年人对郴州俗语的重视程度不高。

究其原因，本书认为应与个体拥有的社会经验有关。年龄大的人相比年龄小的人来说，其人生阅历更为丰富，人际交往对象更为广泛，对民间流传的俗语自然也就接触得多、使用得多；而且随着对俗语了解和使用程度的加深，使用者会进一步感受到俗语表意上的通俗易懂、生动传神，自然也就会进一步提高对郴州俗语的喜欢程度。反之，年龄越小的人，尤其是 15 岁以下人群则会因人生阅历的不足以及人际交往范围的受限，加之普通话使用范围和使用频率的提高，而缺少使用方言的机会以及了解和使用俗语的机会，自然也就不会熟悉和喜欢俗语。

2. 生活环境因素

俗话说得好，"一方水土养一方人"，生活环境对人们的语言运用有较大的影响。这里的"生活环境"包括"居住的自然环境"和"人际交往的语言环境"。例如对普通话的使用，生活在城里的人的熟练程度和标准程度要高于生活在农村的人；对流行语的使用，生活在城里的人的理解程度要高于生活在农村里的人。而对来自民间、流传于群众口语中的俗语，生活在城里的人与生活在农村的人有无差异值得探究。郴州是个地级市，所以本书中的"城镇"是指郴州市区和各个县（市）的县（市）所在地，"农村"这一选项的人员包括目前生活在农村或曾经在农村生活过较长一段时间以及父母亲大多数时间生活在农村的人。具体调查数据如表 3。

从表 3 数据得知：调查对象中"农村"人数 356 人，"城镇"人数 326 人，数目大致均衡。调查结果显示，生活在农村的人对俗语的熟悉程度、使用频率和喜欢程度都要高于生活在城镇里的人。具体数据对比如下："听说过"选项中，"农村"占比高于"城镇"占比，分别是 56.26% 和 39.56%；"经常说"选项中，"农村"占比高于"城镇"占比，分别是 14.26% 和 7.36%；"喜欢"选项中，"农

表3   不同生活环境俗语使用情况

使用情况 / 城乡差别	熟悉程度（%）		使用频率（%）			喜欢程度（%）		
	听说过	没听过	经常说	偶尔说	不说	喜欢	不喜欢	无所谓
农 村（356人）	56.26	43.74	14.26	20.21	65.53	28.65	6.18	65.17
城 镇（326人）	39.56	60.44	7.36	14.26	78.38	15.34	4.91	79.75

村"占比还是高于"城镇"占比，分别是28.65%和15.34%。

究其原因可能是郴州俗语中农谚比重大，生活在农村的人因其居住环境和交往对象，对农业生产的熟悉程度和关注程度要高于生活在城镇的人。如对"过了惊蛰节，农民冇气歇"，"麻婆崽多，短禾谷多"这类俗话，农村的人显然更常使用、更为熟悉。生活在农村的人群对俗语的熟悉现象也正好印证了前文所述郴州是个重视农耕的地方。

另外，有一个值得关注的现象，就是无论生活在城镇还是生活在农村的调查对象，选择"没听过""不说"和"无所谓"这三个选项的比例都偏高。其中"农村"人群的数据占比分别是43.74%、65.53%和65.17%；"城镇"人群的数据占比分别是60.44%、78.38%和79.75%。数据反映出不少调查对象尤其是"城镇"人群对本地俗语不熟悉不了解，且抱有无所谓的态度。由此可知当前人们对俗语的关注度和使用频率偏低。究其原因，可能与城市化进程有关。正如谢俊英在《城市化进程中的农民工语言问题》一文中所说，通过多年的调查研究发现，农民工进城务工首先对城市和乡村的语言生活都有较大影响，一是农民工的大量加入使得城市里的语言生活变得多元和复杂，城市独有的语言特征不复鲜明；二是随着城市化进程的加快，教育普及、经济发展人口流动尤其是农民工的回流，会给乡村的语言生活带来非常大的变化。①

3. 性别因素

一般而言，性别对语言的运用会有较大影响，不同的性别会直接影响到语言的

①谢俊英.城市化进程中的农民工语言问题［J］.云南师范大学学报（哲学社会科学版），2011（3）：39-43.

选择与使用。也就是说由于男性与女性拥有不同的思维方式和心理特点，各自在词语、语句的选择和喜爱等方面会有一定的区别。例如对于普通话，女性较之男性敏感性更高，标准程度更高；对于粗话和痞话，则男性较之女性更常用，女性一般不会让粗俗之言脱口而出，而会选择比较文雅的说法。那么，对于俗语，性别不同选择是否存在不同呢？具体调查数据如表4。

表4 不同性别俗语使用情况

使用情况 性 别	熟悉程度（%）		使用频率（%）			喜欢程度（%）		
	听说过	没听过	经常说	偶尔说	不 说	喜 欢	不喜欢	无所谓
男 （330人）	48.35	51.65	10.95	18.07	70.98	23.03	6.06	70.91
女 （352人）	48.22	51.78	10.97	16.70	72.33	21.59	5.11	73.30

从表4数据得知：男性、女性在熟悉程度、使用频率、喜欢程度三个方面的百分比基本持平，也就是说性别因素对郴州俗语的影响不明显。具体来看，"听说过"选项中，"男性"占比为48.35%，"女性"占比为48.22%，几乎相同；"经常说"选项中，"男性"占比为10.95%，"女性"占比为10.97%，基本一致；"喜欢"选项中，"男性"占比为23.03%，"女性"占比为21.59%，男性略高于女性，但差距甚小。

本书认为，虽然男性、女性在熟悉程度、使用频率、喜欢程度三个方面的数值差别很小，但并不代表二者之间没有差异。通过进一步访谈得知，性别不同会导致俗语的选择有差异。例如男性对"霜降不割禾，一夜丢一箩"，"挖土挖得深，土里出黄金"，"不怕田瘦，就怕田漏"等有关农业生产俗语的熟悉程度与使用频率要高于女性。而女性则较多地关注和使用有关日常生活哲理方面的俗语，如"穿不穷，吃不穷，不会操持一世穷"，"打人莫打脸，吃饭莫抢碗"，"六十岁学打拳——迟了"等。究其原因，可能与"男主外，女主内"的传统家庭分工习惯有关。

另外，调查中"没听过""不说"和"无所谓"三个选项的比例同样非常高。其中"没听过"的男性、女性占比分别为 51.65% 和 51.78%，超过一半；"不说"的男性、女性占比分别为 70.98% 和 72.33%，超过七成；"无所谓"的男性、女性占比分别为 70.91% 和 73.30%，也均超过七成。如此高的数据说明，无论是男性还是女性，他们对俗语的熟悉程度和使用频率都偏低，而且对俗语的喜爱程度很低。由此可以预测，俗语的传承和发展会出现一定的危机。

4. 文化程度因素

一个人的文化程度会直接影响其对语言的选择与使用。一般而言，文化程度高的人不喜欢用粗俗之语，言语内涵会更丰富；而文化程度低的人言语会更浅显更直白。那么，文化程度的不同会不会影响到对俗语的认知和选择也值得关注。调查中，按文化程度将受访者分成了小学及以下、中学（初、高中）/ 中专、大专及以上三个阶段，具体调查数据如表 5。

表 5　不同文化程度俗语使用情况

使用情况 文化程度	熟悉程度（%）		使用频率（%）			喜欢程度（%）		
	听说过	没听过	经常说	偶尔说	不说	喜欢	不喜欢	无所谓
小学及以下 （32 人）	62.88	37.12	24.06	23.63	52.31	43.75	18.75	37.50
中学 / 中专 （366 人）	39.89	60.11	8.64	12.92	78.44	20.77	6.01	73.22
大专及以上 （284 人）	57.46	42.54	12.47	22.38	65.15	21.83	3.52	74.65

从表 5 数据得知：无论是熟悉程度还是使用频率、喜欢程度，占比最高的都是"小学及以下"文化程度群体，其次是"大专及以上"文化程度群体，最后是"中学 / 中专"文化程度群体。就具体数据而言，在"听说过"选项中，按文化程度从低到高的占比分别是 62.88%、39.89% 和 57.46%；在"经常说"选项中，按文化程度从低到高的占比分别是 24.06%、8.64% 和 12.47%；在"喜欢"选项中，按文化

程度从低到高的占比分别是 43.75%、20.77% 和 21.83%。

究其原因与各个文化层次中的人员组成有很大关系。"小学及以下"文化程度群体熟悉、使用和喜欢程度最高，是因为 32 位调查对象中有 16 位是 56 岁以上的老人，另有 4 位中年人以及 12 位小学生。从前文调查中已知前两类人对俗语熟悉程度较高且使用频率较高。而"大专及以上"文化程度群体对俗语的熟悉使用程度之所以会高于"中学 / 中专"文化程度群体，是因为"中学 / 中专"文化程度的366 人中有 114 人是在校初中生，116 人是在校高中生，这一部分人中绝大多数尚未跨出学校大门，还未真正走进社会，其生活环境比较单纯，社会经验不丰富，因此接触和使用郴州俗语的机会不多。

另外，本书发现有一些调查数据值得进一步调查研究，如"不说"俗语的比例较高，在三个文化层次中的占比均超过一半。其中"小学及以下"的占比为52.31%，超过一半；"中学 / 中专"的占比为 78.44%，将近八成；"大专及以上"的占比为 65.15%，超过六成。另外对俗语"无所谓"的占比在"中学 / 中专"和"大专及以上"文化程度中分别达到了 73.22% 和 74.65%。"不说"比例高意味着俗语的使用频率会不断降低，使用范围会不断缩小，"无所谓"比例高则意味着民众对俗语的保存和传承并不关心。

第二节　郴州俗语面临的发展危机及原因分析

从前文郴州俗语使用情况调查中发现，对郴州俗语的熟悉程度、使用频率和喜欢程度受年龄、生活环境以及文化程度三个因素的影响较大，受性别因素的影响很小。通过上述调查还发现，对郴州俗语"没听过""不说"和"无所谓"的比例很高，说明郴州俗语的使用频率、使用范围和人们对它的认知程度都出现了不太乐观的局面，即出现了发展危机。本书认为，郴州俗语的发展危机是全国地方俗语发展危机的一个缩影。本书力求通过对郴州俗语发展危机的探究，提出一些具有合理性和操作性的对策，为地方俗语的传承和发展提供一定的借鉴。

一、郴州俗语面临的发展危机

地方俗语本身在其发展过程中，会受到使用人群、使用地域、使用频率等因素的限制。在传承方式上，我们的祖辈靠口耳相传，将这些反映郴州特定文化内容的俗语保存下来了。但在对郴州俗语使用情况进行较大范围的问卷调查后，本书发现，郴州俗语在传承中出现了断裂的危险，处在发展危机之中。发展危机主要体现在以下两点：

第一，年轻人（主要指25岁以下的人，包括25岁）对郴州俗语不喜欢、不太熟悉，基本不使用。从前文表2中可以看出：①四个年龄段在熟悉程度一栏"听说过"的比例分别是78.63%、64.02%、36.33%、20.08%。56岁以上和26—55岁这两个年龄段的人对郴州俗语比较熟悉，但25岁以下的人对郴州俗语就不太熟悉。由此可知，随着年龄的递减，对郴州俗语的熟悉程度在急剧下降。具体数据见图1。

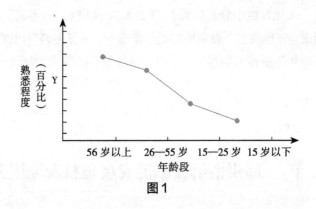

图1

②四个年龄段在使用频率"经常说"这一栏的比例分别是32.74%、14.85%、5.1%、1.19%。说明人们在日常生活中已经逐渐减少使用郴州俗语，16—25岁、15岁以下两个年龄段基本不使用。我们知道，俗语主要依靠口耳相传，它一旦丧失使用领域，就会逐渐萎缩，甚至消亡。具体数据见图2。

③从喜欢程度一栏的"不喜欢"选项来看，年龄越小，不喜欢的程度越高。四个年龄段不喜欢郴州俗语的比例分别是：0、3.82%、5.36%和12.70%。从调查数据可明显看出，15岁以下的使用人群对郴州俗语的不喜欢程度是急速上升的。从心

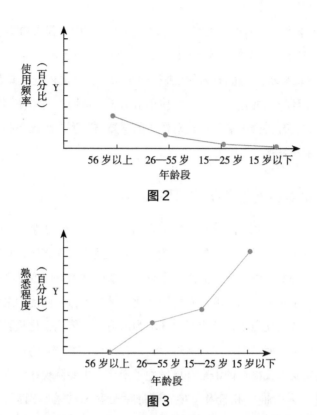

理学的角度来看，"不喜欢"的心理会使人产生使用上的抵触情绪和放弃行为。具体数据见图3。

第二，居住在农村的使用人群已减少俗语使用频率，不喜欢程度超过居住在城镇的使用人群。如前所述，郴州自古就十分重视农耕，郴州俗语中农谚较多。从立春的"立春晴一日，农夫不费力"到夏至的"夏至雷鸣六月旱"，从立秋的"六月秋，要到秋；七月秋，不到秋"到冬至的"冬至晴一日，农夫不费力"，形成了一套相对完整的二十四节气农谚。一般而言，生活在农村的人因与农业生产联系紧密，相比之下，对俗语在熟悉程度、使用频率、喜欢程度上会高于生活在城镇的人，这一点已在前文表3的数据中得到证明。

但同时我们发现，就生活在农村的这类使用人群而言，他们对郴州俗语的使用情况也在发生着比较明显的变化。生活在农村的人群对郴州俗语的熟悉程度"听说过"是56.26%，但使用频率上选择"经常说"的却只有14.26%。据《郴州年鉴》

记载，到 2004 年底，郴州市总人口为 457.71 万人，其中乡村人口为 300.97 万人，占总人口的 65.75%。截至 2018 年年底，郴州城镇人口 260.4 万人，乡村人口 214.1 万人，城镇化率 54.9%。[①]随着城镇化进程的加快，大量的农村人口外出工作，因交际对象和工作环境的变化，已经不太使用俗语了。他们对俗语使用频率的降低以及不喜欢程度的上升将会影响到后代对俗语的感知与熟悉，因此势必会进一步影响郴州俗语的传承和发展。

二、郴州俗语面临发展危机的原因

郑长天认为："民间文化的传承离不开它的稳定性和变异性。……如果说，民间文化之所以成为传统是因为它的稳定性，那么，民间文化之所以具有亘古常新的魅力，则源于它的变异性。"[②]变异能带来亘古常新的魅力，但变异必须在传统的相对稳定中发生。事实上，人民群众是传统文化传承的主体，而他们总生活在特定的历史环境中，传统文化也是以这个历史环境为语境的。传统文化是否稳定，很大程度上取决于人民群众所处的语境。通过上述调查分析，本书认为造成郴州俗语发展危机的原因主要是人民群众的语言环境发生了变化，主要体现在以下两个方面。

第一，普通话的推广和普及。推广普通话是我国的基本国策。我国从 20 世纪 50 年代开始大力推广和普及普通话，其方针是"大力提倡，重点推行，逐步普及"。1986 年确定了在 20 世纪末实现普通话成为校园语言、工作语言、宣传语言和交际语言的正式用语的目标和要求。2001 年 1 月 1 日正式实施了《中华人民共和国国家通用语言文字法》。经过六十多年的不懈努力，普通话的推广和普及收到了良好的成效。"据调查，15 岁以下的少年儿童基本上已经形成了以使用普通话为主、方言为辅的格局，还有的甚至不会说方言。他们在日常学习生活和人际交往中，多数情况是使用普通话，少用或基本不使用方言，他们已经不太明白或不明白父母祖辈口中所说的俗语意义所在；而他们的父母祖辈也大多习惯用普通话（或塑普）与之交流，自然也就少用或不用俗语了。另外，26 岁以下的年轻人也基本形成了以普通话进行思维的习惯，他们口中的方言已趋向与普通话靠拢，不仅仅是发

---

①郴州市统计局.郴州市 2018 年国民经济和社会发展统计公报［DB/OL］.郴州政府网.2016–03–11.http：//www.czs.gov.cn/html/zwgk/18780/18781/18782/18785/content_2904028.html.

②郑长天.试论当前民间文化的传承危机［J］.民族论坛，2006（8）：22–23.

音变得不再纯正，而且用词用语也接近普通话。"①毋庸置疑，六十余年的普通话的普及与推广确实能有效消除各个方言区人们在言语交流中存在的障碍，但同时我们也发现普通话的优势地位及主导作用将会在一定程度上缩小方言的使用范围，降低方言的使用频率。而地方俗语的生存在很大程度上依赖地方语言，它需要从方言中汲取养分，从而保存地方特色和地方文化。因此一旦方言的使用趋于萎缩，就会造成使用要求和使用人群之间的矛盾，影响到俗语的使用、传承和发展。

第二，生活环境和思想观念的改变。当今的中国，生产力发展迅猛，生产方式急剧变革。自 20 世纪 90 年代起中国城市化进入加速发展阶段。中国城市化率从 1990 年的 26.44% 持续上升到 2019 年的 60.60%。随着农村城镇化步伐的加快，大批的农民工的生活环境发生了变化，他们有的往返于城乡，有的则逐渐脱离了土地的束缚居住在城市，从而适应了城市的生活方式，接受了都市文化理念。"中国开始由传统农业社会向现代工业社会、城市社会转变，中国的社会面貌、生活面貌和语言状态（普通话和方言的分布及使用情况）都因此发生了根本性的变化。"②当人们不再像祖辈那样与土地亲密接触，也不需要时时刻刻关注天气与自然的变化时，自然而然就减少了对农谚、气象谚等俗语的认知与关注，因此对俗语的熟悉程度和使用程度也就随之降低。

另外，随着社会全球化趋势的日益扩大，民族文化、地域文化、民间文化等正逐渐丧失自己的特色，而出现"大一统"的文化格局。"'全球化'浪潮的席卷而来也使方言以及整个民族文学不可避免地受到了冲击。地界的消失及民族国家单一性和完整性的丧失、新的电子通讯的发展以及超空间的团体如跨国公司的出现，使得一个消除差异性、个体性和民族性的'地球村'在逐渐形成，这对于自成一体的民族文化、扎根于一片特殊的文化土壤的方言创作有着极大的威胁。"③我们知道，当今的年轻人因生活环境、所受教育与长辈存在较大差异，因此在价值观念、行为取向等方面都表现出与祖辈不同，他们之间的距离就是人们常说的"代沟"。如今的年轻人在思想观念上与世界接轨，比较喜欢外来文化而不太关注传统文化。他们

---

①邓红华.郴州俗语使用情况调查［J］.湘南学院学报，2006（6）：99-103.
②杨晋毅.中国城市语言研究的若干思考［J］.中国社会语言学，2004（1）：46-53.
③何锡章，王中.方言与中国现代文学初论［J］.文学评论，2006（1）：27-31.

喜欢追新求异、标榜个性，他们不愿因循守旧、循规蹈矩。在日常生活中，他们更多地愿意使用负载外来文化的所谓的"新新人类"语言，从而体现出他们观念中的不俗追求和独特个性；却对负载着传统文化的语言不感兴趣，认为这些是"过时的"，而地方俗语正是年轻人眼中那种"过时的"语言之一。

第三节　郴州俗语发展危机的对策分析

俗语来自民间，流传于民间，它像一面镜子反映着一个民族、一个地区特定的文化内容。目前，不光是郴州俗语出现了发展危机，不少语言工作者都已认识到俗语在其发展过程中存在的危机，对地方俗语的发展感到忧虑。例如，吴建生认为："随着时间的推移和社会现代化的推进，带着泥土芳香的万荣俗语也处在急剧的演变和消失之中。"①那么面对危机应该怎么办，是顺其自然让俗语自生自灭，还是采取一定措施进行保存发展？本书认为，地方俗语是在民间逐渐形成和传播的，拥有几千年的历史，兼具精华与糟粕。糟粕之处自然应当摒弃，但精华之处则应当以积极的态度，采取有力的措施来应对，使得祖辈智慧的结晶能够继续得以保存和传承。本书认为解决发展危机的对策主要有二。

一、积极整理，深入研究

"中国是一个多民族、多语种、汉语方言极其丰富的国家，……但是，近年来经济、科技、教育等事业的飞速发展使各民族、各地区的交往非常密切，人们在选择语言进行交流时自然而然地形成了一种趋同机制，许多少数民族语言和汉语方言受国家通用语言和强势方言的影响正经历着激烈的变化，其承载着的许多独特而珍贵的文化信息正在快速流失，不少民族语言或方言面临着消亡的危险。"②事实确

---

①吴建生.万荣俗语初探［M］//温端政.俗语研究与探索.上海：上海辞书出版社，2005：217.
②李小萍.从"遗产"到"资源"：中国当代语言保护观的形成和完善［J］.江西社会科学，2016（7）：239-243.

实如此。"近几十年来随着普通话的普及，方言逐渐趋于萎缩，以方音承载的表现地区文化的词语正在逐渐消失。同样，方言俚俗语的使用频率大大降低，使用范围大大缩小，很多青少年已不懂父母辈所说的俚俗语，有些俚俗语已经从人们口语中消失了。目前语言学界有专家正在疾呼'抢救方言'，呼吁为后人留下一份宝贵的文化资料。我们认为，对方言俚俗语的调查研究也应是其中一项重要内容。"①郴州俗语中包含着深刻的人生感悟和丰富的生活常识，记载着郴州的地域文化。面对正在逐渐消失的郴州俗语，本书认为首要任务就是对其进行大规模的收集整理和深入研究。收集整理和研究工作关涉到政府部门、研究人员和广大群众。

首先是国家语委和相关政府部门要高度重视俗语尤其是地方俗语的收集和整理，在政策上、资金上予以支持；其次是语言文化工作者要积极投身地方俗语的收集、整理和研究工作之中，在前人已取得成果的基础之上，进一步完善俗语的收集整理和研究工作；最后是利用书籍、媒体和网络的多重宣传，充分提高广大群众对俗语作用和魅力的认识，并积极配合语言文化工作者进行俗语的收集整理和研究。

在收集、整理和研究的过程中，会发现俗语是良莠不齐的，那么"对这些俗语，我们不能回避，而首先应该如实地记录下来，然后再做一些整理、剔除和改造的工作"②。然后在记录、整理的基础上，进一步研究俗语语音、语义、语法、文化等方面的特点。通过对俗语尤其是地方俗语的收集、整理和研究，可以帮助人民群众追溯地方历史，进一步了解地方方言，传承地方文化，为子孙后代留下一份宝贵的语言资源和文化遗产。

二、坚持扬弃，开发利用

首先，取其精华，去其糟粕。从总体上看，大部分郴州俗语或传授知识，或说明事理，或表达感情，或总结经验，是语言中的亮点。但毋庸讳言，不少的俗语或宣扬了封建礼教和迷信落后观念，或宣扬了虚伪庸俗的处世哲学，内容上是消极的；不少的俗语在认识上还停留在感性阶段，往往把局部当整体，把偶然当必然，存在着认识上的局限性。如"教会徒弟，饿死师傅"，"牛老不耕田，人老不值钱"，"龙生龙，凤生凤，老鼠的儿子打地洞"，等等。对此，我们必须用科学的

---

① 杨月蓉.从重庆方言俚俗语看俚俗语与地方文化 [J].重庆工商大学学报，2006（2）：146-150.
② 吴建生.万荣俗语初探 [M]//温端政.俗语研究与探索.上海：上海辞书出版社，2005：217.

态度一分为二地对待俗语：取其精华，去其糟粕。对其中的精华部分，要大胆继承发扬；对其消极庸俗甚至低级趣味的部分，要大胆抛弃。

其次，与时俱进，焕发活力。"随着我国城市化步伐的不断加快，农民大批进城，民间谚语也必然会反映都市生活，反映市民的生活和理想。民间谚语会呈现出古代农业文明与现代都市文明融合的趋势。这种融合通过以下两种具体途径来实现：一是农民将古老的农业文明带进城市，同时吸收先进的都市文明；二是市民阶层将都市文明传给进城农民，同时吸收古代农业文明的精华。因此，一些反映现代都市生活的新民间谚语快速而大量地出现，不断丰富、充实、发展着传统的民间谚语，为民间谚语注入新的生命活力。"①同理，郴州俗语也应当与时俱进，广泛吸收时代文化信息和文化营养，努力将现代文化的新元素融入到传统文化中，将现代都市文明与古代农业文明相互融合，注入新鲜血液，不断贴近实际、贴近生活、贴近群众，从而不断发展，不断焕发出新的活力。

最后，结合文学，扩大传播。俗语是来自民间、流传于民间的一种语言，其名称上的一个"俗"字说明了俗语在内容和形式上都具有浓厚的乡土气息，同时也说明了它不被文化精英看重的原因所在。众所周知，"文学是语言的艺术，文学区别于其他意识门类的基本特征就在于它是通过语言来塑造形象，表现社会生活和人的思想感情的"②。俗语作为民间语言的一个重要组成部分，作为体现民族属性的重要载体之一，它像一面镜子反映着一个民族、一个地区特定的文化内容，蕴藏着丰富的语言学价值和社会学价值。巧妙恰当地使用俗语能较好地推动作品主题的深化、人物形象的塑造、地域色彩的营造，进一步提升文学语言的艺术感染力和表现力，形成作品独特的艺术风格。而俗语一旦进入文学作品，就将为更多的人所了解、所熟悉。

俗语是语言资源中的一个组成部分，而语言资源不仅需要收集整理，更需要开发利用。因为"语言资源与其他资源不同，它是用进废退，语言资源的开掘和利用具有循环性和无穷性，越使用和开发，其增量就越大，持续再生力就越强"③。也就是说，地方俗语的发展危机源于语言活力的降低，而语言活力的降低又源于语

---

① 冯庆堂.简论民间谚语的局限性及现代走向［J］.河南社会科学，2005（6）：90-92.
② 赵炎秋，毛宣国.文学理论教程［M］.长沙：岳麓书社，2000：39.
③ 范俊军，肖自辉.语言资源论纲［J］.南京社会科学，2008（4）：128-132.

言使用域的减少。"当今飞速发展的网络、通讯技术为语言资源调查保护的社会化提供了巨大的空间和可能性，从这个角度来说，则是一个极好的机遇。"①近年来国内外已有不少人在进行语言保护社会化的尝试。例如中央电视台下属中央新闻纪录电影制片厂和中国社会科学院语言研究所联合主办的"中国微乡音"汉语方言大赛，利用微信平台开展方言比赛活动，就是一个十分有益的尝试。同理，新闻媒体、网络等渠道，以线上线下相结合的方式进行地方俗语的宣传与比赛活动，也可以提高俗语在群众中的普及度。因为一旦激发出社会大众应用俗语的自觉，就会激发起俗语的语言活力，不断增加俗语资源的开发利用，从而不断增强俗语的持续再生力。

　　总而言之，"任何一种语言和方言都是人类的宝贵资源，维护语言文化的多样性对于人类生存和发展具有重要意义"②。要改变俗语尤其是地方俗语的发展现状和危机，需要全社会成员的积极参与和行动。正如北京语言大学副校长、中国语言资源保护研究中心主任曹志耘所说，要跨越学者和社会大众之间的鸿沟，去触发社会大众的语言自觉和保护意识，引发社会大众的保护行动。③

　　面对城镇化过程中的语言选择变化，面对文化全球化浪潮下语言间的相互角力，本书认为，"语言使用者，对母语、对必须学习的语言和社会生活中存在的语言，是一定要、一定会持'有温度'的态度的"④。当今的中国经济实力日益增长，国际地位显著提升，国际竞争力明显增强；当今的中国领导人高度重视中华优秀传统文化的继承和弘扬工作；当今的中国人民拥有越来越坚定的文化自信。在这样的时代背景下，我们有理由相信，在这种"有温度"的语言态度下一定会产生理性健康的语言观念，形成合理适当的语言行为；我们有理由相信，在这种"有温度"的语言态度下一定能更好地保护语言资源，维护语言的健康发展；我们有理由相信，在这种"有温度"的语言态度下一定会构建出动态和谐的语言环境，使中华民族的优秀传统文化代代相传、生生不息。

---

①曹志耘.中国语言资源保护工程的定位、目标与任务［J］.语言文字应用，2015（4）：10-17.

②赵世举.城镇化务须呵护乡音［J］.武汉大学学报（人文科学版），2016（2）：21-25.

③赵晓霞.中国语言资源保护［N/OL］.人民日报：海外版，2017-08-11（9）.http://edu.people.com.cn/n1/2017/0811/c1053-29464622.html.

④张世平.唤起语言文字使用者心中的国家意识［N］.语言文字报，2018-11-30.

附录一

郴州俗语研究者、整理者访谈录

付出的是汗水，得到的是乳汁

——访《中国民间谚语集成湖南卷·郴州地区分卷》编者曾广高

曾广高，男，生于 1953 年，湖南省郴州市宜章县人，1977 年毕业于湖南省立第一师范学校。历任临武党史办副主任、县文化局第一副局长，郴州市文联副主席，《郴州风》主编，郴州市作家协会常务副主席，湖南省民间文艺家协会理事，湖南省作家协会理事。先后发表散文、报告文学、诗歌百余篇（首），获奖十余次。主编出版《临武县民间文学集成资料本》、《郴州文学 60 年》、《郴州文艺 60 年》、《南风绿韵》（旅游散文集）等文化类著作，主编出版《湘南起义文献集》《湘南起义回忆录》等党史专著。创作诗歌集《梅香集》、报告文学集《山河颂》、党史论文集《湘南起义论稿》，主笔党史专题著作《湘南起义》，创作长篇纪实文学《浴火湘南》。

一、20 世纪 80 年代"民间文学（故事、歌谣、谚语）三集成"编辑的背景

问：20 世纪 80 年代，郴州开展"民间文学三集成"编辑的背景是什么？

答：每一个民族，都有自己独特的文化创造。每一个地区，都有其丰厚的民族文化珍藏。中华民族有着灿烂的民族文化。民间文学是中华民族文化的根基和本源，作为民族文化遗产的重要组成部分，它始终以无穷的魅力影响着普通群众和文艺工作者。但随着时代的发展、科技的发展以及外来文化的冲击，民间文学中的很多具有特色的东西逐渐被遗忘。于是，抢救、发掘、搜集、整理、保存、宣传这笔珍贵的遗产，让它在社会主义精神文明建设中发挥更大的作用，便成了一项艰巨而光荣的历史使命，摆在了大家的面前。

1984 年 5 月，文化部、国家民委、中国民协（中国民间文艺家协会）联合发出了《关于编辑出版〈中国民间故事集成〉、〈中国民间歌谣集成〉、〈中国民间谚语集成〉的通知》。湖南省的民间文学集成工作，是从 1984 年正式开始的。1985 年，郴州市的民间文学集成工作也随之展开。文化行政主管部门牵头，各县（市、区）文化馆具体负责，全地区的数百个乡、镇文化站辅导员和业余文学爱好者上千人参与工作，历时六年，至 1991 年才完成了"郴州地区民间文学三集成"编撰出版上报工作。有六名同志获得"全国民间文学三集成编纂工作先进工作者"称号。

二、收集整理"民间文学三集成"工作中印象深刻的人和事

问：您在从事"民间文学三集成"工作中印象深刻的人和事有哪些？

答："民间文学三集成"的工作是社会主义体制下的一个基础文化工程，国家动用了很多的资源来做这件事，这在国外是根本不可能的。郴州地区有数以千计的同志全身心地投入了这一项重大工作，没有这批人的奋斗，这个工作是很难开展的。在这期间出现了许许多多让人记忆深刻的人和事。

要说郴州"民间文学三集成"工作，首先要提到的就是主编李沥青先生。他一生扎根民间文学土壤，在郴州文坛独树一帜。他从新中国成立之初就关注民间文学艺术，就搜集整理民间歌谣，参与民间谚语抢救、整理，推出了湘昆，被誉为"湘昆之父"。郴州地区民间歌谣下册是《嘉禾伴嫁歌》，这个专集就是李沥青先生在自己旧稿的基础上增补而成的。省里下达了郴州地区民间文学三集成编纂任务后，他以 64 岁高龄担纲主编，亲自审阅每一篇稿件，十分不易！

另一位令人难忘的就是副主编萧伯崇，他从小就有文学梦，15 岁开始在《湖南日报》上发表散文、小说。1959 年发表在《湖南文学》上的《炉边夜话》还被周立波选编入《散文特写选 1959—1961》一书。虽然后来命途多舛，但仍追梦不止。随着 1985 年与人合著的《湘南起义史稿》的顺利出版，他满心欢喜准备重寻那难圆的文学之梦。然而，一个新的任务落在他头上，领导让他负责全区民间文学三集成的资料普查和编辑工作。他二话不说，把手边的文稿搁置一边。面对郴州这项工作起步晚、时间紧的现状，萧伯崇是全力投入。组织实施、业务辅导、经费

落实、解疑答惑、跑省跑县、下乡下村、走村串寨……他都事必躬亲。1990年，他怀着大功告成的喜悦，用一个人造革提包装好书稿登上郴州至长沙的318次列车。提包搂久后渐渐感到不舒服，于是他小心翼翼地把包放到了行李架上。不知什么时候，他一走神，包突然不翼而飞。多方寻找无果后，他恨恨地骂："你这该死的贼，窃金盗银，你可以发财，偷走我这书稿，你有个屁用！"身边旅客却笑着说："你这位老同志也是，一包手稿，又不值钱，可你一上车就把它搂着抱着，人家以为你那是金银财宝，早就盯上你了。这不，顺手牵羊去了不是？你背时，那贼也背时哩！"没办法，他空手返回又历经数月重抄一套送省。到1991年，郴州地区谚语、故事、歌谣分卷全部铅印成书，一共五大本，130多万字。可这是"内部资料"，比不得公开出版物，算不得创作成果。此时的萧伯崇已56岁了，原先的创作计划已付之东流，旧梦难寻。但他却知足了，捧着这五大本书痴迷陶醉不已！还有永兴文化馆馆长何德辅，嘉禾文化馆馆长曾祥昌，都为"三集成"付出了很多的心血。

三、收集整理"民间文学三集成"工作中遇到的困难

问：您在收集整理"民间文学三集成"工作中遇到过哪些困难？

答：1987年，我从地委党校毕业，担任临武县文化局第一副局长，并主持文化局工作。这时，"民间文学三集成"的工作进行了两年。但由于文化馆具体从事这一工作的同志业务不熟，又为旁的事闹思想情绪，这一工作陷入停滞的困境。直到1989年，我的行政工作分担出去，才得以潜下心来，专心致力于"三集成"的查漏补缺和编撰工作。"三集成"资料不完备，我白天爬山越岭，深入农户；晚上伏案疾书，苦熬勤战。历时十个月，书稿始成。书稿版面不活跃，我自己绘制插图。书稿内容多，我把妻子拉来分检资料。

在收集谚语的工作中，最大的困难是"记忆困难"，这个困难一直没有克服，也没办法克服，因此谚语部分留下了很大的遗憾。因为我们去采访口述人时，口述人平常是随场景、环境脱口而出，真正让人家专门口述反而想不起来。其实做这种事要做有心人，长期随时记，坚持、持久才有收获。我们搜集到的大多是书上抄来的，缺少本地本土的生动形象的谚语。

四、收集整理"民间文学三集成"工作中的遗憾

问：您认为在"民间文学三集成"工作中存在哪些遗憾？

答：我个人认为，今后不大可能再有像上世纪 80 年代开展的"民间文学三集成"这样大规模的从上到下的"国家行动"了。今后的收集应该会是在"三集成"的基础之上不断增补。"三集成"一个最让人遗憾的地方是成果未得到充分利用。因为没有公开出版，很多人根本就没有看到过，因此"三集成"成果没能得到有效普及。如有可能重印这套书，让郴州各大书商都来卖这套书，相信会有不少人买，（成果）也才能传承下去。当然，如果重印，可以发动群众自由荐稿，修订以前的内容，增补新的内容。

五、民间谚语保留、传承的价值及今后发展

问：您认为民间谚语有无保留和传承的价值？今后发展趋势如何？

答：关于民间谚语的保留、传承价值，我认为是有的。我国谚语源远流长，浩如烟海。谚语包含着丰富的生产知识和生活经验，有的有着深刻的哲理和教育意义。民间谚语一是具有科学价值，很多气象谚语、农事谚语都是农民代代相传的经验总结，如能保存传承给后代的人，是很有运用价值的。二是具有美学价值，很多谚语是非常形象生动的，含有比、兴、喻的修辞手法，是十分精练的语言，说话著文如能恰当地运用，能给人以美的享受，其文学价值也能彰显出来。

关于民间谚语今后的发展趋势，我认为人民大众是民间谚语的创作主体，一个时代有一个时代的语言精华。随着时代的变迁，会有很多新的民间谚语出现，希望有心人继续来做这份收集整理工作，将时代的语言进行保存和传承。

俗语是文化的根脉

——访郴州市委党校教授、文化遗产专家何琦先生

何琦，男，生于 1956 年，湖南桂阳人，1983 年毕业于湖南师范学院（今湖南师范大学）中文系，曾是郴州市委党校资深教授，郴州市文化遗产专家。研究方向是传统文化和婚姻文化，著有《郴州文化溯源》《政解论语》《恰到好处——〈中庸〉解读》《健康论》《婚姻论》等作品。

一、地方俗语的价值和意义

问：您觉得地方俗语有无保存、传承和研究的价值和意义？

答：我的回答是肯定的。我一直认为，语言是文化之根。我们只需简单想想：人的思想、观念乃至思维不就建立在语言上吗？由此推论，俗语也属语言范畴，故俗语也是人类文化的根脉之一了。

钟敬文主编的《民俗学概论》说得好："民俗是一种民间传承文化，它的主体部分形成于过去，属于民族的传统文化。但它的根脉一直延伸到当今社会生活的各个领域，伴随着一个国家或民众的生活继续向前发展和变化。"[1]这里说的主要是传统民俗（包括俗语）。2003 年，联合国教科文组织就正式将口头传统列入非物质文化遗产。"非遗"的第一项就是："口头传统和表现形式，包括作为非物质文化遗产媒介的语言。"我个人认为，作为民间俗语，它既然在民间普遍流传，是民间语言中最基本、最丰富、最常用的部分，那么，民间俗语就无疑可归之为"非遗"。至于说民间俗语作为"非遗"的其他价值与意义，我想就不用多说了吧。

二、地方俗语的现状和发展

问：当下的年轻人对地方俗语不太了解和使用，您是如何看待这种现象的？

---

[1]钟敬文．民俗学概论［M］．上海：上海文艺出版社，1998：5．

　　答：什么是文化？世界上至少有数百种解说，我个人比较倾向于梁漱溟的文化定义：文化就是生活的样式。简单解释一下，你是怎么生活的，你就有什么样的文化。举例来说，不同时代、不同地域的人都要吃饭，但其方式各有不同，那体现出来的就是文化的差异。比如中国古代社会，人们曾长期习惯于分餐制，有点像西方人吃饭，后来逐渐改成了合餐制，大家围在一张桌上吃饭，你给我夹菜，我向你敬酒，又是一种新文化。以此看来，文化是会不断变化的。很明显，中国传统社会是农业社会，而今天我们生活在信息社会，由乡土的变成了城市的，由熟人社会变成了陌生人社会，故传统生活的俗语其使用便有了较大的局限，众多传统俗语不被现代人了解和使用也是必然的，因为生活有了不同的样式。

　　正因为生活样式有了变化，人们的口头语言也变成了以普通话为主体的语言，而非一地一族的民族语言。不是说传统俗语已经完全消失了，或现代社会已没有民间俗语，而是说，传统俗语使用范围变得狭窄了，有较多局限性了。比如"清明前后，种瓜点豆"这一谚语，仍然在我们的广大农村使用，但越来越多的城市民众，他们已不会说了，毕竟，这种俗语已远离了他们的生活。尤其，生活在城市的年青一代，他们被称为互联网的一代，受传统文化影响较小，对传统民间俗语自然比较陌生了。但是，这并不等于说，他们的生活已不再需要民间俗语，恰恰相反，他们是一时一刻也离不开民间俗语的；当然，他们所使用的，更多的是现代的民间俗语，而非传统的。因为生活是活泼泼的，民间俗语会不断地生成，这已不用多说。

三、郴州俗语的特色

　　问：您认为郴州俗语与其他地方的俗语相比，有哪些不同或特色？

　　答：我在俗语的比较研究方面用功不多，故不敢妄言。这里，仅简单说说个人浅见。

　　我们郴州精神里有一个词叫"开放"，它其实也是郴州历史的选择，即从两千多年的郴州历史来看，我们一直是"开放"的。换言之，郴州从未封闭过，这也可算是郴州文化的特点之一吧。而既然郴州历史文化是开放的，那么传统的民间俗语便与周边省市有了互通性，简言之，传统民间俗语有更多的共性，而少了些个性。

　　举例来说，郴州历史上有众多江西移民（包括我的祖先），他们自然会将江西的民俗带入郴州，如此，我们的不少民俗就与江西相同。更何况，江西与我们接壤，纬度相同，农业生产区别不大，日常生活几乎没什么不同，即文化相似。当然，两地由于语音上的差异会导致俗语的变异，这也是自然的。如果说特色，大体主要即在此吧。

同样，两千多年来，中国境内四面八方之人陆续移民郴州，将其民俗融入郴州，而郴州也以"包容"之精神吸收了各地的众多俗语。于是，我们也就不难看到，郴地俗语与其他地方（尤其与郴州周边地区）的俗语有更多的共同性，而具郴地独特性的俗语恐怕是不多的。为什么？因为我们有相同的生活样式啊。

共同的文化会产生共同的俗语，这就是我要说的。

乡音乡韵，魅力无穷

——访《安仁乡韵——安仁方言俗语研究》作者李胜贞

李胜贞，男，生于1949年1月，湖南省郴州市安仁县人，大专文化，高级政工师。李胜贞老先生出于对安仁方言俗语的深厚感情，耗费大量心血从事安仁方言俗语的收集整理与挖掘考证工作，并于2017年6月编著出版了一本54万多字的著作，名为《安仁乡韵——安仁方言俗语研究》。书中收录了一批颇具安仁民俗文化色彩的俗语，共4400多条。湖南师范大学原政治系主任谭双泉教授评价该书是"不可多得的第一手原始资料，具有一定的史料价值"。

访谈如下：

一、收集考证安仁方言俗语的初衷

问：您耗费大量时间和精力去收集考证安仁方言俗语的初衷是什么？

答：树有根，水有源。方言俗语就像根，像活水源泉，像情感纽带。俗语是一定地域的人们口口相传的惯用语，因而有很强的地域特色和浓郁的人文气质。一方水土养一方人，更滋养一方浓重的地方语言。

湖南省安仁县地处罗霄山脉中段，其先民大多由江西迁徙而来。因安仁县封闭独特的地理人文环境，人们世代口耳相传的语言，至今仍然完好地保留着上古音系。安仁方言俗语具有浓郁的原生态地方元素，妙不可言的丰富文化意蕴，独具韵味的古老民俗风情，是一处养在深闺人未识，有待开发的语言宝藏。

随着现代文明的冲击和普通话的推广，人口流动日趋频繁，本地人口外流，外地人口大量涌入，原有的语言环境受到了干扰，安仁方言俗语将面临逐渐消失的厄运。为此，我特地将之进行收集整理，借以留住和唤起安仁人士的乡音乡情，保留安仁文化的根脉。

二、收集考证安仁方言俗语的价值

问：您认为收集考证安仁方言俗语有什么价值？

答：安仁方言俗语源远流长。要追根溯源的话，安仁县是远古炎帝神农氏及族众活动的重要地区，是炎帝发现、应用中草药医治民疾，开创医药先河的地方，其语言和文化带着浓厚的炎帝神农氏时代的痕迹。历史上，由于安仁地处穷乡僻壤，交通闭塞，经济文化长期处于封闭半封闭状态，外出人员稀少，与外界交流极少，有的人甚至终生未曾迈出安仁县域一步。因此，安仁的地方俗语的语音和腔调基本上保持着原始状态，有的甚至是古音遗存。通过长期的一代又一代的口口相传，安仁至今仍保留着纯正的方言俗语，成为地方语言的净土，具有重要的语源意义和发掘价值。

三、安仁方言俗语的特色

问：安仁方言俗语具有哪些特色？

答：安仁方言俗语，为安仁群众所创造，在群众中流传，是通俗并广泛流行的定型的语句，简练而形象，反映了人们的生活经验、智慧和愿望。俗语常常带有口语的色彩，使人们的交流更加方便且具有趣味性。有的俗语是安仁所独有的，用语形象生动，寓庄于谐，幽默风趣，妙趣横生，魅力无穷。平时在交流、讲话、写文章时，如能恰当地引用安仁独具特色的方言俗语，可以点缀话语、活跃气氛，增加语言表达的生动性、可读性和感染力。

您如果有兴趣的话，可以阅读我编著的《安仁乡韵》一书第二编俗语。（说明：以下注音采用国际音标）

比方说："只认得眲眼罗汉，不认得睞眼观音"，这里的"眲"就是"瞪"的意思，有"眼珠突出"的形象感。

"戙tuə44起埋"里的"戙"是"竖"的意思。戙（竖）杆子要笔直，才不易倒塌，比喻做人要正直，才能服众。

"狗婆炙火"，是说狗在烤火时，身子蜷曲成一团。比喻人将东西抱得很紧，形容为人小气。

"揹pɑ⁴⁴甲猪脑壳揹tsiɛ24不到庙门"，"揹"是"找"的意思，大家知道猪头是常见的供品，原意指有了供品，却找不到献供的寺庙。引申指有了才华或意愿，却找不着施展、实现的地方。

"细把戏饮[ð]羹[粁、粳，ko⁴⁴]饭样"，安仁方言将"羹"称为"粁[粳]"。羹饭：奉祀祖宗的饭菜；饮[ð]羹饭，指饮[ð]供奉祖先过后的酒饭。安仁习俗，在夏历十二月三十（小月二十九）过大年时，在饮[ð]团圆饭（过年饭）前，先将做好的饭菜供奉天地神灵、祖宗，然后才让家人饮[ð]。因过年时天天饮[ð]鱼、肉，细把戏（小孩子）可以不受限制地大饮[ð]大喝，因此特别高兴。也用来形容对某件事情很感兴趣，或兴致很高。

四、收集考证安仁方言俗语过程中印象深刻的人和事

问：您在收集、考证安仁方言俗语过程中有哪些印象深刻的人和事？

答：本人是土生土长的安仁人，从小就受到母语安仁话的熏陶。走上工作岗位后，长期从事新闻宣传、秘书工作，经常下乡采访，与群众打交道，对全县各地的民风习俗和方言俗语较熟悉。加之平时的积累，掌握了较为丰富的方言俗语的第一手资料。俗语说：五里不同俗，十里不同风；三里不同乡，五里不同俗。安仁虽然地域不广，但方言土话腔调有上四里（以安平一带为主）、下四里（以清溪峒一带为主）之别，又掺杂着周边县（市）的方言土话（好在大多属赣语方言区），还有境内山区的客家话，语言材料丰富多彩。由于自己孤陋寡闻，还有太多的安仁方言俗语知识和素材尚未掌握和理解，需要向家人、亲朋好友尤其是"安仁通""土秀才"求教。

原排山乡大石村谢丁山是 20 世纪 50 年代初的老高中毕业生，据说他博学多才、见多识广，我便邀友一起专程去拜访他，向他请教。他为我们讲述了"艄公戏书生"的故事，其中用了不少的疑难杂 ts'a⁴⁴ 字。

艄公口念：

p'ai⁴¹lia⁴¹ 一片舟，（p'ai⁴¹lia⁴¹：四面散开。）

o²⁴a⁴⁴ 水上流；（o²⁴a⁴⁴：摇橹声。）

p'iɛ⁴⁴tə⁴⁴ 一声响，

呵 θ⁴¹咳 hæ⁴⁴（嚆hɔ⁴⁴）到扬州。[呵咳（嚆）：表示得意轻松的神情语气。]

艄公念完要求三位书生用文字表述出来，结果书生面面相觑。

我听说承坪乡乐江村老屋组年上九十的王宜耀老人，曾读过四书五经和杂字书，便专程去拜访他。果然名不虚传，向王老先生学到了不少与安仁方言俗语有关的东西。同时，还向承坪乡敬老院80多岁的龙东生请教了日用罕见杂字。

五、收集考证安仁方言俗语过程中遇到的困难

问：您在收集考证安仁方言俗语过程中遇到了哪些困难？

答：安仁方言俗语的内容庞杂，涉及的面很广，收集起来有很多困难。有字源方面的，有音韵方面的，还有电脑输入等问题。我主要说说考本字的难处。

安仁方言俗语历来是人们口口相传，没有相应的文字记载和准确的文字表述，很少有人去进行考证，大多数字是采用同音字来替代，结果文不文白不白，令人有些哭笑不得。为了解决这个问题，本人购买了大量的字典、辞典以及湖南、江西有关研究赣语方言俗语的各种专著，还在网上搜集下载了大量的资料，甚至收集了13万多个汉字。对在收集安仁方言俗语中碰到的罕见字，除了查找辞书考证外，还向其他有关人士请教。

例如安仁有句俗语，是“画䍐k ‘uæ⁴⁴ 得别个窬”。对“䍐”字怎么个写法，问了不少人都不知道。最后终于在大型古代辞书上查到这个字的正确写法。䍐：白读音 kuāi。①画圆圈“○”。如：画䍐让他人钻；把他䍐到；把这个“李”字䍐到；䍐力皮（橡皮筋）。②用肩或胳膊挎着东西。如：他把书包一䍐就上学堂去了；肩上䍐着包袱。“窬”是钻的意思 。

有时为了考证一个方言用字，按照造字法设计了好多种方案，都查不到这个本字。如“把东西挹［揩］hæ⁴¹在怀里”的“挹［揩］hæ⁴¹”字，按造字法设计成“孩揩挺掬”等字，曾在有关辞典里苦苦搜索了好几天，都没查到这个本字，最后只有将所有带“扌”旁的字都收集起来，终于找到了这个本字，原来是这样写的：“挹［揩］hæ⁴¹”。

考证并准确表述安仁方言俗语的本字，是编写《安仁乡韵》用功夫最多的一项工作。现在对所有的安仁方言俗语，本人都考证到了相对应的本字，基本上在《安仁乡韵》一书中没有使用替代字、同音字。

附录二

郴州本地俗语调查表

被调查人姓名_____性别____年龄____住址_____电话_____

要求：

1. 包括郴州的谚语、熟语、歇后语等各种民间流行的俗语，必须具有郴州本地特色，并请将其意义稍作解释；2. 多多益善，下列内容未涉及的都可以写上；3. 请将流行地域（如 × 县或 × 乡）、来源简单注明。

一、有关衣、食、住、行的。例如：粗茶淡饭一百年。（流行于永兴）

二、评价人的（赞扬、批评、讽刺人的，讲人懒、吝啬、贪婪的）。例如：懒人屎尿多，冇屎冇尿捉虱婆。

三、有关动物的。例如：赖抱鸡婆拉硬屎。

四、有关植物的。例如：溜光的南瓜没粉。

五、有关人情世故的。例如：呷别人的嘴短，拿别人的手软。

六、有关农业生产的。例如：宁莳隔夜黄秧，不莳隔夜冷浆。

七、有关畜牧业的。例如：前胸开一寸，无虫又无病。（选牛的标准）

八、有关节日风俗的。例如：吃了狗肉当棉被。（指冬至节要吃狗肉）

九、来自神话传说的。例如：观音岩的狮子——明现。（流行于永兴）

十、来自民间故事的。

十一、来自行业用语的。例如：一螺穷，二螺富，三螺四螺卖豆腐。（"螺"，指腹的螺纹）

十二、来自民间歌谣的。例如：嫁鸡随鸡，嫁狗随狗。

十三、来自传统戏剧的。

十四、有关教育的。例如：崽女不读书，养了一窝猪。

十五、有关阶级斗争的。例如：官逼民反。

十六、有关重男轻女，对女性不公平的。

十七、有关传宗接代、求多子多福的。

十八、有关气候的。

十九、有关水的。

二十、有关贫富的。例如：穿不穷，呷不穷，不会操持一世穷。

二十一、有关婚姻家庭、尊老爱幼的。例如：烂扁担配烂箩筐。（指夫妻要般配）

二十二、有关买卖的。

二十三、有关宗教的。例如：泥菩萨过河——自身难保。

二十四、有关思想道德的。

二十五、其他。

附录三

郴州俗语使用情况调查表

一、受访者个人资料

1.您的出生地（　县市），属城镇□ 或农村□；您的性别 男□　女□

2.您的年龄□（15岁以下）　□（15—25岁）　□（26岁—55岁）　□（56岁以上）

3.您的身份 □农民　□工人　□学生　□干部　□其他

4.您的文化程度 □小学及以下　□中学/中专　□大专及以上

5.您的父母生活在□城镇　□农村；您小时候生活在□城镇　□农村

6.您的职业（　　）；父亲的职业（　　）文化程度（　　）；

　母亲的职业（　　）　文化程度（　　）

二、您对郴州俗语总的看法

①□听说过　□没听过

②□经常说　□偶尔说　□不说

③□喜欢　□不喜欢　□无所谓

三、郴州俗语使用情况

对下列100个郴州俗语（A听说过，B没听过，C经常说，D偶尔说，E不说），请在符合您的情况的□里画"√"。

1.走了千里路，舍不得栖凤渡（A□　B□　C□　D□　E□）

2.调还是花灯好看，歌还是伴嫁好听（A□　B□　C□　D□　E□）

3.苏仙升了天，化鹤又还乡（A□　B□　C□　D□　E□）

4. 金窝银窝，当不得自己的狗窝（A□　　B□　　C□　　D□　　E□）

5. 观音岩的狮子——明现（A□　　B□　　C□　　D□　　E□）

6. 卖了祖宗田，不卖祖宗腔（A□　　B□　　C□　　D□　　E□）

7. 远走不如近巴（巴：贴紧的意思）（A□　　B□　　C□　　D□　　E□）

8. 不是瘦肉不巴骨，不是肥肉不巴皮（A□　　B□　　C□　　D□　　E□）

9. 木匠屋里冇凳坐，裁缝屋里冇衫穿（A□　　B□　　C□　　D□　　E□）

10. 放下禾镰冇米煮，摘了棉花冇衣穿（A□　　B□　　C□　　D□　　E□）

11. 打拐屁（A□　　B□　　C□　　D□　　E□）

12. 耍把戏（A□　　B□　　C□　　D□　　E□）

13. 扯卵谈（A□　　B□　　C□　　D□　　E□）

14. 捧卵脬（A□　　B□　　C□　　D□　　E□）

15. 捡摊子（A□　　B□　　C□　　D□　　E□）

16. 打飞脚（A□　　B□　　C□　　D□　　E□）

17. 合八字（A□　　B□　　C□　　D□　　E□）

18. 树大开丫，崽大分家（A□　　B□　　C□　　D□　　E□）

19. 一行服一行，糯米服砂糖（A□　　B□　　C□　　D□　　E□）

20. 船到郴州止，马到郴州死，人到郴州打摆子（A□　　B□　　C□　　D□　　E□）

21. 前人不讲古，后人冇得谱（A□　　B□　　C□　　D□　　E□）

22. 不听老人言，吃亏在眼前（A□　　B□　　C□　　D□　　E□）

23. 半路婆（A□　　B□　　C□　　D□　　E□）

24. 快刀越磨越利，脑瓜子越用越灵（A□　　B□　　C□　　D□　　E□）

25. 随口唱山歌，心里早有谱（A□　　B□　　C□　　D□　　E□）

26. 远亲不如近邻，近邻不如对门（A□　　B□　　C□　　D□　　E□）

27. 懵懵懂懂，一世的饭桶（A□　　B□　　C□　　D□　　E□）

28. 劈柴看纹理，讲话凭道理（A□　　B□　　C□　　D□　　E□）

29. 吃饭吃米，说话说理（A□　　B□　　C□　　D□　　E□）

30. 搬得牛丫直，也要出身力（A☐　　B☐　　C☐　　D☐　　E☐）

31. 菜无盐冇味，话无理冇力（A☐　　B☐　　C☐　　D☐　　E☐）

32. 空袋子立不直（A☐　　B☐　　C☐　　D☐　　E☐）

33. 先吃饭后防噎，先走路后防跌（A☐　　B☐　　C☐　　D☐　　E☐）

34. 送崽读书，不如带崽赶圩（A☐　　B☐　　C☐　　D☐　　E☐）

35. 冇养过崽，不晓得肚子痛（A☐　　B☐　　C☐　　D☐　　E☐）

36. 不翻舜头岭，不知挑盐难（A☐　　B☐　　C☐　　D☐　　E☐）

37. 上一回当，学一次乖（A☐　　B☐　　C☐　　D☐　　E☐）

38. 看人看帽子，吹喇叭看哨子（A☐　　B☐　　C☐　　D☐　　E☐）

39. 大病三年，当得半个医生（A☐　　B☐　　C☐　　D☐　　E☐）

40. 井水舀不干，知识学不完（A☐　　B☐　　C☐　　D☐　　E☐）

41. 穷人靠养猪，富人靠读书（A☐　　B☐　　C☐　　D☐　　E☐）

42. 养崽不读书，不如养头猪（A☐　　B☐　　C☐　　D☐　　E☐）

43. 一桶水不响，半桶水哐啷（A☐　　B☐　　C☐　　D☐　　E☐）

44. 空心萝卜坯子好（A☐　　B☐　　C☐　　D☐　　E☐）

45. 寡婆子的房，黄花女的床，千万挨不得（A☐　　B☐　　C☐　　D☐　　E☐）

46. 夜路走多了，总会遇到鬼（A☐　　B☐　　C☐　　D☐　　E☐）

47. 软泥巴好踩，忠厚人好欺（A☐　　B☐　　C☐　　D☐　　E☐）

48. 人心隔肚皮，石头隔草皮（A☐　　B☐　　C☐　　D☐　　E☐）

49. 打狗散场（A☐　　B☐　　C☐　　D☐　　E☐）

50. 翻起是面锣，扑起是面鼓（A☐　　B☐　　C☐　　D☐　　E☐）

51. 哪边火大烤哪边（A☐　　B☐　　C☐　　D☐　　E☐）

52. 风吹竹尾两边摆，刀切豆腐两面光（A☐　　B☐　　C☐　　D☐　　E☐）

53. 舌头尾上乱打人（A☐　　B☐　　C☐　　D☐　　E☐）

54. 一口水淹死一屋人（A☐　　B☐　　C☐　　D☐　　E☐）

55. 一篙子扫了一船人（A☐　　B☐　　C☐　　D☐　　E☐）

56. 水过三丘有失，话过三人有添（A□　　B□　　C□　　D□　　E□）

57. 上山莫打布毛鸟，下山莫打离娘鸡（A□　　B□　　C□　　D□　　E□）

58. 萝卜白菜，各有所爱（A□　　B□　　C□　　D□　　E□）

59. 穷了富不得，富了看不得（A□　　B□　　C□　　D□　　E□）

60. 好起来，脑壳给你当凳坐；丑起来，粽子不肯让个角（A□　　B□　　C□
D□　　E□）

61. 冬瓜奈不何，奈何芋头婆（A□　　B□　　C□　　D□　　E□）

62. 田螺不晓得屁股皱（A□　　B□　　C□　　D□　　E□）

63. 不要踩人家的痛脚趾（A□　　B□　　C□　　D□　　E□）

64. 门外打到小麻雀，屋里丢了老鸡婆（A□　　B□　　C□　　D□　　E□）

65. 水涨船高（A□　　B□　　C□　　D□　　E□）

66. 打屁吹得火燃（A□　　B□　　C□　　D□　　E□）

67. 好大的脚穿好大的鞋（A□　　B□　　C□　　D□　　E□）

68. 丑媳妇总要见家娘面（A□　　B□　　C□　　D□　　E□）

69. 求人不如求己，跌倒自己爬起（A□　　B□　　C□　　D□　　E□）

70. 蛤蟆剥了皮，还走三十里（A□　　B□　　C□　　D□　　E□）

71. 活在世上不做好事，掉在盐罐里也要起蛆（A□　　B□　　C□　　D□
E□）

72. 架桥修路，积德无数（A□　　B□　　C□　　D□　　E□）

73. 行得正，坐得正，尼姑和尚共得凳（A□　　B□　　C□　　D□　　E□）

74. 阎王老子不要钱，鬼见到也怕（A□　　B□　　C□　　D□　　E□）

75. 吃了桐油，要你呕生血（A□　　B□　　C□　　D□　　E□）

76. 礼多人不怪（A□　　B□　　C□　　D□　　E□）

77. 打人莫打脸，吃饭莫抢碗（A□　　B□　　C□　　D□　　E□）

78. 冬瓜烂了皮，老事不再提（A□　　B□　　C□　　D□　　E□）

79. 叫化子嫌饭馊（A□　　B□　　C□　　D□　　E□）

80. 胀死胆大的，饿死胆小的（A□　　B□　　C□　　D□　　E□）

81. 春天春天，时时发癫（A□　B□　C□　D□　E□）

82. 春雨贵如油，一滴不能丢（A□　B□　C□　D□　E□）

83. 过了三月三，田难犁，土难翻（A□　B□　C□　D□　E□）

84. 霜降不割禾，一夜丢一箩（A□　B□　C□　D□　E□）

85. 雷公先唱歌，有雨冇好多（A□　B□　C□　D□　E□）

86. 娶女看娘，种禾看秧（A□　B□　C□　D□　E□）

87. 宁莳三日黄秧，不莳一日冷浆（A□　B□　C□　D□　E□）

88. 婆婆的奶，个个吃得（A□　B□　C□　D□　E□）

89. 捡到捡到，银子买到；偷到偷到，荷包兜到（A□　B□　C□　D□　E□）

90. 嫁鸡随鸡，嫁狗随狗，嫁个芒槌背起走（A□　B□　C□　D□　E□）

91. 公不离婆，秤不离砣（A□　B□　C□　D□　E□）

92. 咸吃萝卜淡操心（A□　B□　C□　D□　E□）

93. 逼着和尚吃狗肉（A□　B□　C□　D□　E□）

94. 有口讲别个，冇口讲自己（A□　B□　C□　D□　E□）

95. 运来了，门板挡不住；人背时，麻蝈也咬脚（A□　B□　C□　D□　E□）

96. 老子老娘疼满崽，公公婆婆疼长孙（A□　B□　C□　D□　E□）

97. 养崽不要多，一个抵十个（A□　B□　C□　D□　E□）

98. 懒人屎尿多（A□　B□　C□　D□　E□）

99. 一日点戛大，十日蛮蛮大（A□　B□　C□　D□　E□）

100. 检屋趁天晴，读书趁年轻（A□　B□　C□　D□　E□）

四、您还能说出 10 个左右的郴州俗语吗？请列举。

参考文献

著作类：

1. 鲍厚星等 . 湘南土话论丛 . 长沙：湖南师范大学出版社，2004.

2. 北京大学中文系现代汉语教研室 . 现代汉语专题教程 . 北京：北京大学出版社，2003.

3. 曹聪孙 . 中国俗语选释 . 成都：四川教育出版社，1985.

4. 常敬宇 . 汉语词汇与文化 . 北京：北京大学出版社，1995.

5. 郴州地区地方志编纂委员会 . 郴州地区志 . 北京：中国社会出版社，1996.

6. 郴州市民间文学集成编辑委员会 . 郴州市民间故事集成（内部资料）.1989.

7. 郴州市志编纂委员会 . 郴州市志 . 合肥：黄山书社，1994.

8. 郴县志编纂委员会 . 郴县志 . 北京：中国社会出版社，1995.

9. 陈望道 . 修辞学发凡 . 上海：上海世纪出版社，2006.

10. 陈望道 . 陈望道学术著作五种 . 上海：复旦大学出版社，2005.

11. 陈望道 . 修辞学发凡 . 上海：上海世纪出版集团，2001.

12. 辞海编辑委员会 . 辞海 . 上海：上海辞书出版社，1999.

13. 〔法〕丹纳 . 艺术哲学 . 傅雷，译 . 北京：人民文学出版社，1963.

14. 费孝通 . 乡土中国 . 上海：上海人民出版社，2013.

15. 冯胜利 . 韵律句法学 . 上海：上海教育出版社，2000.

16. 桂东县志编纂委员会 . 桂东县志 . 长沙：湖南人民出版社，1998.

17. 桂阳县志编纂委员会 . 桂阳县志 . 北京：中国文史出版社，1994.

18. 何琦 . 郴州文化溯源 . 北京：海潮出版社，2000.

19. 湖南省安仁县志编纂委员会 . 安仁县志 . 北京：中国社会出版社，1993.

20. 湖南省郴州地区民间文学集成编辑委员会 . 郴州地区民间谚语集成（内部资料）.1988.

21. 黄伯荣，廖序东 . 现代汉语 . 北京：高等教育出版社，1991.

22. 季羡林 . 语海 . 上海：上海文艺出版社，2000.

23. 嘉禾县民间文学集成编辑委员会 . 嘉禾民间故事与谚语（内部资料）.1990.

24. 嘉禾县志编纂委员会 . 嘉禾县志 . 合肥：黄山书社，1994.

25. 孔颖达 . 礼记正义 . 上海：上海古籍出版社，2008.

26.L.R. 帕默尔 . 语言学概论 . 北京：商务印书馆，1983.

27. 李峰 . 天下禾仓 . 香港：香港天马图书有限公司，2004.

28. 李萍 . 伦理学基础 . 北京：首都经济贸易大学出版社，2009.

29. 李胜贞，李京龙 . 安仁乡韵——安仁方言俗语研究 . 海口：海南出版社，2017.

30. 李永明 . 临武方言 . 长沙：湖南人民出版社，1988.

31. 李宇明 . 语言学概论 . 北京：高等教育出版社，2000.

32. 李泽厚 . 美学三书 . 天津：天津社会科学院出版社，2003.

33. 临武县志编纂委员会 . 临武县志 . 长沙：中南工业大学出版社，1989.

34. 刘继超，高月丽 . 修辞的艺术 . 北京：石油工业出版社，2002.

35. 罗昕如 . 湘南土话词汇研究 . 北京：中国社会科学出版社，2004.

36. 罗昕如 . 湖南方言与地域文化研究 . 长沙：湖南师范大学出版社，2001.

37. 罗竹风 . 汉语大词典 . 上海：上海辞书出版社，1986.

38. 鲁迅全集（第 12 卷）. 北京：人民出版社，1981.

39. 鲁迅全集（第 4 卷）. 北京：人民文学出版社，2005.

40. 马建东，温端政 . 谚语辞海 . 上海：上海辞书出版社，2017.

41. 毛健，胡祥苏 . 郴州 / 郴江幸自绕郴山 . 北京：社会科学文献出版社，2019.

42. 孟守介，等.汉语谚语词典.北京：北京大学出版社，1990.

43. 邱崇丙.俗语五千条.西安：陕西人民出版社，1983.

44. 汝城县志编纂委员会.汝城县志.长沙：湖南人民出版社，1997.

45. 谭汝为.民俗文化语汇通论.天津：天津古籍出版社，2004.

46. 汪如东.汉语方言修辞学.上海：学林出版社，2004.

47. 汪仲贤.上海俗语图说.上海：上海大学出版社，2004.

48. 王德春.词汇学研究.济南：山东教育出版社，1983.

49. 王勤.汉语熟语论.济南：山东教育出版社，2006.

50. 王文章.非物质文化遗产概论.北京：文化艺术出版社，2006.

51. 王希杰.汉语修辞学（修订本）.北京：商务印书馆，2004.

52. 温端政.中国俗语大辞典.上海：上海辞书出版社，1989.

53. 温端政，周荐.二十世纪的汉语俗语研究.太原：书海出版社，2000.

54. 温端政.中国谚语大辞典.上海：上海辞书出版社，2004.

55. 温端政.俗语研究与探索.上海：上海辞书出版社，2005.

56. 吴洁敏，朱宏达.汉语节律学.北京：语文出版社，2001.

57. 吴启主.现代汉语教程.长沙：湖南师范大学出版社，1990.

58. 吴士文.修辞格论析.上海：上海教育出版社，1986.

59. 武占坤，马国凡.谚语（修订本）.呼和浩特：内蒙古人民出版社，1983.

60. 武占坤.汉语修辞新论.沈阳：白山出版社，1999.

61. 徐宗才，应俊玲.常用俗语手册.北京：北京语言学院出版社，1985.

62. 徐宗才.俗语.北京：商务印书馆，1999.

63. 杨秀明.漳州方言声调与地域文化研究.北京：中国社会科学出版社，2008.

64. 宜章县志编纂委员会.宜章县志.合肥：黄山书社，1995.

65. 永兴县民间文学集成编辑委员会.永兴民间歌谣与谚语（内部资料）.1990.

66. 永兴县志编纂委员会.永兴县志.北京：中国城市出版社，1994.

67. 张谊生.现代汉语.北京：中国人民大学出版社，2016.

68. 赵炎秋，毛宣国.文学理论教程.长沙：岳麓书社，2001.

69. 中国社会科学院语言研究所词典编辑室.现代汉语词典（第7版）.北京：商务印书馆，2017.

70. 周振鹏，游汝杰．方言与中国文化．上海：上海人民出版社，2006.

71. 朱熹．四书章句集注．北京：中华书局，2010.

72. 朱熹．朱子全书（第十三册）．上海：上海古籍出版社；合肥：安徽教育出版社，2002.

73. 资兴县志编纂委员会．资兴县志．长沙：湖南人民出版社，1999.

论文类：

1. 鲍厚星．湘南土话系属问题．方言，2004（4）.

2. 曹迪．国家文化利益视角下的中国语言教育政策研究．首都师范大学硕士学位论文，2011.

3. 曹志耘．中国语言资源保护工程的定位、目标与任务．语言文字应用，2015（4）.

4. 陈海宏，谭丽亚．怒族谚语的语义特征探析．牡丹江大学学报，2015（11）.

5. 程金玲．汉语成语平仄律浅论．沧州师范专科学院学报，2011（1）.

6. 邓红华．俗语语音修辞探析．湖南科技学院学报，2007（8）.

7. 刁晏斌．文革语言中的反复辞格．运城学院学报，2008（1）.

8. 刁晏斌．现代汉语词义感情色彩的两次大规模变迁．文化学刊，2007（6）.

9. 丁珊．礼仪文化和人格塑造．渭南师范学院学报，2000（6）.

10. 杜剑华．儒家礼文化对东北农村家庭教育影响的研究．科技信息，2009（33）.

11. 段曹林．汉语语音修辞：选择、组配、谐拟．修辞学习，2007（1）.

12. 范俊军，肖自辉．语言资源论纲．南京社会科学，2008（4）.

13. 冯庆堂．简论民间谚语的局限性及现代走向．河南社会科学，2005（6）.

14. 高群．广义修辞学视域下的夸张语义生成机制和语义特征研究．阜阳师范学院学报（社会科学版），2013（4）.

15. 葛本仪．词汇的动态研究与词汇规范．辞书研究，2002（3）.

16. 古丽尼格尔·吐尔洪．维英谚语对比研究．新疆大学硕士学位论文，2017.

17. 谷晓恒．青海汉语方言谚语的句法结构及语义特征分析．青海民族学院学报（社会科学版），2007（4）.

18. 顾承甫，李欣 . 试论"狭义俗语"的几个问题 . 汉语学习，1998（5）.

19. 韩厥林 . 谈谈"俗语". 河北师院学报（哲学社会科学版），1979（4）.

20. 何明延 . 同音相犯与同音反复 . 修辞学习，2006（3）.

21. 胡琳 . 试论现代汉语中非固定短语的熟语化过程及其成因 . 四川大学文学与新闻学院硕士论文，2005.

22. 胡萍 . 湘语区农业生产习俗的地域特色 . 求索，2007（3）.

23. 胡斯可 . 湖南郴州地区的汉语方言接触研究 . 湖南师范大学博士学位论文，2009.

24. 寇福明 . 从体验哲学角度探讨谚语语义生成的认知理据 . 外国语文，2013（2）.

25. 赖换初 . 传统尊卑观念的重新审视 . 云梦学刊，2011（3）.

26. 赖先刚 . 节奏——语言的音乐美 . 修辞学习，2001（3）.

27. 黎运汉 . 汉语言风格之文化审视的理据 . 烟台大学学报（哲学社会科学版），2010（2）.

28. 李丽颖，曾芳 . 湖南湘乡方言谚语的句法结构分析 . 兰州教育学院学报，2011（2）.

29. 李晓华 . 汉语惯用语的修辞功能 . 太原教育学院学报，2006（2）.

30. 李学军 . 浅谈歇后语的辞格运用 . 濮阳职业技术学院学报，2004（1）.

31. 李艳萍 . 简论汉语惯用语的文化价值 . 新疆教育学院学报，2004（1）.

32. 李颖 . 认知视角下的现代汉语辞格系统研究 . 暨南大学博士学位论文，2014.

33. 李宇明 .2007 年中国语言生活状况述要 . 世界汉语教学，2008（3）.

34. 梁花 . 儒家传统礼仪文化的本质及其当代价值 . 教育探索，2010（9）.

35. 梁军 . 普通话语音修辞探索 . 福建师范大学硕士学位论文，2006.

36. 蔺璜 . 试论赵树理小说俗语的运用 . 山西大学学报（哲学社会科学版），1997（2）.

37. 刘春清 . 俗语的来源及特性 . 殷都学刊，2000（2）.

38. 刘凤霞，何彦诚 . 英汉谚语文化特征之社会语言学分析 . 兰州大学学报，2001（5）.

39. 刘海波.《芙蓉镇》：当"现代性"遭遇"民间".理论与创作，2004（1）.

40. 刘红英.从谚语看中西文化价值取向的差异.湖南社会科学，2010（3）.

41. 陆美善.俗语中的对偶.修辞学习，1994（4）.

42. 路琴.礼仪教育的传统意蕴及其现代价值.闽江学院学报，2009（4）.

43. 罗昕如.从方言透视古华小说的地域文化特色.中国文学研究，2001（3）.

44. 尼玛.蒙古族谚语的伦理教育功能研究.新疆职业大学学报，2014（2）.

45. 彭林.礼与中国人文精神.孔子研究，2011（6）.

46. 彭林.用传统礼仪重塑中华民族形象.学习月刊，2008（1）.

47. 钱理.现代汉语惯用语研究.苏州大学硕士学位论文，2005.

48. 曲彦斌.论民俗语言学应用研究.社会科学辑刊，1990（5）.

49. 单泽周.郴州汉语方言概述.郴州师专学报，1997（3）.

50. 沈玮.论汉语俗语的文学图像.华东师范大学博士学位论文，2010.

51. 孙书杰.古汉语语音的修辞功能探析.河北大学硕士学位论文，2003.

52. 孙维张.略论词义的形象色彩.吉林大学社会科学学报，1981（5）.

53. 唐艳.衡阳方言谚语的句法结构分析.衡阳师范学院学报，2009（5）.

54. 唐艳.衡阳方言谚语与当地农业生产文化特征探究.大众文艺（理论），2009（9）.

55. 童庆炳.《文心雕龙》"声得盐梅"说.社会科学战线，2011（3）.

56. 王进.汉语惯用语隐喻的发生机制.修辞学习，2006（3）.

57. 王勤.俗语的性质和范围（俗语论之一）.湘潭大学学报（社会科学版），1990（4）.

58. 王勤.俗语的构成和意义（俗语论之二）.湘潭大学学报（社会科学版），1998（1）.

59. 王耀辉.简论熟语的交叉与转化.临沂师专学报，1998（1）.

60. 魏爽.汉语俗语修辞探究.曲阜师范大学硕士学位论文，2009.

61. 吴怀仁.对汉语方言写作的民俗审美观照.陇东学院学报，2009（3）.

62. 吴云，刘顺.试论句成分从缺和语体的关系.修辞学习，2000（5、6）.

63. 吴直雄.语海之中"家族"多，区别"融通"应探索.南昌大学学报，2003（6）.

64. 武占坤，高兵 . 试论谚语、俗语之分 . 汉字文化，2005（3）.

65. 谢俊英 . 城市化进程中的农民工语言问题 . 云南师范大学学报（哲学社会科学版），2011（3）.

66. 徐晓敏，孙静 . 熟语中俗语类的界定 . 绥化师专学报，2002（3）.

67. 许晋，李树新 . 20 世纪中国谚语搜集整理与出版 . 中国出版，2016（18）.

68. 许钟宁 . 谚语的民族风格 . 修辞学习，2003（3）.

69. 薛丽华，郭贵荣 . 俗语说略 . 学术交流，2002（4）.

70. 言岚 . 方言谚语的地域文化解读 . 船山学刊，2009（2）.

71. 言岚 . 方言谚语的文化内涵——以湖南醴陵方言为例 . 前沿，2010（6）.

72. 颜敏 . 论《芙蓉镇》. 文艺争鸣，2009（10）.

73. 杨汉云 . 湘楚文化映照下的古华小说创作 . 船山学刊，2004（2）.

74. 杨景祥 . 当代汉语诗歌必须讲究平仄、音步、节奏、押韵 . 石家庄大学学报，1999（1）.

75. 杨守玉 . 试论古华《芙蓉镇》的语言风格 . 延边大学学报（社会科学版），1986（S1）.

76. 杨万娟 . 论谚语和它近邻的种属分界 . 中南民族学院学报（人文社会科学版），2001（4）.

77. 杨晓黎 . 鲁迅小说词语的形象色彩义解读 . 北京大学学报（哲学社会科学版），2005（2）.

78. 杨瑛羚 . 苗语中部方言谚语语义研究 . 贵州大学硕士学位论文，2016.

79. 杨月蓉 . 从重庆方言俚俗语看俚俗语与地方文化 . 重庆工商大学学报，2006（2）.

80. 杨云鹏 . 漫谈莆田的俗语——兼论俗语的概念及其他 . 福清师专学报，1982（2）.

81. 杨振兰 . 词的色彩意义历时演变特点试析 . 山东大学学报（哲学社会科学版），2003（3）.

82. 杨志刚 . 开掘中国传统礼文化的资源 . 探索与争鸣，1998（8）.

83. 姚锡远 . "熟语"的种属地位及其定义域 . 汉字文化，1998（2）.

84. 翟清旭，于善志 . 谚语生成发展的认知解读——以嘉兴方言谚语为例 . 现代语文，2015（12）.

85.张慧智.汉语谚语中的概念隐喻分析.长治学院学报，2017（3）.

86.张丽君.中国人情关系浅析.经济研究导刊，2012（12）.

87.张启才.从人物看古华《芙蓉镇》的反思意识.安徽文学，2009（8）.

88.张雪梅.现代汉语俚语刍论.天津师范大学硕士学位论文，2005.

89.赵世举.城镇化务须呵护乡音.武汉大学学报（人文科学版），2016（2）.

90.郑长天.试论当前民间文化的传承危机.民族论坛，2006（8）.

91.郑燕萍.汉族姓名语音修辞考察.修辞学习，2007（1）.

92.周剑.俗语三源.湖北师范学院学报，1996（4）.

93.周荐.惯用语新论.语言教学与研究，1998（1）.

94.钟必琴.论《红楼梦》对俗语的熔铸和提炼.红楼梦学刊，1991（3）.

95.钟敏.从汉语俗语看汉民族的本土文化特征.中文自学指导，2002（3）.

96.钟敏.回环辞格的文化意蕴与结构特征.南通大学学报（社会科学版），2007（2）.

97.宗廷虎，陈光磊.汉语修辞格的特征与形成基础.湘南学院学报，2017（3）.

后记

　　年少时就对俗语产生好奇，这份好奇缘自家中的长辈，尤其是我的妈妈。长辈们在一起聊天时，常常会蹦出一些让我觉得新奇有趣的话语，比如聊到某单位风气不正时就说"庙小妖风大，池小王八多"，谈到男人打老婆时就说"好汉不打妻，好狗不咬鸡"，告诫出门要谨慎时就说"三条路走中间"，骂人没有远大理想时就说"老鼠子眼睛一寸光"，嘲讽某个人头脑不灵活时就说"木鱼脑壳"，等等。

　　当时这些话语虽然引起了我的好奇，但我只是觉得好玩、有趣。有时兴起，也会向长辈打听，但一般只是停留在弄懂语意的层面上，从未多想，也不曾深究。对俗语的研究始于2006年，当时的我在图书馆偶然间看到了《永兴民间歌谣与谚语》和《嘉禾民间故事与谚语》这两本书，就像是见到了许久未见的老朋友，有种莫名的亲切与欣喜。那一瞬间，记忆中长辈们常说的那些言简意赅又极其鲜活极接地气的俗语顿时在我的脑海里不停跳跃。那一刻，我确定了俗语是我喜欢的、感兴趣的，俗语就是我想探究的对象和领域。

　　后来的十来年，对俗语的研究工作一直延续着。众所周知，学术研究的道路从没有顺利平坦之说，我也不例外，遭遇了俗语研究的"瓶颈期"，在好几年里研究进展相当缓慢。在这期间，我的内心曾有不少的纠结与困惑。纠结的是，俗语的研究不是语言研究领域的主流，那么继续研究俗语究竟有没有学术价值、有没有发展前景，到底还要不要继续；困惑的是，继续研究俗语，除了从语言本体入手，还可以从哪些角度进行研究，又该如何研究，等等。在纠结困惑之际，我幸运地得到了湘南学院原校长曹石珠教授、湖南师范大学文学院罗昕如教授的热心开导和悉心指教，两位教授的言传身教不仅扩展了我的研究视野，也给予了我继续前行的动力。在纠结困惑之时，我还幸运地与温端政先生相识，并有机会向他请教。他对俗语研究的执着和努力既让我震撼，也深深地感染着我，鼓舞着我。

　　在俗语研究的道路上，我一直遵循着"摆事实、讲道理"的原则，一方面尽力搜集湖南俗语语料，尤其是郴州的俗语语料，一方面大量查阅相关的文献资料，学习新的研究方法和语言理论；同时积极走访当地语言工作者和语言爱好者，向他们请教俗语语义、来源和变化，等等。经过较长时间的学习和思考，我越来越感受到俗语的研究不能只局限于语言本体研究，不能只是单纯地研究俗语的语音、语义，还应将视野不断扩大，必须多维度研究俗语。因为俗语作为民族语言、传统文化的高度浓缩和集中体现，与文化的传承、社会的和谐有着密不可分的关系。鉴于此，本书不仅从语言本体角度研究俗语的来源、语音、词汇、句法以及修辞，还从文学、伦理学、民俗学以及社会学等角度挖掘俗语与文学、俗语与伦理、俗语与文化之间的关系。

　　从 2006 年算起到现在，已近 14 个年头，我不敢说自己这份成果有多好，只是希望能给给予我学养和帮助的老师、同事、朋友一个回报，也是对自己的一个交代。同时，我深知自己学识有限，对俗语的研究还存在诸多不足，恳请方家批评指正。

本书在写作过程中参考和引用了大量的文献资料，这些文献资料给予了我太多的给养与启示。没有这些前修时贤的研究成果，我的研究就是无源之水、无本之木。在此向这些作者致以衷心的感谢！

崔希亮先生在《汉语熟语与中国人文世界·弁言》中说："中国文化博大精深，它是中华民族长期积累的结果。要对中华文化进行发掘整理有很多角度，但是我们在如此浩大的工程面前，常常感到力不从心，有一种老虎吃天、无从下口的遗憾。我们选择这个题目进行研究，就是想找一个下口的地方，从小处着手，从大处着眼，知微见著。"这也正是我研究俗语、撰写本书的目的所在。自然，本书对俗语的研究只是沧海一粟，还有很多领域未能涉及或涉足不深。因此我时时提醒自己，必须要有兀兀穷年的毅力，孜孜不倦地学习之、研究之。最后，希望有更多的人喜欢俗语，喜欢使用俗语，并创造更多反映这个时代、反映优秀传统文化的俗语，让这种鲜活形象的语言得以代代相传，发扬光大。

邓红华

2020 年 7 月于郴州